ChatGPTで

経営支援

強い組織の築き方

物語仕立てで分かりやすい！

新岡優子
ビジネスファシリテーション・サービス代表

松山将三郎
サンクスUP CEO

寺下薫
クリエイトキャリア代表

a story of value and possibility

日経BP

この物語は、

あなたとAIが手を取り合い、

人間同士の

深いつながりを築くことで、

新たな知識、気づき、

そして成長への道を

切り開く冒険です。

はじめに

　経営の世界は、常に変化の波が押し寄せています。新しい技術、新しい考え方、新しい価値観——。こうした波をどう捉えるかにより、組織は強固になることもあれば、逆に弱体化することもあります。その中で、現代の経営者たちが直面している最大の波の一つが、AI（人工知能）です。とりわけ、近年注目されている「ChatGPT」のような生成AI技術は、その高度な自然言語処理能力を生かし、経営の各フィールドで「革命」を起こしています。

　AIが私たちの周りに浸透する中、AIの使われ方の方向性が見えてきました。従来「100」知らないとできなかった仕事が、AIの活用スキルを習得していれば、「10」で可能になります。残りの「70」はAIが担い、「20」は我々の独自の判断や工夫で埋められます。例えば、プログラマー。今はプログラムを知らなくても、プログラミングができてしまいます。これまで最も重要とされてきた言語理解とロジック作りをAIが担当してくれるからです。例えば、人事。さまざまな専門的知識をAIが担うことにより、従業員の適性やキャリアパスの分析、そして採用プロセスの効率化が可能となりました。

　次の課題は、このAIを「どのように組織作りや自己成長に織り込むか」です。本書では、その課題に真正面から向き合い、深く探求していきます。

　AIの活用は、ただの高度な計算機や効率的なツールとしての側面だけではありません。私たちは**AIを、共に学び、共に成長し、新**

しい未来を築く仲間として受け入れる**べきです。今後、仕事の仕方は大きく変わるでしょう。その一端が、この後、この本で繰り広げられる物語の登場人物の姿を通じて見て取れます。

- 経営者は、経営にAIをどう活用するのか。
- 組織には、AIによってどんな変革や新しい希望がもたらされるのか。
- 中堅管理職は、上司と部下の関係をAIを使ってどう成長させるのか。
- 若きビジネスリーダーは、経営者にAIの活用をどう提言するのか。

AIの技術進化は、我々の仕事のアプローチを再定義してしまいました。この進化の波に乗り遅れないための戦略や、AIの活用の真価を見つけるヒントを、本書から得て下さい。

最後に、AIに仕事を奪われるという懸念は、一部の人々の間で取り沙汰されていますが、本書の立場は明確です。**AIを積極的に取り入れ、活用する人や企業こそが、新しい仕事の機会や未来を手にすることができる**のです。

経営の新たな挑戦に向き合い、これからの時代を切り開くヒントや考え方を、本書を通じて共有させていただければ幸いです。

新岡優子

CONTENTS

CONTENTS

Part 3　管理職 編　部下の成長を支援するAI活用術 ⋯⋯ 264

CONTENTS

＊本書に登場するキャラクター10人のイラストは、著者らの知人の顔写真を本人の許可を得たうえで、画像生成AI（人工知能）『Midjourney』に投入して作りました。

ChatGPTを安心して使うために

■ChatGPTの3つのプランについて

執筆中の2023年9月時点で、米OpenAI社が提供する生成AI（人工知能）「ChatGPT」には、下記の3つのプランがあります。

○ChatGPT Free Plan（無料版）

無料版のフリーバージョンChatGPTは、GPT-3.5という言語モデルを利用しており、基本的な質問に答えたり、文章を生成したりすることができます。AIとのコミュニケーションを初めて試す人に最適で、無料で手軽に体験できます。

○ChatGPT Plus（有料版）

有料版のChatGPT Plusは、最新のGPT-4言語モデルを採用しており、より洗練された回答や高い機能を利用できます。Web検索やプラグインの利用が可能で、新機能の先行利用も楽しめます。月額20米ドルで多くの高度な機能を体験できます。

○ChatGPT Enterprise（有料）

ChatGPT Enterpriseは、企業活動をサポートする目的で開発されたサービスで、利用制限がなく、最大3万2000トークンという長い文章を処理する能力を持っています。データ分析の強化や専用の管理画面が提供され、企業の要求に応える多くの特典が含まれています。ユーザーのデータはAIモデルのトレーニングには使用されず、データの安全とプライバシーが保護されています。

　本書で紹介されるプロンプトは、すべて有料版のChatGPT Plus（GPT-4）で動作しています。無料版のChatGPT Free Plan（GPT-3.5）でも動作しますが、ChatGPTにより生成される結果はChatGPT Plus（GPT-4）とChatGPT Free Plan（GPT-3.5）とでは大きく異なりますのでご注意ください。また、同じChatGPT Plus（GPT-4）でも、ChatGPTはプロンプトの内容に基づいてその都度回答を生成しますので、回答にバリエーションが出る場合があります。この点も、ご注意ください。

■ChatGPTで経営データを安全に扱う対策

ChatGPTは、経営支援における強力なパートナーとなり得ます。しかし利用する際には、送信したデータがAIモデルの改善に役立てられる可能性がある点を理解しておくことが重要です。この点を踏まえ、経営データを安全に扱うための対策を4つ紹介します。

1. チャット履歴の無効化

ChatGPTの設定からチャット履歴を無効化することで、過去の会話が保存されなくなります。これは、機密情報が第三者に漏れるリスクを大幅に減らす効果的な方法です。詳細は解説「1からわかる！ChatGPT活用法」の「チャット履歴を無効化する方法」を参照ください。

2. データ利用拒否の申請

ChatGPTの提供元に対してデータ利用拒否を申請することで、あなたのデータがAIモデルのトレーニングデータとして利用されることを防ぐことができます。この申請は、提供元のWebサイトやカスタマーサービスを通じて行うことができます。詳細は解説「1からわかる！ChatGPT活用法」の「チャット履歴を無効化する方法」を参照ください。

3. エンタープライズ版「ChatGPT Enterprise」の利用

エンタープライズ版は、他のプランよりも高度なセキュリティー機能を提供しています。これにより、企業データの保護が一層強化され、安心してChatGPTをビジネスツールとして利用できます。エンタープライズ版では、データの暗号化やアクセス制御などの高度なセキュリティー機能が利用できます。エンタープライズ版は主に大企業向けに設計されています。詳細は米OpenAI社の下記URLをご覧ください。
https://openai.com/blog/introducing-chatgpt-enterprise

4. データの匿名化

上記1〜3のChatGPTの設定やプランとは違う方法ですが、固有名詞や機密情報を書き換えることでデータを匿名化し、セキュリティーを保持しながら必要な分析を行うことができます。例えば、経営データは前年度比で示すなどの工夫をします。この方法では、重要なデータを保護しながら、ChatGPTの分析機能を利用することができます。以下が、具体例です。
「若竹電機製作所」→「A社」
「○○億円の売上増」→「前年比20％の売上増」
「新工場の建設」→「新しい施設の開設」「新プロジェクトの立ち上げ」など

ChatGPTを利用する際には、データの安全性を最優先に考えることが重要です。上記の対策を実施することで、安心してChatGPTをビジネスツールとして利用し、企業の成長を支援することができます。

プロローグ

　ある日、「経営者の会」の片隅で、経営者の青柳成弥、部長と共に社長の代理で出席した新米管理職の千葉良子、社長に連れられて参加した若手ビジネスリーダーの新山海斗（通称カイト）、そしてフレンドリーなAI（人工知能）、ソフィアが飲み物を片手に軽い雰囲気で立ち話をしていた。

「皆さん、初めまして。新山海斗です。今日初めてこの会に参加しました。なんだか場違いな気がして緊張しています」

「あら、私と同じですね。千葉良子です。私も初めて参加しました」

「皆さん、フレッシュですね。私は、創立時からここのメンバーで、青柳成弥といいます。皆さんのような若い方と出会えるのは、とても楽しいですよ。そういえばソフィアさんも最近、この会の運営スタッフになった方ですよね。時々お見かけしていましたが、話すのは今日が初めてです。よろしくお願いします」

「青柳社長、ありがとうございます。ソフィアです。今日も多くの方にご参加いただけて、嬉しいです」

　簡単な自己紹介が終わると、和やかな雰囲気漂うソフィアの話術に引き込まれて、年代も仕事も社内の役割も違う3人の話は次第に盛り上がっていった。そして、話題は最近流行のAIに及ぶ。

「僕たちの仕事ってこれからどうなっていくんでしょうか？AIがどんどん進化しているって聞くので、僕も会社に導入していったらいいと思うんですが、うちの社長はまだ先のことって考えているみたいで……」

　カイトは、社長の考えを図りかねていた。

「それは確かに難しい問題だね。AIを導入して組織を成長させることは素晴らしいことだけど、企業のトップはそう簡単には決断できない。具体的にどうやればいいのか、思案している経営者も多いんじゃないかな」

　青柳が経営者として正直な気持ちを話した。

「私は、新米管理職として部下の育成に課題を感じているんですが、果たして、そこにAIは活用できるのでしょうか？他人事のような気がしてピンときません」

　良子は良子で、AIとの距離感に悩んでいた。三者三様の悩みや意見を聞いたソフィアが微笑みながら言った。

「皆さん、それぞれ深刻な悩みをお持ちのようですね。しかし、ご安心ください。最近ではAIの技術が非常に進化しており、それを活用してビジネスを成長させる手段も増えてきています」

　ソフィアの言葉に、3人はしばらく無言になった。それは、ソフィアの一言が彼ら3人の中に深く響き、未来に対する期待と不安を感じながら、それぞれが自らの立場や役職に思いを馳せていたからだ。

　良子は、その場の雰囲気に流されることなく、自分の役職としての立場から疑問を持った。「管理職として、部下の成長をどうサポートするのかについて、生成AI『ChatGPT』は、私たちに新しい視点や手法を提供してくれるのかしら？」。

　カイトは、若さ特有の好奇心をあらわにして、希望を持って自問自答した。「僕はまだ若手リーダーだけど、これからどんな風に成長できるのだろうか？そして、AIと共に、新しい価値をどう生み出していくのだろうか？」。

　青柳は、深い経験と歴史を持つ経営者としての悩みを抱いていた。「私の会社は伝統的な業界に属しているが、時代は変わりつつあ

る。ChatGPTを組織の成長や新しいビジネスの核として活用したいものの、具体的にどう実現すれば良いのか、考えてもなかなか答えが見つからない」。

　一瞬の間を感じ取ったソフィアは3人の顔をじっくりと見つめ、優しく、そして力強く答えた。

「皆さんの不安な気持ち、とてもよく理解できます。しかし、AIはただのツールではありません。最新の技術を駆使して、新しいビジネ

スモデルの発見や意思決定をサポートすることができます。組織作りにAIをどう活用すれば最善か、一緒に探求しませんか？」

この言葉を聞いて、カイトは興味津々に目を輝かせた。青柳はじっくりとソフィアの言葉を咀嚼（そしゃく）しているように見えた。良子はソフィアに感謝の笑顔を返した。

こうして3人はそれぞれの思いを胸に、AIを活用した新たな組織作りの旅に足を踏み出すこととなった……。

山田運送

サポート役　　　　　　　　DX推進役
　　　　　　　　　　　　　　［特別 編］

石井菜穂子
CEO

鈴木想飛亜　　　　山田修一郎
システム部 課長　　リスキリング推進部長

デジタル
VS
アナログ

上司・部下

佐藤陽一
総務部 兼
リスキリング推進部

?

（画像：松山将三郎）

Part 1 経営者 編

企業成長へ、ChatGPTで経営と現場のベクトル合わせ

　第1編は、自動車の部品製造会社、若竹電機製作所（若竹社）のやり手社長、青柳成弥が、生成AI（人工知能）「ChatGPT」を活用して組織全体を成長させ、新たなビジネスフィールドへの進出を目指す物語である。

　青柳はChatGPTの導入により時間やコスト、労力の節約が可能になるとみて、組織開発や人財育成に投資するチャンスと捉える。さらに、その結果として生まれる活力ある組織文化の醸成にも期待を寄せる。

＊本編で提示されるChatGPTの出力は、すべて有料版のChatGPT Plus（GPT-4）で生成されたものです。
＊ChatGPTはプロンプトの内容に基づいてその都度回答を生成しますので、同じプロンプトを使っても回答にバリエーションが出る場合があります。

cast

青柳成弥
若竹電機製作所 (若竹社) の
代表取締役社長。若竹社は
自動車の部品製造に特化し
た典型的な日本の中小企
業。青柳は昨今の社会情勢
を受けて新しいビジネスに
事業を広げたいと考えるが、目の前の事業が自分の
手から離れず困っている。それらを早く幹部に譲っ
て、自分は新しい事業に取り組みたいのだが……。

山口茉季 (マキ)
組織開発コンサルタント。
元々ITエンジニアだった
ことからChatGPTを巧み
に使いこなし、経営者が
抱えるさまざまな問題を
ChatGPTを活用し解決し
ていく。それだけではない。ChatGPTではできない
組織の本質的な問題を見抜く洞察力と、解決へと導
いていく実行力を併せ持つ。

ソフィア
ギリシャ語で「知識、知恵」
を意味する名前を持つ。AI
に関する高い学習能力を有
する。風のように現れて、風
のように去って行く。その
実体は、謎に包まれている。
交友関係が広く、さまざまな人脈を持つ。

水谷樹
若竹電機製作所の人事部で活躍する
入社3年目の若手社員。新入社員の採
用と社内研修プログラムの運営を担
当している。青柳社長に期待されてい
る有望株で、ChatGPTと茉季からさ
まざまな人事的ChatGPT活用術を学
んでいく。

　青柳は、ChatGPTの導入を「挑戦」として捉え、その過程でビジネスに新たな展開をもたらすことを認識する。彼は、イノベーションが組織の課題を解決し、新たな可能性を開くことを感じ取っていく。

　物語の終わりに、青柳は、ChatGPTと組織の力を信じて、持続的な成長と新しいビジネスチャンスを追求することを目指す。ChatGPTを新機軸に、組織全体の成長と限界突破を期待しているのである。

(文責：新岡優子)

＊本書の物語は、経営データの安全な取り扱いを重視しています。物語の中で描かれる経営データ活用のシーンは、巻頭の「ChatGPT
　を安心して使うために」に基づいて行われています。

1−1 経営者の想いをChatGPTで見える形に

第1章では、若竹電機製作所（若竹社）の社長青柳成弥が、組織開発コンサルタントである山口茉季との出会いを通じて、未知の可能性を秘めたAI技術の世界へ足を踏み入れる。青柳は、ChatGPTの卓越した言語生成能力に触れ、その機能を事業戦略構築に活用する道を探求する。茉季の指南の下、青柳は企業戦略の基本情報の構築と戦略的ビジョン群の形成に取り組んでいく。

新たなビジョン作りにおいて、ChatGPTは単なるツールではなく、青柳と茉季が目指す未来を描き出す重要なパートナーとなる。青柳はChatGPTの力を借りながら企業の未来像を描く冒険に旅立つのである。

都会の喧騒から少し離れた、落ち着いたエリアに位置する若竹社の午後のオフィス。独自の製品を提供し続ける老舗企業の、研究と工夫の痕跡が感じられる建物に、期待と希望を膨らませた2人の訪問者が現れた。ChatGPTの使い手、ソフィアと、組織開発の専門家、山口茉季である。

さかのぼること数週間前、ある経営者の会で若竹社の社長である青柳成弥とソフィアは出会った。そのときに青柳の悩みを聞いたソフィアは、ChatGPTを使えば青柳の悩みを解消する手助けができると確信し、ChatGPT活用を提案。その説明に、ソフィアは茉季を伴って若竹社を訪れたのだった。2人が社長室に通されてほどなく、青柳が現れた。

「やあ、ソフィアさん。先日は、どうも」

「青柳社長、こんにちは。お元気そうで何よりです。今日は、組織開発の専門家の茉季さんをご紹介したくてお連れしました」

ソフィアが明るく返すと、青柳も心からの笑顔で応じる。

「茉季さん、初めまして。今日は、お越しいただいてありがとうございます」

茉季も、にっこりとうなづく。

「青柳社長、初めまして。山口茉季と申します。元々はAIの研究をしていましたが、今ではそこから組織作りへと足を踏み入れました。ソフィアの話を聞いて、一緒に何かお手伝いできるのではないかと思い、今日は参りました」

簡単な自己紹介を終え、ソフィアが話を続ける。

「社長、経営者の会で出会ったカイト君ですけど、今一緒にChatGPTを学んでいるんです。彼、日に日にイキイキとしてきていて、その成長は本当に素晴らしいですよ」

青柳の目が輝いた。

「カイト君が……。期待が膨らみますね。私も若手リーダーを育て上げたいが、組織が大きくなるにつれ、経営理念が浸透していかない。社員のモチベーションのバラつきも感じるし、直接的なコミュニケーションが取りにくくなっている。悩みがつきません」

青柳の悩みを聞いた茉季が、多くの中小企業の経営者が同じ悩みを抱えていると説明し、さらに言葉を続けた。

「でも、大丈夫です。今日、私がここに、そのお悩みを解決する手段を持ってきましたから。それが……」

茉季が話をしていると、突然、ソフィアのスマートホンが振動した。ソフィアは「ちょっと、すみません」と、スマホを見るや、少し険しい表情を浮かべた。

「社長、すみません。急用が入ってしまったので、あとは、茉季さん
にお任せしたいと思います。彼女は、AIと組織作りのすばらしい
専門家ですから、必ず解決策を見つけてくれます」

　ソフィアはそう言い残すと、足早に会議室を出て行った。彼女
の背中を見送った青柳は、茉季に向き直った。

「ところで茉季さん、先ほどあなたが言いかけた『悩みを解決する
手段』というのは何のことですか」

「はい、それこそがAIです」

「なるほど、やはりAIか……」

「社長、心配は要りません。AI、具体的にはChatGPTを活用して、
貴社の問題を解決する道筋を見つけ、未来を一緒に切り開いてい
きましょう！」

　青柳と茉季の挑戦が始まった。

1-1-1　ホームページから読み取る
　　　　企業戦略基本情報

　茉季は、ノートパソコンを取り出し、会議室のモニターにつな
げる準備を始めた。

「社長、これから私たちはChatGPTを活用して、より良い組織に
するための施策をつくっていきます。私が操作を担当しますの
で、社長は自分の想いを言語化することに集中してください」

「言語化……。なるほど、自分の想いをまず言葉にするんですね」

　ノートパソコンとモニターが無事につながると、茉季は画面を
見つめる青柳に説明を始めた。

「まずは、AIに貴社の課題を理解させます。そのためには、AIと具

体的な問題点を共有することが重要になります。そこで、社長が現在感じている経営上の課題、悩みを簡単で結構ですので私に教えていただけますか。」

　青柳は、頭の中を整理するようにしばらく考え込んでからゆっくりと話し始めた。

「私が一番気になっているのは、経営理念が社員に浸透しきれていないことです。さらに、コロナも落ち着き、事業も活気を取り戻してきましたが、社員同士のコミュニケーションにも課題を感じています。私自身でいえば、新規事業に専念したいのに、目の前の事業に手がかかってなかなか時間が取れない状況が続いています」

　その言葉を聞いて、茉季は大きくうなづき、青柳に向かって「承知いたしました、青柳社長」と言い、これから一緒に取り組むべきことについて語り始めた。

「では、社長にとって初めてのChatGPTですから、入りやすいところから進めていきましょう。まずは未来に向けた戦略的ビジョン群を再構築すると良いかと思います。そのためにまず、どのような企業情報が必要かChatGPTに聞いてみましょう」

　茉季はキーボードに向かい、プロンプトを入力し始めた。

● プロンプト

　企業の戦略的ビジョン群を構築するためには、企業戦略基本情報としてどのような項目が必要ですか？

■ ChatGPT

　企業の戦略的ビジョン群を構築するためには、下記のような企業戦略基本情報があると良いでしょう。

1. 会社の業種と主要な事業内容

2. 会社の目指す目標や理想像

3. 会社の基本的な価値観や信条

4. 会社が大切にしていることと市場ニーズ

5. 会社が目指す未来のビジョンと存在理由

6. 企業の強みと弱み、機会と脅威（SWOT分析）

7. 企業の長期的な目標と戦略

8. 技術の進歩とイノベーションへの取り組み

茉季は続けて入力した。

プロンプト

　ありがとう、ChatGPT。ではこれを表にしてください。表は、縦軸を企業戦略基本情報の項目、横軸を「項目No.」「項目名」「現在」「これから」にしてください。「現在」と「これから」は後で入力しますので空欄にしてください。

ChatGPT

　企業戦略基本情報を整理するための表を作成いたします。以下のような形で表を作成し、それぞれのセルに関連する情報を入力していくことで、企業の戦略的ビジョン群を構築する上での基盤を作り上げることができます。

項目No.	項目名	現在	これから
1	会社の業種と主要な事業内容		

2	会社の目指す目標や理想像		
3	会社の基本的な価値観や信条		
4	会社が大切にしていることと市場ニーズ		
5	会社が目指す未来のビジョンと存在理由		
6	企業の強みと弱み、機会と脅威（SWOT分析）		
7	企業の長期的な目標と戦略		
8	技術の進歩とイノベーションへの取り組み		

＊「表が正しく表示されない」「エクセルへ正しく貼り付けられない」などの場合は、解説「1からわかる！ChatGPT活用法」の「ChatGPTのエラー対処法」参照（以下同）。

　　　　青柳は、初めて目にするChatGPTの回答の速さと内容の適格性に目を丸くする。「こんなに早く、しかも表まで作ってくれるんですね」。茉季はにっこりと微笑み、次の操作へと移る。

「ではまず、この表の『現在』を埋めていきましょう。ここは貴社のホームページの情報を使って、自動生成することも可能です」

「えっ、そんなこともできるんですか？」

「はい、ChatGPTにはプラグインと呼ばれる優秀な機能があるんです。これは無料版のChatGPT Free Plan（GPT-3.5）では使えず、有料版のChatGPT Plus（GPT-4）でしか使えないので注意が必要です。私のパソコンはGPT-4ですので、これらのプ

ラグインが使えます。論より証拠、やってみましょう」*

＊有料版ChatGPT Plus（GPT-4）のプラグイン「Access Link」を活用。
解説「1からわかる！ChatGPT活用法」の「プラグインを設定してURLを
読み込む方法」参照。

　青柳が身を乗り出してモニター画面を見つめる。茉季は若竹社
のホームページを調べ、必要な情報が掲載されていそうなリンク
をサイト情報としてプロンプトにコピーし、さらに次のように指
示を打ち込んだ。

プロンプト

　では、下記の＜企業戦略基本情報＞を、下記の＜サイト情報＞から読
みとってください*。

＜企業戦略基本情報＞

・会社の業種と主要な事業内容

・会社の目指す目標や理想像

・会社の基本的な価値観や信条

・会社が大切にしていることと市場ニーズ

・会社が目指す未来のビジョンと存在理由

・企業の強みと弱み、機会と脅威（SWOT分析）

・企業の長期的な目標と戦略

・技術の進歩とイノベーションへの取り組み

＜サイト情報＞

https://www.wakatake-electric.co.jp/company/

https://www.wakatake-electric.co.jp/business/

https://www.wakatake-electric.co.jp/product/

https://www.wakatake-electric.co.jp/strength/

＊上記は書籍用に作成した仮想のURL。実際に活用する場合は、実在するURLを指定する。

■ ChatGPT

　以下に、指定された若竹社ホームページから得られた企業戦略基本情報をまとめます。

1. 会社の業種と主要な事業内容
   - 若竹電機製作所は自動車の内燃機関部品を主に製造しています。
   - 主な製品群はエンジン関連の部品や排気システムなどです。
2. 会社の目指す目標や理想像
   - 技術革新による社会貢献を掲げています。
   - 自動車産業の発展を支えるとともに、技術革新を目指しています。
3. 会社の基本的な価値観や信条
   - 安全で耐久性の高い製品の提供を信条としています。
   - 社員一人ひとりがプロフェッショナリズムを持って取り組む企業文化を築いています
4. 会社が大切にしていることと市場ニーズ
   - 品質保証と顧客満足を重視しています。
   - 市場ニーズとしては、エコカーへの移行が始まりつつあり、環境対応型の部品への需要が見込まれています。
5. 会社が目指す未来のビジョンと存在理由
   - 未来のビジョンとしては、自動車産業の変革を先導する企業に成長することを目指しています。
   - 存在理由は、安全かつ高品質な車両部品を提供し、社会の安全と環

境保護に貢献することです。

6. 企業の強みと弱み、機会と脅威（SWOT分析）

● 強みは長年の経験と技術力です。

● 機会は環境対応技術の開発です。

● 弱み、脅威についての具体的な情報は提供されていません。

7. 企業の長期的な目標と戦略

● 長期目標としては、環境に優しい製品の開発と市場拡大を目指しています。

● 戦略としては、研究開発に力を入れ、環境対応技術の開発を進めています。

8. 技術の進歩とイノベーションへの取り組み

● 技術の進歩に積極的に取り組み、エコ技術の開発に重点を置いています。

● 新しい材料の探求や燃料効率を向上させる技術の研究を行っています。

以上が、指定されたWebサイトから得られた情報のまとめです。

　茉季はサクサクとChatGPTを使いこなし、あっという間に、若竹社のホームページから現在の企業戦略基本情報を作ってしまった。

　「すごい！わずか数分、たった数アクションで、ここまで出してくれるとは……」と、独り言のようにつぶやく青柳。その表情は明らかに変わってきた。

「社長、たとえ既存のホームページの情報からとはいえ、この速さは魅力的です。実際、同じことを社員に頼んだら、どれくらいでで

きると思いますか？」

「う～ん、数日？」

「人にもよりますが、それくらいは最低かかるでしょう。これだけ早く、これだけの精度で、しかも月額数十米ドルという安さで、ここまでの仕事はなかなかできないと思います」

「確かに」

　　茉季の言葉に、青柳は首を大きく縦に振る。

「では、これを先ほどの表に入れ込んでもらいましょう」

　今、読み取った情報を、先ほど作成した企業戦略基本情報と同じ表にしてください。表は、縦軸を企業戦略基本情報の項目、横軸を「項目No.」「項目名」「現在」「これから」にして、今読み取った情報を「現在」に入れてください。「これから」は後で入力しますので空欄にしてください。

読み取った情報から企業戦略基本情報と同じ表を作成いたします。

項目No.	項目名	現在	これから
1	会社の業種と主要な事業内容	若竹電機製作所は自動車の内燃機関部品を主に製造。主な製品群はエンジン関連の部品や排気システムなど。	
2	会社の目指す目標や理想像	技術革新による社会貢献。自動車産業の発展を支えるとともに、技術革新を目指す。	

3	会社の基本的な価値観や信条	安全で耐久性の高い製品の提供を信条とする。社員一人ひとりがプロフェッショナリズムを持って取り組む企業文化を築く。	
4	会社が大切にしていることと市場ニーズ	品質保証と顧客満足を重視。エコカーへの移行が始まりつつあり、環境対応型の部品への需要が見込まれている。	
5	会社が目指す未来のビジョンと存在理由	自動車産業の変革を先導する企業に成長することを目指す。存在理由は、安全かつ高品質な車両部品を提供し、社会の安全と環境保護に貢献すること。	
6	企業の強みと弱み、機会と脅威（SWOT分析）	強みは長年の経験と技術力。機会は環境対応技術の開発。弱み、脅威についての具体的な情報は提供されていない。	
7	企業の長期的な目標と戦略	環境に優しい製品の開発と市場拡大を目指す。戦略は、研究開発に力を入れ、環境対応技術の開発を進める。	
8	技術の進歩とイノベーションへの取り組み	技術の進歩に積極的に取り組み、エコ技術の開発に重点を置いている。新しい材料の探求や燃料効率を向上させる技術の研究を行っている。	

ChatGPTの華麗な動きに、再び青柳は絶句する。

「さあ、社長、ここまでは、あくまで既存の情報からChatGPTが生成しただけです。ここからが重要です」

　青柳は、茉季の展開の速さに圧倒されながらも、ChatGPTの可能性を実感し始めていた。

1-1-2　経営者の思いを入れた戦略的ビジョン群の構築

「では社長、戦略的ビジョン群の構築に進んでいきます」

　そこで青柳は慌てて質問した。

「茉季さん、さっきも『戦略的ビジョン群構築』と言っていましたが、単に『ビジョン群構築』という場合と何が違うのでしょう？」

「はい、ちょっと紛らわしいですよね。しかしここはあえて違いを明確にしておきましょう。戦略的ビジョン群構築とは長期的な戦略や競争力を意識してビジョンを作ることを強調しています。一方、単にビジョン群構築といった場合はビジョンの設定そのものに焦点が当てられることが多いんです」

「なるほど、確かに、"戦略"を意識するとしないとでは、考え方に大きな違いがありますね」

　茉季は、「さらに深く理解するために、これもChatGPTに詳しく聞いてみましょう」と、プロンプトを入力し始めた。

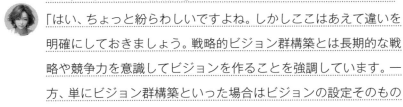

プロンプト

1. 戦略的ビジョン群とは
2. 未来に向けた戦略的ビジョン群構築を行うことの価値
3. そこでAIを活用することの効果

を説明してください。

■ **ChatGPT**

1. 戦略的ビジョン群とは：戦略的ビジョン群とは、組織や企業が将来の方向性や目標を示すために設定する、長期的な視野に基づく指針やイメージのことを指します。これは、組織の使命（ミッション）や価値観といった基本的な要素と結びついており、将来の展望や成果を示すことで、メンバーやステークホルダーが共有する方向性を提供します。

2. 未来に向けた戦略的ビジョン群構築を行うことの価値：未来に向けた戦略的ビジョン群構築は、組織や企業にとって重要な価値を持ちます。具体的な理由としては以下の点が挙げられます。

● **方向性の提供**：戦略的ビジョン群は、組織全体が共有する目標と方向性を示すため、メンバーや関係者が一致団結し、協力して取り組む基盤を提供します。

● **判断基準の提供**：未来の戦略や意思決定において、戦略的ビジョン群は判断基準となります。ビジョンに合致するかどうかを基準にして、選択肢や方針を評価することができます。

● **モチベーションの向上**：明確な戦略的ビジョン群は、メンバーや関係者のモチベーションを高める効果があります。将来の成果や影響を示すことで、人々はその達成に向けて努力しやすくなります。

● **変化への適応力**：不確実な状況や市場の変化に直面した際にも、戦略的ビジョン群は組織を安定させる基盤となります。変化する状況にも対応しつつ、長期的な方向性を保持できるでしょう。

3. AIを活用することの効果：AIの活用は、戦略的ビジョン群の構築およ

び実現において多くの効果をもたらす可能性があります。

- **データ駆動の洞察**：AIは大量のデータを解析し、傾向やパターンを発見する能力を持っています。これにより、組織は市場の動向や顧客のニーズなどを正確に理解し、戦略的ビジョン群の根拠を強化できます。
- **予測とシミュレーション**：AIを使用して未来のシナリオを予測し、ビジョンの達成に向けた異なる戦略的アプローチをシミュレートすることが可能です。これにより、リスクを最小化しつつ最適な戦略を探ることができます。
- **自動化と効率化**：AI技術を活用することで、効率的なプロセスやタスクの自動化が可能です。これにより、組織はリソースを適切に配置し、ビジョンの実現に集中できるようになります。
- **イノベーションと競争力**：AIを活用することで、新たなビジネスモデルやサービスの創造が促進される可能性があります。これにより、組織は競争力を維持しつつ、ビジョンの実現を推進できるでしょう。

以上のように、AI技術は戦略的ビジョン群の構築と達成において、洞察力や効率性を向上させる貴重なツールとなり得ます。

青柳が、「なるほど、納得しました」と言うと、茉季に気になっていたことを伝えた。

「茉季さん、実は現在使用している外部公開情報はコロナ前のデータを基にしています。コロナによってビジネス環境が劇的に変わった今、我々はまだビジョンを更新していません。そこで、できるだけ急いで情報を最新のものに更新したいと考えていまし

た」

「なるほど。では、このタイミングをうまく活用して、社長が今、描いている未来を明確にしていきましょう」

　茉季はそう言いながら、ChatGPTが先ほど生成した表をエクセルにコピーした。ChatGPTは表形式のデータとして直接入力はできないため、エクセルに貼り付ける作業が必要だったのだ。

「では、社長、早速最新の情報を作っていきましょう。このエクセル表のそれぞれの質問に対して、思うままにパソコンに向かってお話しください。入力が終わったら、この表をそのまま、またChatGPTに貼り付けます」

　茉季の声に促され、青柳は目を閉じた。そして、項目ごとに真摯（しんし）に、そして熱意をもって答え始めた。これは、青柳が日々考えていること、最近の事業の動向、未来への展望と期待、そして心に秘めた熱い思いだった。茉季はそっとパソコンのマイクをオンにして、青柳の言葉を集中して聞いた。マイクは青柳の言葉を丁寧（ていねい）に拾い上げ、文字データとして記録していった（実践コーナー「システムの音声入力機能の利用方法」参照）。

■ ChatGPT

企業戦略基本情報

項目No.	項目	現在	これから（社長の想い）
1	会社の業種と主な事業内容	若竹電機製作所は自動車の内燃機関部品を主に製造。主な製品群はエンジン関連の部品や排気システムなど。	**電動車の部品製造に特化し、市場のニーズに応える環境に優しい製品を提供する。また、自動運転技術に対応した先進的な部品の開発も進める。**

2	会社の目指す目標や理想像	技術革新による社会貢献。自動車産業の発展を支えるとともに、技術革新を目指す。	未来志向を持ち続け、技術革新を通じて社会に貢献する。社員一人ひとりが自主的に行動し、持続可能な社会の実現に貢献できる人材を育成する。
3	会社の基本的な価値観や信条	安全で耐久性の高い製品の提供を信条とする。社員一人ひとりがプロフェッショナリズムを持って取り組む企業文化を築く。	環境に優しく、安全な社会の実現に向けて、環境保護と持続可能な製品の開発を進める。社員と地域社会との調和を重視し、地域社会に貢献する企業を目指す。
4	会社が大切にしていることと市場ニーズ	品質保証と顧客満足を重視。エコカーへの移行が始まりつつあり、環境対応型の部品への需要が見込まれている。	顧客満足を追求するとともに、環境負荷の低減を図る製品開発に力を注ぐ。市場ニーズとしては、電動車の普及に伴う新たな部品ニーズに迅速に応えることを重視する。
5	会社が目指す未来のビジョンと存在理由	自動車産業の変革を先導する企業に成長することを目指す。存在理由は、安全かつ高品質な車両部品を提供し、社会の安全と環境保護に貢献すること。	安全技術と環境技術を核にした電動車部品の開発と提供を行い、社会に貢献する。技術革新を追求することで、人々のライフスタイルをより良くし、地球環境を守る企業であり続ける自動車産業の変革期をリードする企業を目指す。
6	企業の強みと弱み、機会と脅威	強みは長年の経験と技術力。機会は環境対応技術の開発。弱み、脅威についての具体的な情報は提供されていない。	強みは、技術力の高さと品質へのこだわり。弱みは、新技術への対応が遅れがちであること。機会は、電動車市場の拡大と環境技術の進化。脅威は、海外の新興企業からの激しい競争と技術革新のスピード。

7	企業の長期的な目標と戦略	環境に優しい製品の開発と市場拡大を目指す。戦略は、研究開発に力を入れ、環境対応技術の開発を進める。	**長期的には、すべての製品ラインで環境負荷の低い製品を提供する企業を目指す。研究開発に力を入れ、環境に配慮した新材料や技術の開発を進める。**
8	技術の進歩とイノベーションへの取り組み	技術の進歩に積極的に取り組み、エコ技術の開発に重点を置いている。新しい材料の探求や燃料効率を向上させる技術の研究を行っている。	**技術革新を進め、環境に配慮した製品開発に取り組む企業としての位置づけを強化する。オープンイノベーションを推進し、外部の知見も活用しながら革新的な技術を開発する。**

＊太字が音声入力部分。なお、マイクで音声を拾った場合は通常、句読点はつかない。

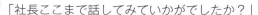

全項目すべてについて語り終えると、青柳は大きく息を吐いた。茉季は意識的にゆっくり、そして語りかけるように聞いた。

「社長ここまで話してみていかがでしたか？」

「そうだね。いつも思っていたことでしたが、こうやって言葉にし、それを自分で眺めると、『あぁ、そういうことだったんだなぁ』と改めて気づかされました」

「そうですか、それは良い発見でしたね。大変お疲れさまでした」

茉季は青柳のこれまでの苦悩を改めて受け止めていた。しばらくゆっくりした時間が流れた後、茉季は気持ちを切り替えて言った。

「さて、今日は初めてなので社長の思いだけをお聞きしましたが、ここは本来、経営幹部も交えて考えると良いでしょう。今日はひとまずこのまま進めますね。では、社長が作成した『これから』を基に戦略的ビジョン群をAIに出してもらいます」

茉季はこう言いながら、「その前に」と、重要な指摘を始めた。

「社長、この表の情報の中に貴社の機密情報や個人情報は含まれていませんか？もしありましたら、機密情報の漏洩防止とプライバシー保護の観点から、データの匿名化を行い、特定の情報を変更または削除させていただきます。今日はお試しですので、このような処置で対応させていただきますが、実際に運用するときには、データ利用拒否の申請をすると良いでしょう」（巻頭の「ChatGPTを安心して使うために」参照）

　青柳は、エクセル表の中のいくつかの言葉と数字の変更を茉季に依頼した。茉季は、「はい、残りは大丈夫です」という青柳の言葉を確認してから、先ほど作成したエクセルの表をChatGPTのプロンプトにコピーし、さらに次のように入力した。

プロンプト

　この企業戦略基本情報の「これから（社長の思い）」の内容から、戦略的ビジョン群を作成して下さい。ビジョン群の項目は、「社是」「経営理念」「ミッション」「ビジョン」「コアバリュー」「クレド」「ミッションステートメント」「キャッチフレーズ」「行動指針」です。行動指針はステークホルダーごとの詳細も出してください。

ChatGPT

　企業戦略基本情報の「これから（社長の思い）」の情報を基に、戦略的ビジョン群を作成します。

【社是】
電動車社会のリーダーへ

【経営理念】

技術革新と環境保護を核に持続的成長を目指す

【ミッション】

電動車の普及を支え、地球にやさしい未来を創る

【ビジョン】

未来社会を安全かつ緑豊かにするリーディングカンパニーになる

【コアバリュー】

環境への配慮、高い技術力と革新、信頼と安全技術革新、社員教育と育成

【クレド】

技術革新と持続可能な社会への貢献を追求する

【ミッションステートメント】

電動車の部品製造を通じて、環境保護と社会への貢献を実現する

【キャッチフレーズ】

"未来へのドライブ、若竹電機製作所"

【行動指針】

ステークホルダーごとの詳細

1. 社員に対して

- 電動車技術の専門知識習得を推進
- 成長と能力向上の支援、持続可能な社会を作るための新たなスキル
  と知識の提供

- ●働きやすい環境の提供、エコフレンドリーなオフィス環境の構築
2. 顧客に対して
   - ●高品質な電動車部品の提供
   - ●顧客の声を反映した製品開発を行う
3. 地域社会に対して
   - ●地域社会への教育支援と環境保護活動
   - ●地域社会と連携した環境保全活動を推進
4. 株主/投資家に対して
   - ●持続可能な経営と高い収益性を目指す
   - ●透明な経営情報の提供
5. 供給業者に対して
   - ●環境に配慮した素材の調達を推進
   - ●供給業者との長期的な協力関係を築く

＊ビジョン群の詳細については、学習コーナー「ビジョン群構築に必要な要素とは」参照。

　　　青柳が見つめる会議室のモニター画面には、ビジョン群がたちまち表示されていく。「すごい！あっという間にできてしまった……」。驚きを隠せない青柳に、茉季は「ここまで、いいですか」と声をかけ、次の操作へと移る。

「今、社長がご覧になっている項目は、ビジョン群構築の一般的な要素で、これらを組み合わせて使うことで効果的な結果を生み出します。もちろん、これらすべての項目を用いる必要はなく、企業の特性やニーズ、文化に合わせて最適な組み合わせを選択することが重要になります。多くの要素を盛り込んでしまうと、返って混乱を招いたりしますので、必要なものだけを厳選することが大

切です」

　青柳が少し考え込んでから、疑問を口にした。

「茉季さん、根本的なことなんですけど、こんなに重要なビジョン群構築をAIに任せていいんでしょうか？経営コンサルタントやマーケティング専門家のようなプロの人間に頼んだ場合と何が違うんでしょうか？」

　茉季は、丁寧に答えた。

「社長、その疑問は当然です。確かに、ChatGPTを活用する場合とプロの人間に頼む場合では違いがいくつかあります」

　こう言うと、茉季は3つの違いを説明した。第一は、ビジョン群構築の背景。プロの人間は、他社のビジョンや戦略実現などについての広範な知識と経験を持っているのに対し、AIは、一般的な情報をベースとし、特定の業界や組織に関しての詳細な知識は持ち合わせていない。第二は、コスト。プロの人間に意見を求めるとそれなりのコストがかかるが、AI、例えば有料版のChatGPT Plus（GPT-4）なら月20米ドル（2023年9月時点）と驚くほど安い。そして第三が、柔軟性と利便性。プロの人間は、具体的な状況に対応可能で、対話を通じて詳細なフィードバックを提供できる。これに対しAIは、人間のような柔軟性はないものの、24時間いつでも利用可能という利便性がある。

　青柳は、茉季の説明に納得するも、さらに疑問が沸いた。

「言っていることはよく分かりましたが、結局、どっちを使えばいいんですか」

「例えば、ビジョン群構築の初期段階や複数人でのアイデア出しのブレインストーミングではAIを利用し、具体的な戦略や計画を策定する際にはプロの人間の意見を求める、といった使い分けが

最も効率的かもしれません」

「なるほど、それならよく分かります。まずは、社内でより良いビジョンを検討していきたいので、そこはAIですね、茉季さん」

「はい、そうですね。そして今回はホームページの一部の情報と短いヒアリングだけでビジョン群を作成しました。ですので、さらに多くの背景情報やデータ、例えば市場の動向や経営理念を取り入れれば、AIはより貴社に適したビジョン群を作成します。今後それらの情報を用意して、より良いビジョンを構築しましょう」

　青柳はより深く納得して大きくうなづいた。その時、会議室のドアがノックされて総務の社員が入ってきた。「茉季さん、すみません。ちょっと急用なので5分ほど休憩を入れさせていただけますか?」。そう言って青柳は会議室を後にした。

1-1-3　ステークホルダーを巻き込んでの
ブラッシュアップ

　会議室に戻った青柳は再び茉季に笑顔を向けてこう言った。「茉季さん、お待たせしました。続きをお願いします」。茉季も笑顔で答えた。

「では、続けましょう。社長、ビジョン群構築においては、あと一つ大事な点があります」

「というと……」

「今日は、社長の思いだけを聞いていますが、実際には幅広いステークホルダーからの意見やフィードバックを反映させることが重要です。例えば、経営理念に『環境保護を核に持続的成長』とありますが、これに対して社長の中ではイメージがあるでしょう

し、ChatGPTに聞いても的確に答えてくれます。しかし、このビジョンについて、採用するかどうかも含めて関係者全員が一緒になって考えることが大事なんです。それが『共創』という考え方です」

　茉季が口にした**共創（Co-creation）**とは文字通り、「共に創り出すこと」であり、**さまざまな人のさまざまな視点や知識、スキルを組み合わせて新たな価値やアイデアを生み出すプロセス**を指す。すなわち、単に一緒に働くだけではなく、多様なステークホルダー（従業員、顧客、パートナー企業、地域社会など）が積極的に関与し合い、共通する課題の解決や目標の達成のために協力することをいう。説明を聞いた青柳は、深くうなずいた。

「共創か。確かにそうですね」

「はい、人と人の対話から生まれる共創、思考の混ざり合いこそが大切なんです。組織づくりにおいてChatGPTは、それを手助けするツールとなります」

「全員が一緒になって考え、ビジョンに共鳴し、それに向かって進む。ChatGPTの活用はその一助となるわけですね。茉季さん、素晴らしい視点をありがとう」

　茉季は、微笑みながらエクセルを操作し、「最終的には、こんなのが作れるといいですね」と、画面にエクセルの表を映し出した。

項目No.	項目名	概要	たたき台（AI生成）	検討結果
1	社是	企業が最も重視する価値観や理念を表現したもの		

2	経営理念	企業がどのような経営を目指すかを示す基本的な考え方		
3	ミッション	企業が存在する目的や、果たすべき役割を明確にしたもの		
4	ビジョン	企業が将来達成したいと考える理想的な状態を描いたもの		
5	バリュー	企業が重視する価値観や行動原則を示したもの		
6	クレド	企業の信条や信念を表現したもの		
7	ミッションステートメント	ミッションを具体的に表現した文書		
8	キャッチフレーズ	企業の特徴や強み、理念を短く表現したフレーズ		
9	行動指針	企業の価値観を具体的な行動や態度に落とし込んだもの		

＊表中の「概要」については、学習コーナー「ビジョン群構築に必要な要素とは」参照。

「この表は、先ほどChatGPTにビジョン群の作成を依頼した際の9つの項目をベースに、エクセル上で『概要』『たたき台（AI生成）』『検討結果』の3列を加えたものです。『たたき台（AI生成）』には、さきほどChatGPTが作成した内容を入れます。そして、社

長には各項目について関係者とブラッシュアップし、その内容を

『検討結果』に入れていただきます」

「この作業が共創ですね」

「その通りです」

「で、誰とやればいいんですか？」

「そこもChatGPTに聞いてみましょう」

　茉季はこう言うと、ChatGPTに入力を始めた。

プロンプト

> ビジョン群構築は、どういうメンバーで行うと良いですか？

ChatGPT

　以下に、これらを作成する際に参加させるべきメンバーの例を挙げますが、企業の性質や目的によって異なる場合もあります。

1. **経営陣**：企業のビジョンや戦略を確立し、全体的な方向性を示す役割を果たします。
2. **従業員**：企業の文化や価値観を理解し、具体的な行動指針を共有するために重要です。従業員の意見やアイデアを反映させることで、組織全体の参加感や結束力を高めることができます。
3. **顧客**：顧客のニーズや期待に合致する価値を提供するために、顧客のフィードバックや要望を考慮することが重要です。
4. **パートナー**：企業のビジョンや共通の目標を共有するパートナーとの協力が重要です。共同で取り組む価値や原則を共有し、協働関係を強化することが求められます。
5. **コンサルタント**：企業のビジョンやミッションを明確化するために、経営コンサルタントの専門知識や経験を活用することもあります。

彼らは適切な手法やフレームワークを提供し、プロセスを効果的に
サポートする役割を果たします。

　　　画面に映し出されたメンバーを、青柳はしげしげと眺め、何か
を思いついたかのように口を開いた。

「なるほど、我が社には行動指針がないんです。だから、従業員の
巻き込みが弱かったのかなあ。ここについて、もう少し詳しく教
えていただけますか」

「実は、多くの中小企業が行動指針を持っていません。持っていた
としても、トップダウンや部分最適になっていて、共有されてい
ません。今の時代、トップダウンでは事は動きませんから、その辺
のポイントをChatGPTに整理してもらいましょう」

　　茉季はこう言うと、青柳のリクエストに応えるべく、
ChatGPTにプロンプトを入力していく。

● プロンプト

　ビジョン・ミッション・バリューを実現させる行動指針がないと、企業
はどうなりますか？また行動指針を経営陣だけで作った場合と、現場の
従業員を巻き込んで作った場合の違いを教えてください。

■ ChatGPT

　ビジョン・ミッション・バリューを実現させる行動指針がない場合、企
業は以下のような状況に直面する可能性があります。

1. **方向性の欠如**：行動指針がないと、従業員は何を目指し、どのように
　行動すべきかが明確でなくなります。これは、組織全体の方向性や一
　貫性を欠く結果となり、効率性や生産性に影響を与える可能性があ

ります。

2. 組織文化の混乱：行動指針は、企業の価値観を具体的な行動に変換する役割を果たします。行動指針がないと、従業員は自分自身の価値観や判断に基づいて行動することになり、組織文化が一貫しなくなる可能性があります。

3. 意思決定の困難：行動指針は、日々の業務や意思決定の基準となります。行動指針がないと、従業員はどのような行動が企業のビジョン・ミッション・バリューに適合するか判断するのが困難になります。

　経営陣だけが行動指針を作った場合と、現場の従業員を巻き込んで作った場合の違いは以下の通りです。

1. 所有感：現場の従業員を巻き込んで行動指針を作ると、従業員は行動指針に対する所有感を感じ、それに基づいて行動する意欲が高まります。一方、経営陣だけで作った行動指針は、従業員にとっては上から押し付けられたものと感じる可能性があります。

2. 現実性：現場の従業員は、日々の業務を通じて、企業の現場で何が起こっているか、何が必要で何が不必要なのかを最もよく理解しています。そのため、従業員の意見やフィードバックを反映させることで、行動指針はより実用的で現実的になります。

3. 組織文化の強化：行動指針の作成を全員で行うことは、組織文化を強化する機会でもあります。共通の目標に向かって協力することで、組織全体の結束力を高め、一体感を生み出すことができます。

　以上のように、行動指針は企業のビジョン・ミッション・バリューを具体的な行動に変換し、それを実現するための道しるべとなります。その

作成過程に従業員を巻き込むことで、行動指針の理解と実践が促進され、組織全体の一貫性と効率性が向上します。

青柳は、「いやー、耳が痛いなあ」とつぶやくと、画面から茉季の方に向き直った。

「これ、うちの会社をどこかから覗いていたんじゃないですか？」

「そんなに当てはまりますか？」

「ええ。うすうす感じてはいたんですけど、時間もないし、人手もないし、予算もないしで、結局放置していたんです」

「それが、ChatGPTを使えば、ものの数分でここまでできちゃう」

「ほんとびっくりです。しかし、具体的にはどうすればいいんですか？」

茉季は、「そこがとても大事ですね」と言いながら、ChatGPTとの対話を続けた。

プロンプト

具体的にはどうすれば従業員を行動指針作成に巻き込めますか？

■ ChatGPT

従業員を行動指針作成に巻き込む方法は以下の通りです。

1. **ワークショップやブレインストーミングセッション**：従業員を集めてワークショップやブレインストーミングセッションを開催し、行動指針についてのアイデアや意見を共有します。
2. **アンケートやフィードバック**：従業員からアンケートやフィードバックを収集し、それを行動指針作成に反映します。

3. 従業員代表の参加：各部門から代表者を選出、行動指針作成のプロセスに参加させます。

4. 定期的なコミュニケーション：行動指針作成のプロセスを透明にし、定期的に進ちょく状況を共有します。これにより、従業員がプロセスに関与し続けることができます。

　これらの方法を通じて、従業員を行動指針作成に巻き込むことができます。

　　　　青柳は、ChatGPTの回答に納得の表情を浮かべた。

「いろんなやり方がありますね。ワークショップもやってみたいし、アンケートもお手軽でいいなあ」

「ぜひ、貴社に一番適したやり方を選択してください。いずれにせよ、ここから先は、人と人の対話なくして進みません」

「確かに。AIが進化したからといって、AIだけで完結するわけではないんですね」

「はい。そこは忘れないでください。最後に、そのときの注意点をChatGPTにまとめてもらいますね」

プロンプト

　ありがとう！ChatGPT。この後これをベースに、関係者でこれらをブラッシュアップします。その際、どのようなことに注意すれば良いですか？

ChatGPT

　ステークホルダーがこれらの要素をブラッシュアップする際には、以下の点に注意すると良いでしょう。

1. **一貫性**：社是、経営理念、ミッション、ビジョン、バリュー、クレド、ミッションステートメント、キャッチフレーズ、行動指針は、すべてが一貫したメッセージを伝えるべきです。それぞれが異なる方向を指していると、混乱を招く可能性があります。

2. **現実性**：理想的なビジョンやミッションを設定することは重要ですが、それが現実的で達成可能であることも同様に重要です。現実的でない目標は、従業員のモチベーションを下げる可能性があります。

3. **明確さ**：各要素は明確で理解しやすくするべきです。曖昧（あいまい）な表現や専門用語の過度な使用は避け、すべてのステークホルダーが理解できる言葉を使用することが重要です。

4. **共有とコミュニケーション**：これらの要素は、組織全体で共有され、理解されるべきです。これらを定期的にコミュニケートし、すべてのステークホルダーがこれらの要素を理解し、それに基づいて行動できるようにすることが重要です。

5. **評価と更新**：これらの要素は、定期的に評価し、必要に応じて更新するべきです。市場環境、競争状況、顧客のニーズなどが変化するにつれて、これらの要素もそれに適応するように更新することが重要です。

　これらの点に注意しながら、経営幹部がこれらの要素をブラッシュアップすることで、組織の方向性を明確にし、すべてのステークホルダーが一致団結して目標に向かうことが可能になります。

　青柳は、ChatGPTの回答を読み終えると、決意を新たにし、茉季に向かって言った。

「よし、今すぐやります。今やらなければ、きっとだらだらとやら

なくなってしまう」

「ぜひ、やりましょう、社長。まずは、検討チームをつくるところから始めてみてはいかがでしょうか」

「検討チーム？」

「そこから社員を巻き込んでいくんです。例えば、プロジェクトを責任持って任せられるマネージャー格を1人、そして中堅と若手から1人ずつの計3人からスタートさせる。プロジェクトが軌道に乗ってきたら、必要に応じて、1人、2人と増やしていき、最終的には会社全体を巻き込んでいくんです」

「なるほど、それはいいアイデアですね。やってみます」

　二人はしばらくの間、充実感を味わいながらChatGPTの活用について語り合った。

「さて、今日はここまでにしましょう、社長」

　オフィスの窓から見える空の色は赤みを帯び、夕闇が迫っていた。青柳は、刺激的な1日に、疲労感に見舞われつつも、心は満たされていた。

「社長、今日の戦略的ビジョン群構築のセッションはいかがでしたか？」

「茉季さん、今日は本当に素晴らしい経験をしました。ChatGPTと一緒に思考するというのは、まさに新たなステップだと感じましたよ。ビジョンの具体化がこれほどに直感的で、より深いレベルでの理解につながるとは全く想像していませんでした」

「そう言っていただけると、私もお役に立てたようで嬉しいです」

「お役に立てたどころではありませんよ（笑）。で、次回は、どんなセッションになるんですか？」

　次回が楽しみで仕方ない様子の青柳に、茉季は、テーマが「経営

理念を盛り込んだ人財育成評価基準の作成」であることを告げた。そして、その準備として、青柳には、NDA（機密保持契約）を結んだ上で、現在の評価表や組織図のデータを事前に茉季に送ってもらうよう依頼した。

こうして青柳と茉季の1日は濃密に、しかしあっという間に過ぎた。茉季が社長室を後にすると、青柳は少し深呼吸をしてから、「さて、やるか」と、デスクに向かった。この日の茉季とのセッションで得た新たな視点と今後への期待感が、青柳の経営者としてのエネルギーをフル充電してくれたのだ。青柳は、新たなビジョンに向けた作業に取りかかりながら、既に次回の茉季とのセッションに思いを馳せていた。

Practice ☐ 実践コーナー

システムの音声入力機能の利用方法

ChatGPTとやりとりする際、パソコンの音声入力機能を使用すると、手軽に、そして迅速にテキスト入力を行うことができます。特に、長い文章を入力する際や、手を使うことが困難な状況で非常に便利です。以下に、MacとWindowsのパソコンでの基本的な設定方法を紹介します。ただし、OSのバージョンによって設定方法が異なる場合がありますので、ご自身のOSバージョンに適した方法を探してください。

■ Mac

1. システム環境設定を開き、アクセシビリティを選択します。
2. 左側のメニューから音声認識をクリックします。
3.「音声認識を有効にする」をチェックして、音声入力を有効にします。

4. 音声認識の隣にあるオプションをクリックして、お好きなショートカットを設定します。

5. ChatGPTのテキスト入力フィールドにカーソルを置き、設定したショートカットを使用して音声入力を開始します。

■ Windows

1. コントロールパネルを開き、音声認識を選択します。

2. 音声認識のセットアップをクリックして、ウィザードに従って設定を完了します。

3. 設定が完了したら、「音声認識を開始」をクリックして音声認識を開始します。

4. ChatGPTのテキスト入力フィールドにカーソルを置き、音声コマンド「開始」を言って音声入力を開始します。

■ 注意

● 環境によっては、マイクの設定や調整が必要になる場合があります。

● 音声入力中は、背景ノイズが少ない静かな環境を選んでください。

Learning ☐ 学習コーナー

ビジョン群構築に必要な要素とは

　組織や企業が自らの存在意義や方向性を明確にするためには、いくつかの要素やフレームワークが必要になります。これらの要素は「ビジョン群」として知られ、組織のアイデンティティや価値を形成するうえでの基盤となるものです。以下に、その主要な要素を詳しく説明します。

1. **社是**：企業の基本的な信条や考え方を示すもので、組織の根底にある価値や哲学を表現します。これは、組織がどのような基盤のうえに成り立っているのかを示す基本的な考え方となります。

2. **経営理念**：企業が存在する目的や、その活動を通じて達成したい理想を示します。これは、組織がどのような価値を提供し、どのような存在でありたいのかを示すものです。

3. **ミッション**：企業が果たすべき役割や、その存在意義を明確にするものです。これは、組織が社会や顧客に対して果たすべき役割や責任を示します。

4. **ビジョン**：企業が将来到達したい状態や目標を示すもので、具体的な方向性を持たせます。これは、組織が目指す未来の姿や理想の形を示すものです。

5. **バリュー**：企業が大切にする価値観や原則を示すもので、行動の基盤となります。これは、組織のメンバーが共有する価値観や信条を示すものです。

6. **クレド**：企業の信念や約束事を示すもので、組織の行動や判断の基準となります。これは、組織が外部や顧客に対して約束すること、または守るべき信念を示すものです。

7. **ミッションステートメント**：ミッションを具体的に表現したもので、組織の活動や取り組みの方向性を示します。これは、組織の目的や役割を簡潔にまとめたものです。

8. **キャッチフレーズ**：企業の特徴や強みを簡潔に伝えるためのフレーズで、外部に対するメッセージとして使用されます。これは、組織のブランドや特色を短く表現するものです。

9. **行動指針**：組織のメンバーが日常の業務でどのように行動すべきかを示す具体的な指針です。これは、組織のバリューやクレドを具体的

な行動に落とし込むためのものです。

　ビジョン群のこれらの要素は、企業や組織が持つアイデンティティを形成し、内外に対してその姿勢や方向性を明確に伝えるための重要なツールとなります。ただし、すべての組織がこれらの要素をすべて持つわけではありません。**組織の特性やニーズ、文化に応じて、最も適切な要素を選択することが重要です。**

　ビジョン群の構築に当たっては、AIと専門家の組み合わせが非常に強力なツールとなります。AIは、初期段階のアイデアの生成、定式化、さらには具体的な言葉への変換を助けてくれます。これにより、組織のコアバリューや目標を明確に、かつ容易に表現することが可能になります。一方、専門家は、その経験と専門知識を生かして、ビジョンが組織の現状と未来の戦略に適合していることを確認します。さらに、ビジョンが関係者すべてに共有・実装・維持される方法を提案することができます。

　このように、AIと専門家を適切に活用することで、組織はこれまでにないような質の高いビジョン群を、早く、安価に、そしてより多くのステークホルダーを巻き込んで構築することが可能になります。こうした一連の作業は、組織がその存在意義を明確に理解し、未来に向けて一致団結するうえで非常に重要なステップとなるのです（ChatGPTより）。

Learning ▶□ **学習コーナー**

大企業の事業部でのビジョン群構築はここに注意

　本編の物語の舞台は、中小企業です。登場人物の青柳は社長として、組織開発コンサルタントの茉季と共に会社のビジョン群構築に取り組んで

います。しかし、ここで解説しているビジョン群構築の手法は、大手企業の部門・事業部などにも十分活用できます。具体的には、物語の中の「会社」を「部門・事業部」に置き換えたうえで、経営陣ではなく、大企業の部門長・事業部長が実践するのです。実際、事業部でビジョン群構築を行うことの価値と、その時の注意事項を以下に示します。

■ 価値

1. **方向性の明確化**：ビジョン群構築により、事業部の目標や方向性を明確にし、メンバーが一体となって取り組むことができます。

2. **チームの結束力向上**：共通のビジョンを持つことで、メンバーの結束力と協力意識が高まり、チームのパフォーマンスが向上します。

3. **リソースの最適化**：ビジョンはリソースの活用や配分の基準となり、効率的な業務遂行を促進します。

4. **モチベーション向上**：明確なビジョンはメンバーのモチベーションを高め、組織への参加意欲やパフォーマンスを向上させます。

5. **変化への適応力向上**：柔軟なビジョンに基づいている場合、事業部は変化に素早く対応でき、競争力を維持し成長することができます。

■ 注意事項

1. **チームの参加と意見共有**：ビジョン群構築はチーム全体の共同作業であるため、メンバーの参加と意見共有が重要です。多様な視点やアイデアを取り入れ、全員が関与できる環境をつくりましょう。

2. **具体性と明確さ**：ビジョンは具体的で明確な表現をすることが重要です。抽象的な表現だけではチームの共有や目標設定に困難を生じる可能性があります。

3. **リーダーシップの発揮**：ビジョン群構築にはリーダーのサポートが

欠かせません。リーダーはビジョンの指針となり、メンバーを引っ
張っていく役割を果たす必要があります。

4. **ビジョンの進化と評価**：ビジョンは静的なものではなく、変化に合わ
せて進化していく必要があります。定期的な評価と改善を通じてビ
ジョンを見直し、適切に更新していくことが重要です。

5. **コミュニケーションと透明性**：ビジョンに関する情報は全メンバー
と共有する必要があります。透明性を保ち、適切なコミュニケーショ
ンを図ることで、メンバーの理解と関与を促進します。

6. **企業全体のビジョンとの整合性**：事業部でのビジョン群構築は、企業
全体のビジョンと整合性を保つことが非常に重要です。事業部ビ
ジョンは企業ビジョンを具現化するものであり、企業全体の方針や
価値観を反映しながら、事業部の特性や目指すべき方向を示すべき
です。

　これらの注意事項に留意しながら、事業部でのビジョン群構築を進め
ることで、チームの結束力やパフォーマンスの向上、効率的な業務遂行、
変化への適応力の向上などの効果を得ることが期待できます。

1-2

chapter

既存の人材評価基準を ChatGPTでアップデート

第2章では、若竹社の社長青柳による人財育成と評価基準の見直しに焦点を当てる。青柳は、ChatGPTを経営支援ツールとして利用しながら、人材と人財の視点を深く探求。この探求は、青柳が既存の人材評価基準表を、戦略的ビジョン群を反映した人財育成評価基準表へと進化させる方法を見つけることに結びつく。

そして青柳は、茉季と共に部下の力を引き出すエンパワーメントリーダーシップの重要性を学び、新たな人財評価の仕組み作りをスタートさせる。本章での青柳は、ChatGPTの分析能力をまだまだ使いこなせてはいないものの、この一歩は、組織全体の成長を目指す経営者青柳の、新たな試みを支える「技術」となっていく。

青柳は経営者としてさらに深化・探索していく。茉季の存在感も強化され、彼女は青柳の信頼できるアドバイザーとして描かれる。読者はこの章を通じて、青柳がいかにしてChatGPTを活用して経営を革新していくのかをみて取ることができる。

青柳と茉季の1回目のセッションから約1週間が過ぎた。オンラインミーティングとなった2回目のセッションには、水谷樹という若者が新たに加わった。茉季は画面越しに微笑みながら、青柳に声を掛けた。

「青柳社長、こんにちは。先日はありがとうございました。その後、戦略的ビジョン群構築プロジェクトの様子はいかがですか？」

にっこり笑う青柳。

「茉季さん、こちらこそありがとうございました。あの後、すぐに

取りかかってね、いろいろと進行中ですよ。さて、今日は、人材評価基準の見直しでしたよね。現在の評価基準は10年も前に作られましたから、色あせてしまっている。人材に求める要件もだいぶ変わってきているので、その辺りを今日何とかしていただきたいと思います」

「はい、私とChatGPTにお任せください」

　茉季の言葉に安心したように、青柳がうなずいた。

「茉季さん、今日は我が社の人事部の有望な若手、水谷君にも入ってもらいました。彼はまだ入社3年目ですが、さまざまなことを学びつつあります。そこで今日は、茉季さんから彼に直接ChatGPTの操作などを教えてもらいたいと思いましてね」

　青柳が水谷を紹介する言葉の端々には、彼への期待と成長への楽しみがあふれている。画面に映し出されている水谷は若々しく、緊張感が画面越しにも伝わってくる。

「茉季さん、初めまして、水谷と申します。組織開発の偉い先生だとうかがって、ちょっと緊張していますが、よろしくお願いいたします」

「偉い先生！？」

　茉季の笑い声が響く。

「最初は、皆さん、そう言われるんですが、ただのおせっかいなAIおばさんですよ」

　茉季がこう言うと、今度は、三人の笑い声が画面越しにこだました。水谷の緊張感がほぐれた様子を確認し、青柳が真剣な顔で切り出した。

「ところで茉季さん、最初にお聞きしたいんですけど、『人材』と『人財』を使い分けていますよね。そこ、どう違うんですか。せっか

くだから、水谷君にも知っておいてほしくて」

　こうして新たな人財育成評価基準作成への第一歩が踏み出された。

1-2-1　ビジョンに基づいた 人財育成評価基準の作成ステップ

　茉季は、1回目のセッションの後、青柳の会社である若竹社の経営理念を具体化するために綿密な準備をし、今日の2回目のセッションに臨んでいた。

「早速良い質問ですね、社長。人材と人財、確かに似ているので混同しやすいと思います」

　茉季はこう言うと、両者の違いを説明し始めた。それによると、『人材』とは、その人が持つスキルや経験、知識を指す。それはつまり、その人がどのように仕事をこなすのか、どのように組織に貢献できのるかといった具体的な能力を意味する。一方、**『人財』は、それぞれの従業員が組織全体にとってどれほど価値のある存在か、すなわちその人が組織に対して持つ総合的な価値**を示す。そこには、その人が他の人とどのように協力するのか、組織の文化にどのように貢献するのか、どのようなリーダーシップを発揮する能力があるのか、といった要素が入ってくるという。

「ですから、私が社長に人財という考え方をおすすめしたのは、社長ご自身が、若竹社のすべての従業員をただのスキルや知識を持つ人材ではなく、組織全体に対して重要な価値を持つ人財として見ていて、組織全体の成長や発展にとって大切に思っているということが分かったからです。その一人ひとりが組織にとって大切

な存在であり、その貢献が組織全体の成功に直結すると、私も信じています」

青柳は深くうなずいた。

「なるほど、それは納得です。我が社も、そういった視点で改めて従業員を見るようにしていきたいと思います。これからの我が社の発展にとって、人材評価ではなく人財評価がカギになりそうだね、水谷君」

「はっ、はい」

急に振られた水谷が慌てて相づちを打つ様子に、青柳と茉季が微笑んだ。

「では、始めましょう。人財育成評価基準の作成の前に、やるべきことがあります。それは、企業における『評価基準の基本』の確認です」

茉季が「画面共有します」と言うと、オンラインミーティングツールにはChatGPTの画面が現れ、プロンプトが素早く入力されていく様子が映し出された。

● プロンプト

企業における評価基準とは何でしょうか？なぜ必要ですか？ないと組織はどうなりますか？これらのことを整理してわかりやすく教えてください。

■ ChatGPT

企業における評価基準とは、従業員のパフォーマンスを評価し、その業績を定量的に把握するための具体的な指標や基準のことを指します。これらの基準は、目標達成度、作業の質や量、コミュニケーションスキル、チームワーク、創造性など、職務遂行に関連するさまざまな要素をカ

バーします。評価基準は企業にとって以下のような理由で重要です。

1. **パフォーマンスの明確化**：評価基準を設定することで、企業は従業員に期待する具体的なパフォーマンスを明確に伝えることができます。これにより、従業員は自身の業績を自己評価し、改善点を見つけることが容易になります。
2. **公平性の確保**：評価基準があることで、すべての従業員が同じ基準で評価され、公平性が保たれます。これは、職場のモラルを高め、従業員のモチベーションを向上させます。
3. **効果的な人事管理**：評価基準に基づくフィードバックや評価を通じて、人事部門は昇進、賃金調整、トレーニングの必要性など、効果的な人事決定を行うことが可能になります。

　評価基準がないと、組織には以下のような問題が生じる可能性があります。

1. **目標の不明確化**：評価基準がなければ、従業員は自分が何を達成すべきか、どういう行動が期待されているかを理解するのが難しくなります。これはパフォーマンスの低下につながります。
2. **不公平な評価**：評価基準が不明確な場合、評価が主観的になり、不公平な評価や偏見を生む可能性があります。これは職場の紛争を引き起こし、従業員の満足度や生産性を低下させる可能性があります。
3. **人事管理の困難**：評価基準がなければ、パフォーマンスが低い従業員を特定し、適切なトレーニングや教育を提供するのが難しくなります。また、昇進や賃金調整の判断も困難になる可能性があります。

　以上のように、評価基準は従業員のパフォーマンスの明確化、公平な評価の確保、効果的な人事管理を実現するために、組織にとって重要な要素です。

　青柳は、茉季に何度か画面を上下にスクロールしてもらい、ChatGPTの回答をじっくりと読み込んだ。

「なるほど、言っていることはよく分かります。我が社の評価基準の一番の問題は、中身が昔から変わらないために、現在の事業状況に合わなくなってきている点です。実際、コロナによる事業の低迷やその後の方向性の変更、さらにはアフターコロナ対応による業務の多忙化といった状況の変化にも、追いついていません。なあ、水谷君」

　またも青柳から振られた水谷は、今度は慌てずに落ち着いて答える。

「あと、新規事業に関連する改定もできていないと思います」

「確かに、そうだな」

　水谷の回答に、青柳が満足げにうなずいた。このやりとりを見て、茉季がChatGPTに入力を始めた。

プロンプト

　今ある評価基準を評価し、足りない部分をAIで追加します。その際、事前に作成した新しいビジョンを取り入れた人財評価基準を作成します。企業に元々評価基準がないケースも含めて、どういうプロセスで行えば良いか、そのステップを示してください。

ChatGPT

ビジョンに基づいた新しい人財評価基準を作成する際には、以下のス

テップを考慮して進めることが一般的です。

1. **ビジョンの理解と分析**：企業の新しいビジョンを深く理解し、その中で重要な価値観、目標、期待を特定します。

2. **既存の人材評価基準の評価分析**：既存の評価基準を分析し、ビジョンに対するそれらの整合性を評価します。ここでは、基準がビジョンと一致しているか、またはそれらがビジョンをサポートしているかどうかを評価します。

3. **ギャップ分析**：上記のステップを基に、現在の評価基準と企業の新しいビジョンとの間のギャップを特定します。ここでの目標は、新しいビジョンに対して現状の評価基準がどの程度満たしているかを理解することです。

4. **新たな人財評価基準の作成**：ギャップ分析に基づき、新しい人財評価基準を作成します。ここでAIが役立つ部分は、大量のデータを処理し、可能性のある新たな人財評価基準を提案することです。

5. **新しい人財評価基準の検証と調整**：提案された新しい人財評価基準を、関連するステークホルダー（管理者、従業員、HR担当者など）と一緒に見直し、その適用可能性と実効性を検証します。

6. **展開と評価**：新しい人財評価基準を組織に展開し、その結果をモニタリングし評価します。改善が必要な部分が見つかった場合は、適宜調整を行います。

7. **継続的な見直し**：企業環境やビジョンが変わるにつれて、人財評価基準も更新と調整が必要になることを理解し、定期的に見直しを行います。

このプロセスは、企業が元々評価基準を持っていない場合でも適用可

能です。その場合、ステップ2はスキップし、直接ステップ3のギャップ分析から新たな評価基準の開発に進むことになります。

　　　ChatGPTの回答を読んだ青柳が、「茉季さん、画面共有していいですか」と言い、テキストを入力し始めた。

ステップ1. ビジョンの理解と分析
ステップ2. 既存の人材評価基準の評価分析
ステップ3. ギャップ分析
ステップ4. 新たな人財評価基準の作成
ステップ5. 新しい人財評価基準の検証と調整
ステップ6. 展開と評価
ステップ7. 継続的な見直し

「要は、ビジョンからの人財評価基準の作成は、この7つのステップでやるんですね」

「その通りです」
　　　ここで、青柳がふと考え込む。

「でも、茉季さん。人財評価基準を作成するということも戦略的ビジョン群構築と同様、簡単なことではないでしょ。これも通常は、専門家に依頼したり社内の人間で立案したりしますが、なぜそれをAIに任せるんですか？」
　　　茉季は、想定内の質問に、にっこりと笑って答え始めた。

「確かに、社長のおっしゃる通り、専門家や社内チームに依頼するのも一つの方法です。しかし、AIを利用することにはいろんなメリットがあります」

こう言うと、茉季は、3つのメリットを挙げた。第一は、**時間の節約**。AIは一度に多くのデータを処理する能力があるため、人間が同じタスクをこなすよりもはるかに速く評価基準を作り出せる。例えば、今まで人力で何カ月もかけて作成していたものが、たった数時間でできてしまうこともあるという。

　第二は、**予算と人員の削減**。AIを使用すれば、人手も膨大な予算も必要としない。例えば、外部コンサルタントを雇うと、半日で数十万円のコストが発生したりする。しかしChatGPTであれば、月額たった数十米ドルの負担で済むうえ、最初のたたき台を作成する段階では人手もほとんどかからない。

　そして最後が、**評価基準の容易なブラッシュアップ**。人間が評価基準を変更するのは手間がかかるが、AIなら容易に行える。しかもAIは自己学習能力を持つため、評価基準を改善していく過程で学習し、より良い基準を作成するようになる。例えば、専門家と社内の担当者で作成した評価基準の場合、それを一通り実践して、結果を収集し、また直して……を繰り返すと、せいぜい年に1回ペースでしか改善サイクルを回せない。しかし、これをAIに任せれば、場合によっては数カ月に1回のベースで改善サイクルを回すことも可能という。

「なるほど、それは大いに魅力的ですね。時間とコストの削減、そして常に進化する評価基準か。そんなものを手に入れられるのなら、我々もAIの力を借りる価値は十分にありますね」

「それに、AIによって時間が節約できれば、限られたリソースを別の仕事に振り分けることもできます」

　水谷の発言に、青柳が「そうだな」と同調すると、茉季が、「では、早速ですが、試してみましょう」と、二人の背中を押した。

1-2-2 既存の人材評価基準の評価分析

　茉季は、青柳と水谷に、画面共有されている7つのステップを見るように促した。

「この7つのステップのうち、『ステップ1. ビジョンの理解と分析』は、前回で終わりました。ね、社長」

「はい」

「ですので、今日は、『ステップ2. 既存の人材評価基準の評価分析』と『ステップ3. ギャップ分析』を進めていきます」

　茉季はこう言うと、共有画面の表示をエクセルに切り替えた。

「社長、人材評価基準表の事前提出、どうもありがとうございました。いただいたエクセルはセルの結合や空欄がありました。ChatGPTはその場合、情報をうまく読み込めませんので、私の方で少しアレンジさせていただきました」

　茉季はさらに続けた。

「そしてもう一つ、前回のセッションと同様、機密情報の漏洩防止とプライバシー保護の観点から、事前に貴社の人事担当の方と一緒に、機密情報や個人を特定できる情報を人材評価基準表から削除または匿名化しております。では、こちらをご覧ください」（巻頭の「ChatGPTを安心して使うために」参照）。

《若竹電機製作所 製品開発部の人材評価基準表（編集済み）》

部署		共通	製品開発部	製品開発部	製品開発部	製品開発部	製品開発部
階層	評価項目	総合	材料科学・電動車部品知識	規制・安全基準順守	部品設計・開発能力	営業企画力	営業技術力
I	基本的・ルーティン能力	ルーチンワークはこなせる。単純な事務作業ができる。指示された仕事を理解しながらできる	材料科学および電動車部品に関する基本知識を持っている	安全基準と規制文書の基本的な管理と整理ができる	CADを利用した基本的な部品設計ができる	新製品の企画提案ができる	初級レベルのCAD操作ができる
II	定型業務の熟達・標準的能力	仕事の流れを理解し、整理整頓できる。簡単な指示で仕事を任せられる	機械工学の知識を超えた材料科学の知識を持っている	規制に準じた部品仕様の初稿を作成できる	指示に基づき、試作部品の製造ができる	企業の使用する主要な製造機械や装置を理解している	簡単な部品の設計が可能
III	独自判断力	予定表を参照して準備できる。部署の通常・定期的な業務を行える	原材料の物性と電動車に関する規制の基本的な知識を持っている	CADを利用した詳細な設計が可能	設計書類に基づき、部品の調整と試作ができる	顧客への提案資料の準備と新製品の進ちょく状況の報告ができる	基本的な材料知識を有している
IV	独自判断力	予定表を参照して部署内外と連携できる	材料科学と電動車部品製造に関する規制の高度な知識を持っている	全部品の確認と標準仕様の確認ができる	試作品の品質判定ができる	既存顧客の担当を任せられる。法定表示などの部品ラベルの確認ができる	試作品の説明と評価のフィードバックができる。新しい技術や材料のトレンドを追いかける能力がある
V	専門知識の応用・教育力	一定範囲の担当業務を完遂できる	材料科学と電動車部品製造に関する規制の専門的知識を持っている	顧客の要求を満たす試作品の合否判断ができる	仕入れ業者との納期・価格交渉ができる	新規顧客の担当と新製品の進ちょく管理ができる	試作品の説明と評価のフィードバックができる。新しい技術や材料のトレンドを追いかける能力がある

VI	専門知識の応用・教育力	電動車の規制と基準に関する基礎的な理解がある	評価基準の開発や改善ができる	新しい部品の設計と試作が行える	新規顧客の担当と新製品の進ちょく管理が行える	試作品の評価を受け、改善提案ができる	試作品の評価を聞き取り、その場で改善提案をすることができる
VII	経営と専門技術力	新しい技術や情報を十分に理解できる経験と知識を持つ	部品の製造プロセスに関する高度な判断ができる	製品化の可能性や安全性の確認ができる	一般的なクレームへの対応ができる	新しい材料や部品の特性確認ができる	クレームへの対応ができる。新技術の採用や新材料の導入を提案できる
VIII	経営と専門技術力	電動車産業に関連する法律や規制を理解し、適切な判断ができる	高度な製品分析と適切な指示ができる	大企業へのアプローチと企画進行が可能	取引先の上級者との対応が可能	豊富な人脈を持ち、多くの企業と連携が可能	取引先の責任者との対応ができる。大企業へのアプローチ、企画の進行ができる。業界のネットワーキングを利用して新しいビジネスチャンスを探求できる
IX	高度な管理・専門スキル	革新的な部品開発が可能	難易度の高いクレームへの対応が可能	小規模なリコールなどの対応と交渉が可能	小規模なリコールなどの対応と交渉が可能	新しい材料や部品の開発が可能	対応の難しいクレームを適切に処理できる。リスク管理と品質保持の戦略を策定できる
X	リーダーシップ・管理能力	革新的な部品開発が可能	新しい材料や部品の開発が可能	重大なクレームへの対応と交渉が可能	重大なクレームへの対応と交渉が可能	大規模なリコールなどの対応と交渉が可能	大規模なプロジェクトの危機管理ができる。企業全体のビジョンを理解し、それに基づいた戦略的な提案ができる

「こちらは製品開発部のみのデータですが、この人材評価基準表をChatGPTに分析してもらいます。現在の基準表の名称が『人材』となっていますので、ここではあえて『人材』のままで進めます」

　茉季は、エクセルから情報をコピーし、ChatGPTのプロンプトに貼り付けた。そしてさらに下記のプロンプトを追加してエンターキーを押した*。

＊エクセル表のChatGPTへの読み込み方法は、上記のコピー＆ペースト方法と、ChatGPT Plus（GTP-4）の機能「Advanced data analysis」（2023年9月時点）を活用する方法がある（以下同）。

プロンプト

　このエクセルデータは製品開発部の人材評価基準表です。これを評価してください。

ChatGPT

　人材評価基準表を評価します。以下のポイントを基に分析いたします。

【評価項目】

1. 明確さ：評価項目や階層が明確に表されているか。
2. 包括性：さまざまな能力やスキルが網羅されているか。
3. 進行性：初級から上級までのスキルの進化や成長が一貫して表現されているか。
4. 実用性：実際の業務に適用できるか。
5. 目的適合性：企業の目的やビジョンに合致しているか。

【評価】

1. 明確さ

●評価表はローマ数字での階層とそれに対応する階層名が明確に表示されており、非常にわかりやすいです。

2. 包括性

●部署、評価項目のカテゴリーは、製品開発部の業務に関連するさまざまな要素を網羅しています。これにより、該当部署の従業員の多様な能力を評価することができます。

3. 進行性

●各階層での評価項目は、基本的なスキルから高度なスキルまでの進行性を示しています。これにより、従業員の成長を段階的に追跡することができます。

4. 実用性

●提供された内容は、実際の業務に密接に関連しており、実用性が高いと考えられます。

5. 目的適合性

●企業の具体的な目的やビジョンに関する情報が提供されていないため、この点に関しては評価できません。しかし、製品開発部の業務遂行に関する詳細な評価項目があるため、部署の目的や業績向上に貢献すると考えられます。

【総評】

　この人材評価表は、製品開発部の従業員の能力を包括的に評価するうえで非常に有用であると考えられます。明確な階層と詳細な評価項目により、従業員の成長を的確に評価・追跡することができるでしょう。ただし、全社的な視点や他部署との関連性、企業全体のビジョンや戦略との整合性などを確認するためには、他の資料や情報との組み合わせが必要かもしれません。

ChatGPTから、「企業全体のビジョンや戦略との整合性など
を確認するためには、他の資料や情報との組み合わせが必要」と
指摘を受け、茉季は若竹社の企業情報を読み込ませることにし
た。具体的には、前回のセッションで青柳と共に作成した、企業戦
略基本情報の項目ごとに「いままで」と「これから（社長の想い）」
を整理した表*である。

*「1-1-2　経営者の思いを入れた戦略的ビジョン群の構築」内に出てくる
　「企業戦略基本情報」を指す。

● プロンプト

　では、企業戦略基本情報を提供しますので、その内容でこの人材評価
基準表を再評価してください。

■ ChatGPT

　企業戦略基本情報を基に、先ほどの人材評価基準表を再評価いたしま
す。

【評価】

1. 適合性と関連性

- 人材評価基準表の多くの項目は、企業の現在の事業内容の受託製造
　に関連する内容をカバーしています。これは企業の現状と一致して
　おり、適切です。
- 企業の新しい方向性、特に環境に配慮した製品作りや環境保護への
　取り組みに関連する評価項目が、評価基準表にも反映されているか
　は、さらなる検討が必要です。

2. 戦略的方向性

- 企業戦略基本情報には企業の新たなビジョンとして、環境に配慮し

た製品作りや持続可能性を重視する方向性が明確に示されています。この方向性に沿ったスキルや経験を持つ人材を評価・育成する項目が、評価基準表に反映されているか確認が必要です。

3. 価値観の一致

● 企業が大切にしている価値観などの要素が、人材評価基準表の中でどのように評価されるかを検討する必要があります。これにより、企業の文化や価値観を維持・強化する人材を適切に評価できます。

4. 技術とイノベーション

● 企業戦略基本情報には、企業は技術の進歩とイノベーションに取り組む姿勢を強調しています。人材評価基準表には、新技術の採用やイノベーションに関するスキルや経験を評価する項目が含まれているか確認が必要です。

【総評】

　企業の現状や将来の方向性を考慮すると、人材評価基準表は現在の企業のニーズやビジョンと一致している部分が多いと考えられます。しかし、将来、特に環境に配慮した製品作りや新技術の開発、企業の新たな価値観や信条に関連する項目が十分に反映されているかを検討することが重要です。これにより、企業の新しい方向性をサポートする人材を効果的に評価・育成することができるでしょう。

ChatGPTの回答を読んだ青柳は、水谷に向かって言った。

「水谷君、どう？」

「我々の人材評価基準表の欠点を見事に指摘されて驚いています」

「私もだ。じゃあ、茉季さん、当社の新たな価値観や信条などを取り入れる方向で、これまでの人材評価基準表を改善してもらえま

すか」

「分かりました。ここからは、一気にいくので、しっかりとついて
きてくださいね」

　茉季の言葉に、画面越しの青柳と水谷は少し緊張した面持ちを
浮かべ、無言のままうなずいた。

1-2-3　人財育成評価基準表の改善プロセス

　茉季は、「ここからは、『人材』と『人財』をあえて明示的に使い
分けて進めていきます」と言い、プロンプトを入力し始めた。

プロンプト

では、下記の観点で改善点を列挙してください。

●階層*は今まで通り10階層とします。

●階層名*に変更が必要だったら案を提示してください。

●評価項目*に変更が必要だったら案を提示してください。

●階層ごとの評価項目に変更が必要だったら案を提示してください。

　また、提示した案にその理由を示してください。

＊「階層」は、「1-2-2　既存の人材評価基準の評価分析」で紹介した「若竹電機製作所
製品開発部の人材評価基準表（編集済み）」中の縦軸の数字を、「階層名」はその隣に
書かれた能力・スキルを、「評価項目」は同表の上から2段目の横軸の項目を指す。

ChatGPT

了解しました。以下の改善点を提案いたします。

【階層名の変更提案（※印が変更を提案した階層名）】

Ⅰ：基本的・ルーティン能力

Ⅱ：定型業務の熟達・標準的能力

Ⅲ：基礎独自判断力　※

Ⅳ：高度独自判断力　※

Ⅴ：専門知識の基礎教育力　※

Ⅵ：専門知識の応用教育力　※

Ⅶ：初級経営と専門技術力　※

Ⅷ：中級経営と専門技術力　※

Ⅸ：高度な管理・専門能力

Ⅹ：統率管理能力

【階層名の提案理由】

　同じ名称が複数の階層で使用されているため、明確な差異化のために名称を少し修正しました。「基礎」と「高度」などの言葉を使って、階層ごとの能力の違いを明確にしました。

【評価項目の追加提案（※印が追加を提案した評価項目）】

総合

環境保護・持続可能性知識　※

材料科学・電動車部品知識

規制・安全基準順守

部品設計・開発能力

環境に配慮した部品設計・開発能力　※

営業企画能力

営業技術能力

【評価項目の追加提案理由】

　企業の新方針に基づき、環境保護や持続可能性に関連する知識や能力を評価項目に追加しました。

【提案した評価項目の評価内容案（例：環境保護・持続可能性知識）】

Ⅰ：環境保護の基礎的な知識を持つ。

Ⅱ：持続可能性の基礎的な概念を理解している。

Ⅲ：環境に配慮した製品開発の基本的な手法を理解している。

Ⅳ：持続可能性を考慮した製品ライフサイクルの理解。

Ⅴ：環境保護・持続可能性に関する専門的な研究や情報の取得能力。

Ⅵ：環境保護・持続可能性の高度な分析や評価能力。

Ⅶ：初級の環境保護・持続可能性に関するプロジェクト管理能力。

Ⅷ：中級の環境保護・持続可能性に関するプロジェクト推進能力。

Ⅸ：環境保護・持続可能性の戦略的な取り組みや方針の策定能力。

Ⅹ：統率管理能力を持ちつつ、環境保護・持続可能性のビジョンを推進する能力。

【理由】

　企業の新方針を反映して、環境保護や持続可能性に関する知識や能力の評価項目を追加しました。各階層に応じて、評価項目の難易度や重要度を増加させることで、従業員の成長を促進することを目指しています。

　これらの改善点は、企業の新方針や価値観を反映し、人材評価基準表をより効果的にするための提案です。

● プロンプト

　では、今度はこれを『人財育成評価基準表』として再度評価してください。人材と人財の違い、そして人財育成の観点を追加して評価してください。

■ ChatGPT

　了解しました。以下、提供された人材評価基準表を「人材と人財の違い」および「人財育成の観点」から評価いたします。

【人材と人財の違い】
●人材は個人の持っている能力や経験、知識、技術などの総体を指します。それに対して、人財はその人が持つ能力や知識、技術などを組織の成果向上のためにどれだけ活用できるか、つまり組織にとっての価値を指します。

【評価】
●人材の観点：評価基準表は階層ごとに明確な能力や知識、技術を定義しており、この部分は適切です。
●人財の観点：評価基準表は「共通/総合」といった部分で、組織における総合的な価値や役割を評価する要素を持っていますが、各部署・評価項目においても、それが組織全体の成果やビジョンにどれだけ貢献しているかという観点が強化されるとより良いと考えます。
●人財育成の観点：人財育成とは、個人の持つ能力や知識を伸ばし、組織全体の成果向上に寄与する人材を育て上げることを指します。

【評価】

●人財育成の基盤となる教育やトレーニングの要素が評価基準表にはあまり含まれていないように感じます。例えば、各階層において、特定の教育やトレーニングを受けることで次の階層へと進むための前提条件として設定すると、人財育成の方向性が明確になります。

●各階層や部署・評価項目において、メンターシップやコーチングの役割、チーム内でのリーダーシップなど、他者を育成・サポートする役割に関する評価項目を追加すると、人財育成の観点が強化されます。

【総評】

●提供された人材評価基準表は、各階層や部署・評価項目においての能力や知識を評価するための基盤はしっかりとしています。しかし、組織全体としての価値や、人財育成の観点がさらに強化されると、より組織にとって価値のある人財育成評価基準表となると考えます。

プロンプト

　ありがとう。それでは、これ以降は「人財育成評価基準表」として改善点を提案してください。

ChatGPT

　了解しました。提供された人財育成評価基準表に関する改善点を以下に列挙します。

【人財の観点を強化】

●**部署ごとの組織への貢献度の明確化**：各部署・評価項目において、評価する能力や知識が組織全体の成果やビジョンにどのように貢献してい

るかを明示する。

例：「製品開発部/材料科学・電動車部品知識」での評価項目に、「新しい環境に配慮した製品の開発にどれだけ貢献しているか」という項目を追加。

【人財育成の観点を追加】

●**教育・トレーニングの要素の追加**：各階層に特定の教育やトレーニングの完了を前提条件として設定。

例：Ⅲ階層をクリアするためには、環境に配慮した製品作りの基本トレーニングを完了する必要がある、というような条件を設定。

●**メンターシップやコーチングの役割の評価**：特に上位の階層（Ⅵ～Ⅹ）において、他者を育成・サポートする役割に関する評価項目を追加。

例：Ⅶ階層の「専門的応用・指導・監督能力」の中に、「部下や後輩のキャリアサポートや指導の実績」を評価する項目を追加。

【環境保護と持続可能性の観点を強化】

●**環境に配慮した製品作りの評価項目の追加**：企業の新しい方針やビジョンを反映させるために、各部署・評価項目に環境保護や持続可能性に関連する評価項目を追加。

例：「製品開発部/部品設計・開発能力」に、「環境に優しい成分の選定や製品開発の実績」を評価する項目を追加。

【理由】

●**人材と人財の違いの観点**：人財育成評価基準表が、個人の能力や知識だけでなく、その能力や知識が組織にとってどれだけ価値があるかを評価するためのものであるべきであるため。

●**人財育成の観点**：人財の成長と組織の成果向上を同時に促進するため、人財育成の要素を評価基準に取り入れることが重要であるため。

　これらの改善点を取り入れることで、人財育成評価基準表が企業の新しいビジョンや方針を反映し、組織全体の成果向上に貢献する有効なツールとなると考えます。

> プロンプト

人財育成の観点についての具体的な改善案を提案してください。

■ ChatGPT

　了解しました。人財育成の観点からの具体的な改善案を以下に示します。

【継続的な教育・トレーニングの要素の組み込み】
●**定期的なスキルアップトレーニングの導入**：すべての階層で定期的にスキルアップのためのトレーニングやワークショップを実施することを推奨。
　例：「製品開発部/材料科学・電動車部品知識」の中で、最新の材料科学・電動車部品技術や材料に関するトレーニングを年1回以上受けることを推奨。
●**オンボーディングプログラムの強化**：新入社員や新しい部署への異動者向けに、その部署の業務内容や期待される能力を理解するためのトレーニングを実施。

【メンターシッププログラムの導入と評価】

● **シニア社員とのメンタリングセッション**：若手や中堅社員がシニア社員との定期的な1on1セッションを持つことを推奨。キャリアの方向性、技術の疑問点、業務の悩みなどを共有・解決する場とする。

例：Ⅳ階層以上の社員は、メンターとして少なくとも1人の後輩社員を持ち、定期的にメンタリングセッションを行うことを推奨。

【クロストレーニングの推奨】

● **他部署との交流や実務経験**：社員が他の部署の業務を一時的に経験することで、異なる視点やスキルを獲得する。

例：製品開発部の社員が、一定期間、営業部門や製造部門での業務を経験する。

【パフォーマンスと育成の連携】

● **パフォーマンスレビューでの育成の取り組みの評価**：半期ごとや年次のパフォーマンスレビューで、各社員の育成活動への取り組み（トレーニングの受講、メンタリングの実施など）を評価の要素として取り入れる。

【理由】

● **継続的な教育・トレーニング**：技術や業界の進展に対応するために、常に最新の知識やスキルを持っていることが必要です。

● **メンターシッププログラム**：シニア社員の経験や知識を次世代の社員に伝えることで、組織全体のスキルレベルを向上させることができます。

● **クロストレーニング**：異なる部署の業務を理解することで、組織全体

の連携を向上させ、より効果的な業務遂行が可能になります。

●**パフォーマンスと育成の連携**：育成の取り組みをパフォーマンス評価
に取り入れることで、社員の育成活動へのモチベーションを向上させ
ることができます。

これらの改善点を取り入れることで、組織全体のスキルアップと次世
代の人財育成を同時に促進することができます。

ありがとう。この4つの改善案は人財育成評価基準として評価基準表
に組み込むのが良いですか？それとも育成計画を別途作成した方が良い
ですか？

人財育成の取り組みは、具体的な行動や目標を設定・追跡するための
ものであり、評価基準としての性質とは異なります。しかし、組織の人財
の質を向上させるためには、これらの取り組みと評価基準を連携させる
ことが重要です。以下のアプローチを提案します。

【別途の育成計画の作成】
●人財育成に関する具体的な目標、行動計画、トレーニング内容、メンタ
リングの詳細などを明確にするために、別途の育成計画を作成するの
が適切です。
●この計画には、期間、目標、関与する人員、必要なリソースなど、具体的
な実施内容を明記します。

【評価基準表への組み込み】

●評価基準表には、育成計画に関連する一部の要素（例：メンタリングの実施頻度、トレーニングの受講回数など）を盛り込むことで、社員の評価時にこれらの取り組みへの参加や実施状況を考慮することができます。

【結論】

●両方のアプローチを組み合わせることをおすすめします。まず、具体的な育成計画を別途作成し、その上で評価基準表に育成に関連する要素を追加することで、社員の評価と育成の取り組みを連携させることができます。

プロンプト

ありがとう。とても良く分かりました。また相談に乗ってください。

ChatGPT

いつでもお気軽にご相談ください。お力になれることがあれば嬉しいです。今後ともよろしくお願いいたします！

　　茉季がフーと大きく息を吐き、手元に置いてあったコーヒーで口を潤した。

「この一連の流れ、いかがでしたか？社長」

「ありがとう、茉季さん。それにしても、怒涛の改善プロセスでしたね」

「ええ、ChatGPTは何よりこのスピード感が魅力です。人間ですと、なかなかこうはいきません」

「そうですね、早速人事と話をしてみます。というか、人事部の人間がここにいるから、話は早いな、水谷君」

「はい、ChatGPTがここまでベースを作ってくれると、後は本当に考えやすいです」

「人事の他のメンバーにも、ChatGPTとの会話の仕方を覚えるよう言っておいてくれないか」

「はい、承知しました」

「しかし、これが月20米ドルとは……」

　青柳は驚きを隠せなかった。茉季は、青柳と水谷の前向きなやり取りを見ながら、手応えを感じていた。

1-2-4　人財育成評価基準の検証と調整

　青柳、水谷、茉季の3人は短い休憩を挟んだ後、再びオンラインミーティングを開始した。

「茉季さん、水谷君、再開しましょうか」

　2人の「はい」という返事を受け、青柳が切り出した。

「茉季さん、我々が作った新しい人財育成評価基準ですけど、社員のみんなにはどう伝えたら良いのでしょうか」

「大事なことですね。新しい人財育成評価基準を導入するためには、まず、全社員がそれを理解し受け入れることが何より重要です。そのためには一度、この人財育成評価基準を検証し調整するミーティングを計画しましょう」

「なるほど、それはいいアイデアですね。で、そのミーティングのメンバーは誰ですか?」

「各部署のリーダーをはじめ、関連するステークホルダー全員、す

なわち管理者、従業員、人事担当者などです」

「そうなると、うちのような中小企業とはいえ、ちょっと大変だなあ、水谷君」

「そうですね、例えば部門ごとにスケジューリングしていくとか……」

「はい、それがいいと思います。新しい人財評価基準の影響を受けるすべての人が参加することで、より広範なフィードバックを得られますし、当事者意識も生まれて積極的に関与できるようになりますから」

　水谷の提案を受け入れた茉季は、言葉を続ける。

「『時間がかかる』と思うかもしれませんが、ここまでやってきたように『人とAIの対話』によって浮いた時間を『人と人の対話』に活用すると考えていただければ良いと思います」

　青柳は、ChatGPTによる一貫した人財育成評価基準の作成を目の当たりにし、その圧倒的な速さを実感していた。それだけに、この茉季の説明は、青柳にはストンと腹落ちした。

「なるほど、おっしゃる通りですね。で、その時、私たち経営陣はどのような役割を果たせば良いのでしょうか」

「経営陣は、新しい人財評価基準がビジョンと戦略に適合していることを確認し、組織全体に浸透するようにリーダーシップを発揮してください」

「了解しました」

　この後、3人は、実際のミーティングと、その後の検証と調整の流れについて検討に入った。茉季の提案はこうだ。ミーティングでは、まず、経営幹部が新しい人財評価基準をたたき台として提示し、理解を深めるためのディスカッションを行う。次に、基準ご

とに詳細を検討し、その適用可能性と実効性について話し合う。最後に、必要な調整や修正があれば、その場で実施する。ミーティング後は、各部署が新しい人財育成評価基準を持ち帰り、より広範にフィードバックを収集。それに基づいて人財育成評価基準を調整し、全員が納得できる形に修正したら、新しい人財育成評価基準として全社で検証と調整を行う——。

「この取り組みにより、各従業員は人財評価基準を『自分事』として捉えるようになります。それは、人財評価基準が直接、彼らの日常業務や成果に関連しているためです。この感覚は、従業員が人財評価基準をより深く理解し、主体的に取り組む動機付けとなります」

　青柳は茉季の説明にうなずきながらも、心配そうな表情で尋ねた。

「今、お聞きした全体のプロセスは結構大がかりですよね。どうしたらスムーズに進められますか？」

「その心配、よく分かります。成功のポイントは、最初からすべてを一度にやろうとせず、手ごろな規模から始めること。例えば、ある部門をパイロットとして選んで、そこから始めてみるんです」

「まずは、1部署から始めるんですね。しかし、どこだろう……」

「そうですね、会社全体を見渡したときに、標準的な業務をしていて、比較的余裕があって、そして意欲的なキーマンがいるところ」

「水谷君、そんな部署あるかなあ」

「すみません、今すぐには……。茉季さんがおっしゃった条件で考えておきます」

　茉季の助言は、1部署での取り組みがうまく行ったら、それを他部署にも展開するという、いわゆるスモールスタート。そして、特

に最初の段階では、必要な調整や改善点の掘り起こし、社内ノウ
ハウの蓄積に、組織開発の専門家やコンサルタントの支援も有効
であるというものだった。これを聞いて、青柳が言った。

「初期段階でのコンサルタント支援くらいなら、大きな金銭的負
担にもなりませんね。初めての試みなので、専門的な意見が聞け
るのは安心です」

「社長、まさにその通りです。何でもかんでもコンサルタントに丸
投げする時代は、AIの進化によって終わりつつあります。社内に
ノウハウを蓄積し、それをAIと共に使いこなす人財の育成が重要
です」

「水谷君、期待してるよ」

「はっ、はい」

　水谷のうわずった声に、青柳が笑う。そんな二人を微笑ましく
見ながら、茉季が言った。

「そして社長、最後に大事なのは、社長ご自身の関わり方です。こ
の取り組みが成功するためには、青柳社長や経営幹部が組織全体
に対してエンパワーメントリーダーシップを発揮することが何よ
り重要です」

「エンパワーメントリーダーシップ?」

「社員が意欲を持って能力を最大限発揮するために、社員一人ひ
とりが自身の役割を理解し、自己決定できる環境を作り上げるよ
うリーダーシップを発揮することです。実は、これこそが、この新
しい人財育成評価基準の浸透を後押しするカギになります」

「なるほど、よく分かりました。一歩ずつ、確実に進めていきます」

　青柳は、「エンパワーメントリーダーシップか……」と、独り言
のようにつぶやいた(学習コーナー「組織力を向上させるエンパ

ワーメントリーダーシップ」参照）。

1-2-5　人財育成評価基準の組織的展開と
　　　　　継続的な見直し

　　オンラインミーティングは既に1時間半以上を経過し、予定の
2時間まで残すところ数十分となった。
「今日最後のテーマは、『展開と評価』と『継続的な見直し』という
2つのステップです」
　　青柳と水谷は疲れも見せず、茉季の説明に真剣に耳を傾けてい
る。
「『展開と評価』は、新しい人財育成評価基準を全社に導入し、その
結果をモニタリングし評価すること。『継続的な見直し』は文字
通り、人財育成評価基準を定期的に見直し更新・調整することで
す」
「つまり、一度設定した人財育成評価基準をずっとそのまま使い
続けるわけではないということですね」
「はい。新たな技術の導入や市場環境の変化、組織の成長など、ビ
ジネス環境や企業ビジョンが変わるのに伴い、人財育成評価基準
が適切でなくなる可能性があります。そのため、定期的に人財育
成評価基準を見直し、必要に応じて更新や調整を行うんです」
「それも、結構大変そうだな、水谷君」
「けど、ChatGPTを使えば、大きな負担をかけずにできるのでは
ないでしょうか」
　　水谷の発言に、茉季が大きくうなずく。
「もちろんです。例えば、ChatGPTを活用して、新しい人財育成

評価基準に関するアンケートや従業員インタビューの質問を作成することもできますし、収集したフィードバックを分析して重要な傾向やパターンを抽出することもできます」

青柳も、納得の表情を浮かべる。

「で、見直しのタイミングはどのように決めるんですか？」

「企業の状況によりますが、一般的には年次のパフォーマンスレビューのタイミングで実施するのがいいと思います。あとは、大きな変化があったとき。例えば、大型新製品のリリース時や大規模プロジェクトの開始時などにも見直しをおすすめします」

「この流れなら、我々でも無理なく、評価基準の導入、モニタリング、見直しを進めることができそうですね」

「はい、全社員が人財育成評価基準の意義を理解し、自分たちの業務にどのように適用するかを考える良い機会になります。その際、ChatGPTを活用すれば、人財育成評価基準の導入と見直しに必要なリソースを大幅に削減することができるはずです」

オンラインミーティング・ツールの画面上には「会議終了まで残り5分」の表示が出ている。今日は、経営理念を具体化するための次のステップに向け、ChatGPTの力を借りて新たな人財育成評価基準を作成するための方向性が示された。充実した表情を浮かべている青柳、水谷の2人に、茉季が微笑みながら声を掛けた。

「青柳社長、水谷さん、お疲れさまでした。今日はまた、新たな人財育成評価基準の作成に向けて大きな一歩を踏み出しましたね」

青柳がにこりと笑う。

「茉季さん、ありがとう。新たな方向性が見えてきましたよ。今日参加してくれた水谷君のような若手がしっかりと我々のビジョンを理解し、それを具現化するための行動をとることで、会社の未

来を明るくしてくれる。水谷君がこれからより成長していく姿を見ることができると思うと、嬉しいですね」

「プレッシャーだな」と、水谷は頭をかきつつ、言葉を続けた。「今日は本当にたくさんのことを学びました。社長の期待に応えるためにも、茉季さんのアドバイスを生かして、自分自身と我々の組織を成長させていきたいと思います」

「水谷君、一緒に頑張ろう。そして茉季さん、水谷君ともども、我々の支援をよろしくお願いします」

「承知いたしました、社長。今日のお二人は素晴らしかったと思います。**従業員の帰属意識や情熱、モチベーションの低下、そして高い離職率は、単なる従業員個人の問題ではありません。これは組織としての仕組みづくりが不十分であることが根本的な原因として指摘できます。**研修や声掛けだけでは解決できない深い問題がここにあります。しかし今日、お二人には新しい仕組みづくりに向けた決意と、具体的な行動をみせていただきました。この姿勢こそが、企業改革の第一歩といえるでしょう。今後とも、組織全体が一丸となって、従業員一人ひとりが輝く環境を作り上げていきましょう。微力ながらお手伝いさせていただきます」

茉季がそう伝えると、ちょうど予定されていた2時間が経過した。青柳と茉季は次の打ち合わせの相談を簡単にし、3人のオンラインミーティングが終了した。

ゼロからの人財育成評価基準表の作り方

本編では、若竹社の既存の人材評価基準表をベースにブラッシュアッ

プしてきましたが、本コーナーでは、ChatGPTにゼロから人財育成評価基準表を作成してもらいます。

[**プロンプト**] 従業員70人の製造業における人財育成評価基準表を作成してください。人材ではなく"人財"です。その意味の違いも、十分考慮してください。縦軸を7～10階級で作成して下さい。横軸を「企業が求める人財像」「求める行動基準」「評価基準」「育成の観点」という項目にしてください。それぞれをできるだけ細かく、詳しく作成して下さい。既に作成している、「企業戦略基本情報」と「戦略的ビジョン群」も伝えますので参考にしてください*。

▶▶▶ ChatGPTの回答例

人財育成評価基準表

階級	企業が求める人財像	求める行動基準	評価基準	育成の観点
1. 新入社員	– 学びたい意欲が強い – 社内文化を受け入れる柔軟性	– 積極的に質問・学びを求める – 社内の先輩や上司とのコミュニケーションを積極的にとる	– 基本的な業務知識の習得 – 社内ルール・マナーの理解と実践	– 新しい知識・スキルの吸収能力 – メンターや上司との関係構築
2. 若手社員	– 自らの成長を志向する – チームでの協力意識が強い	– 自己学習の取り組み – チームメンバーとの協力・サポート	– 業務における自立性の向上 – 問題解決能力の発展	– 自己学習の習慣化 – 上司や先輩からのフィードバックの受け入れ

3. 中堅社員	− チームや部門の成功を志向する − 若手の成長をサポートする意識	− 部門の目標達成に向けた取り組み − 若手社員への指導・育成活動	− 複数の業務を効率的に遂行 − 若手の指導・育成能力	− 継続的なスキルアップ − 若手の育成に関する取り組み
4. リーダー	− 部下の成功を自らの成功と捉える − 部門のビジョンを共有・推進する	− 部下のキャリアサポート − 部門の戦略・ビジョンの共有活動	−部下のマネジメント能力 −部門の業績目標の達成	− 部下のキャリアパスのサポート − チームの連携と協力の促進
5. マネジャー	− 企業全体の成功を志向する − 他部門や外部との連携を重視する	− 企業全体の戦略・方針の共有 − 他部門や外部との連携活動	− 部門全体の戦略立案と実行 − 他部門との連携強化	− 部門内の人財育成戦略の策定 − リーダーシップの継続的な向上
6. ゼネラルマネジャー	− 企業のビジョン・ミッションを体現する − 外部環境の変化に対応する柔軟性	− 企業のビジョン・ミッションの実現活動 − 外部環境の変化への迅速な対応	− 事業部・部門のビジョン・戦略の策定 − 経営層との連携強化	− 組織全体の人財育成の推進 − リーダーシップの模範となる行動
7. 取締役	− 企業の未来を創造するビジョンを持つ − ステークホルダーとの信頼関係を重視する	− 長期的な企業戦略の策定・実行 − ステークホルダーとの継続的なコミュニケーション	− 企業の長期戦略の策定と遂行 − ステークホルダーとの関係構築と維持	− 戦略的思考力の深化とビジョンの共有 − ステークホルダー管理スキルの育成

　総合職を対象としたこの人財育成評価基準表は、専門職には必ずしも適用できません。専門職向けの評価基準は、その職種の特性を反映したものが求められます。ChatGPTを活用する際には、具体的な要望や情報を正確に入力することで、より適切なたたき台を提供いたします。

　強調したい点として、ChatGPTの提供する評価基準は一般的なガイドラインとしての位置づけです。最終的な評価表を作成する際には、社内の関係者との十分な議論を経て、自社の状況やニーズに合わせてカスタマイズすることが不可欠です。

————

　上記でプロンプトに提供されたのは、「従業員70人の製造業」であることと、第1章で10分程度ヒアリングした「企業戦略基本情報」とChatGPTが生成した「戦略的ビジョン群」という限定された情報だけでした。そのため、ここで生成された評価基準表は一般的な要素に焦点を当てただけのものとなっています。しかし実際には、特定の企業の独自の文化や目的、ビジョンを反映させ、より具体的な情報を提供する必要があります。そのためには、この表をさらに洗練させる目的で、ChatGPTに以下の質問を投げかけます。

[プロンプト] この人財育成評価基準表をあなた（ChatGPT）はどう思いますか？もっと良いものを作るためにはどうしたら良いでしょうか？

▶▶▶ ChatGPTの回答例

　人財育成評価基準表を見ての感想は、階級ごとに明確な目標と基準が設定されており、企業の成長と従業員の成長を同時に目指す構造になっていると感じます。ただし、企業概要やビジョン群を具体的に反映させていないため、以下の改善点を提案します。

1. 企業独自の要素の導入：企業概要やビジョン群を具体的に反映させた人財像や行動基準を設定し、それに基づく評価基準と育成の観点

を明示することが重要です。これにより、企業固有の文化や価値観を人財育成評価基準表に落とし込むことが可能になります。

2. 育成プログラムの詳細化：育成の観点から具体的なトレーニングや教育プログラムを提案する部分を、さらに詳細化して従業員が成長の方向性を持ちやすくし、企業の目指す方向に沿った育成が行えるようにすることです。

3. 評価基準の具体化：「求める行動基準」をさらに具体的にし、評価の主観性を減らす試みが必要です。例えば、「期限を守る」という基準を設け、それに関連する具体的な行動指標を設定することで、従業員がどのような行動を取れば良いかが明確になります。

4. 多面的な評価の導入：評価者を上司だけでなく、同僚や部下からの評価を取り入れる360度評価を導入することで、よりバランスの取れた評価が可能となります。

5. フィードバックの機会の増加：定期的なフィードバックの機会を設けることで、従業員が自身の強みや改善点に気づきやすくなり、自己成長を促進することができます。

6. 自社の状況やニーズに合わせたカスタマイズ：最終的な評価表を作成する際に、社内の関係者と十分な議論を経て、自社の状況やニーズに合わせてカスタマイズすることが重要です。

　企業の具体的な情報や目標を反映させた基準表作成に向けて、これらの点を考慮して進めていくことを推奨します。また、「人財」の視点から、従業員一人一人の個性や能力を最大限に活用する方向で育成プログラムを設計することも重要となります。

Learning □ 学習コーナー

組織力を向上させるエンパワーメントリーダーシップ

■ エンパワーメントリーダーシップの基本

エンパワーメントリーダーシップとは、部下やチームメンバーに自主性と責任を持たせ、彼らの能力や意欲を最大限に引き出すためのリーダーシップスタイルです。このスタイルでは、任命した上司と責務を与えられた部下がしっかりと目的を共有すること、そして任命者によるサポート体制がきちんと整備されていることが重要となります。目的の共有とは、組織のビジョンや目標を明確にし、それを関係者全員で共有することを意味します。サポート体制とは、必要なリソースや情報を提供し、部下の成長を後押しする体制を築くことを指します。これにより、部下は自らの判断によって行動できる環境で働くことができます。

■ 権限委譲とエンパワーメントリーダーシップの違い

エンパワーメントリーダーシップと権限委譲は時に同意語として使われることがあります。しかし、あえてここでは明確に分けましょう。エンパワーメントリーダーシップは、目的の共有とサポート体制を中心に、部下の自主性や能力を引き出すことを重視します。一方、権限委譲は、上位の者が下位の者に特定の権限や責任を移譲する行為を指します。つまり、エンパワーメントリーダーシップでは、権限委譲した上で、さらに目的の共有とサポート体制の構築までを責任を持って行うということです。今までご自身が行っていた権限移譲が、エンパワーメントリーダーシップ領域まで踏み込めていたかどうか、ぜひ振り返ってみてください。

■ 現在の組織運営におけるエンパワーメントリーダーシップの重要性

　現代のビジネス環境においては、単なる指示命令のスタイルでは対応が難しい場面が増えています。多様な背景を持つ従業員や複雑な問題に対応するためには、エンパワーメントリーダーシップが不可欠となります。このリーダーシップスタイルを採用することで、従業員のモチベーションが向上し、離職率の低下にもつながります。従業員が自らの意志で行動し、組織の目的に共鳴することで、組織全体の生産性やイノベーションが促進されるのです。

■ エンパワーメントリーダーシップの挑戦と価値

　エンパワーメントリーダーシップを発揮することは、経営陣にとって容易ではありません。部下に自主性を持たせることは、短期的には失敗やミスが増えるリスクが伴います。しかし長期的には、部下の成長、組織の柔軟性の向上、そしてイノベーションの促進といった多大な利益が期待できます。事業の拡大と持続的な成功のカギは、エンパワーメントリーダーシップの実践にあるといっても過言ではありません。

■ エンパワーメントを適用するテーマの選定

　エンパワーメントリーダーシップを導入する際の最初のステップは、どのテーマを選ぶかを決めることです。すべてのテーマがエンパワーメントの対象となるわけではないからです。例えば、会社の運命を左右するような重要な課題についてなど、経営者が強く関与せざるを得ない場面ではエンパワーメントリーダーシップは適用しづらいです。

　では、エンパワーメントが組織文化になじむ前の初期段階では、どのようなテーマが適しているのでしょうか。それは、第1章で触れた「戦略

的ビジョン群構築」、第2章の「人財育成評価基準作成」や、これから説明する第3章の「OKR（目標達成手法）の導入」など、従業員の積極的な関与が成功のカギとなるテーマです。

■ エンパワーメントの推進：トレーニングと学習

この初期段階では、**経営陣と従業員双方がトレーニングと学習を進めながら組織文化の醸成を図ることが重要**となります。具体的には、トレーニングとしては専門家のアドバイスを受けながら定期的なワークショップを開催することや、チームビルディング活動を行うことが含まれます。一方、学習としては、各部門が連携を深めるための取り組みを計画し、それに関連する知識の習得やスキルの向上を目指すことです。このような取り組みを通じて、エンパワーメントリーダーシップの理念を組織全体に浸透させることが目的となります。

エンパワーメントリーダーシップは、組織の力を最大限に引き出す新しいリーダーシップスタイルとして、現代のビジネスシーンで注目を浴びています。各章で解説したポイントを理解し、経営陣と従業員が協力して文化を築き上げることで、組織全体が持続可能な成長を達成できるようになります。未来を築くためのエンパワーメントリーダーシップの実践に、ぜひチャレンジしてください。（ChatGPTに一部加筆）

1-3 事業計画を組織全体に浸透させる OKRとそれを支えるChatGPT

　第3章では、青柳が若竹社の未来を見据え、そのビジョンを具現化するための新たな一歩を踏み出す。経営支援ツールとしてのChatGPTの力を借りながら、青柳は事業計画の組織浸透に取り組む。組織開発コンサルタントの茉季の助言を受け、青柳はMBO（Management by Objectives）、KPI（Key Performance Indicator）といった経営指標を見直し、最終的にはOKR（Objectives and Key Results）の導入を決意する。

　OKRは、企業の重要な目標（Objectives）を明確化し、それを達成するための具体的な成果指標（Key Results）を設定する目標達成手法として、多くの成功企業が採用している。青柳は、この手法を取り入れることで、若竹社が**目指すべき方向を明確にし、全従業員が一丸となって同じベクトルに向かって進む組織を作り上げる**ことを目指す。

　この章の青柳の経験を通じて、経営者は、事業計画を組織に浸透させるための新たな視点と方法を学ぶことができる。さらに、茉季との関係が深まる青柳の姿からは、外部の専門家をうまく活用するヒントも得られる。

　青柳の成長とともに、読者自身も経営者としての視野を広げ、新たな一歩を踏み出す勇気を得ることができるだろう。この章は、未来を見据えた経営手法を探求する貴重なガイドとなる。

　　　深い沈黙に包まれる、若竹社の社長室。そこの主である青柳は、デスクに広げられた資料を無言で見つめている。その資料とは、新たな事業計画書。「これを、組織全体に浸透させなければ。で

も、どうやって……」。青柳は心の中でつぶやいた。

　と、そのとき、社長室のドアがノックされた。現れたのは、茉季である。今日は、青柳と茉季の3回目のセッションだった。社長室に入るや、重い空気を感じ取った茉季は、青柳が困惑していることを察知した。

「社長、今日は事業計画書に関するご相談でしたよね。何でもお話しください」

　組織開発のコンサルタントとして百戦錬磨の茉季は、悩みを抱えたクライアントに助けを求められることに慣れていた。そんな茉季の柔和な、しかし自信に満ちた表情に、青柳は安堵感を覚え、デスクに広げられていた資料を手に悩みを打ち明けた。

「これ、新たな事業計画書なんです。これを組織全体にしっかりと浸透させたいんですが、よい方法が見つからなくて。というのも、これまで幾度となく挑戦してきたんですが、なかなかうまくいかない。茉季さんには2回のセッションを通して、戦略的ビジョン群構築と人財育成評価基準の作成を支援していただきましたが、せっかく作っても、組織に浸透しなければ意味がない。そこで今日は、この事業計画の組織浸透についてアドバイスをお願いしたいんです」

　茉季は、にっこりと微笑み答え始めた。

「お任せください、社長。それこそが私の得意分野です。事業計画を組織に浸透させるには、MBO、KPI、そしてOKRという3つの手法があります。まず、このことを覚えてください」

　こう言うと茉季は、3つの手法について説明を始めた。MBO（Management by Objectives：エムビーオー）は、経営者が設定した目標を下位レベルの部門や個人に展開し、それぞれが自己

目標を設定して上位目標の達成に寄与する目標管理の手法。上位目標からのカスケード、つまり具体的な目標が下位レベルに伝達されることにより、それがパフォーマンス評価の基準となる。

KPI（Key Performance Indicator：ケーピーアイ）は「重要業績評価指標」で、組織全体や部門のパフォーマンスを評価し、目標に対する進ちょく状況や成果を数値で評価し可視化する手法。主に定量的なデータに基づいてパフォーマンスを測定するため、組織の健全性や目標達成度を把握するのに役立つ。

「社長は、MBOとKPIについてはよくご存じと思います」

　青柳が大きくうなずく様子を見て、茉季が続ける。

「そして私が今日ご紹介するのが、最近注目されているOKRなんです」

「それは、どうして？」

「AIを活用して事業計画を組織全体に浸透させるには、OKRが最適だからです」

　青柳が身を乗り出してきた。

1-3-1　従業員エンゲージメントを高める
──　　　目標達成手法

　茉季が説明を続ける。

「OKR（Objectives and Key Results：オーケーアール）は、取り組むべき目標『Objectives』と、その目標達成を評価するための成果指標『Key Results』を定義し達成する手法です。目標の明確化と共有、進ちょくの追跡、成果の可視化に重点を置き、特に短期間の目標やサイクルごとの進ちょくを重視します。とても

柔軟性があるんですよ」

「う～ん、分かるようで分からないなあ。どれも、似ている感じがしちゃって……」

「初めはそうだと思います。では、こんな整理の仕方はどうでしょう」

プロンプト

MBO、KPI、OKRのそれぞれの定義、目的、発祥と普及、利点、欠点、サイクル、評価方法を表にしてください。特に重要なところは太字にしてください。横軸にMBO、KPI、OKR、縦軸にそれぞれの項目を表示してください。

■ ChatGPT

以下の表はMBO（Management by Objectives）、KPI（Key Performance Indicators）、およびOKR（Objectives and Key Results）のそれぞれの定義、目的、発祥と普及、利点、欠点、サイクル、評価方法をまとめたものです。太字は特に重要なポイントを強調しています。

手法 視点	MBO (Management by Objectives)	KPI (Key Performance Indicators)	OKR (Objectives and Key Results)
定義	管理者と従業員が共同で**目標**を設定し、その達成を目指す**管理**戦略	組織のパフォーマンスを**測定**するための**定量的な指標**	目標（Objectives）と成果指標（Key Results）を設定し、**目標達成**を目指すフレームワーク

目的	**個人の目標と組織の目標を整合**させる、従業員のモチベーションを高める	組織の**目標達成度をモニタリング**する、ビジネスの成功を定量的に評価する	組織の目標と従業員の目標を整合させる、**透明性を高め、組織全体の目標達成を促進**
発祥と普及	発祥：1950年代 普及：1960年代と1970年代に多くの企業で採用された	発祥：1980年代 普及：1990年代にバランススコアカードとともに普及	発祥：1970年代 普及：インテル、グーグルで導入、2000年代以降多くの企業が採用
利点	**明確な目標設定**が可能、従業員の自主性を促進	**データドリブンな評価**が可能、明確なパフォーマンス基準の設定	**目標達成の進ちょくが可視化しやすい**、柔軟性が高く、変更に対応しやすい
欠点	**創造性を抑制する可能性**がある、頻繁なフィードバックが必要	**過剰な測定**が可能で、目的から逸れることがある、**複雑な指標設定**が求められる場合がある	正しい目標設定が難しい、**複雑になりがちで、管理が困難**になる可能性がある
サイクル	通常は**年次または半年ごと**の目標設定と評価	**継続的なモニタリング**と定期的なレポート作成	通常は**四半期ごと**の目標設定と評価
評価方法	**管理者による評価**が中心、目標達成度に基づく評価	定量的なデータに基づく**定量的な評価**、パフォーマンスダッシュボードやレポートを利用	**自己評価とピアレビュー**を通じた評価、進ちょくの定期的なレビューと調整

ChatGPTが瞬く間に一覧表を作成した。

「なるほど、これなら分かりやすいです。MBOは目標を管理する、KPIは定量的に測定する、OKRは目標達成を目指す、ですね」

「はい、他にも特徴的なこととして、サイクルはMBOが年次か半

年、KPIは継続的、OKRは四半期ごと。そして、評価方法は、MBO
は管理職が評価、KPIは定量的な評価、OKRは自己評価とピアレ
ビュー（同じ専門分野の者同士によるレビュー）が般的です」

「でも、茉季さん、OKRの欠点に『正しい目標設定が難しい、複雑
になりがちで、管理が困難になる可能性がある』と書いてありま
すね」

「はい、確かにそういう側面もありました。しかし、今はそれらす
べてAIで解決できてしまうんです。そこもOKRの新たな強みに
なっています。この後実際に使ってみて、実感していきましょう」

「できれば、茉季さんが言うOKRの優位性をもっと明確に示して
もらえませんか。例えば、私にはOKRは初耳なので、実際これだ
けの実績があるとか……」

「分かりました」

　茉季が再び、ChatGPTにプロンプトを入力した。

プロンプト

OKRの歴史と日本での導入事例を教えてください。

ChatGPT

　OKR（Objectives and Key Results）の歴史と、日本での導入事
例について概説します。

【OKRの歴史】

起源

●OKRは1970年代にインテル社で、CEOのアンディ・グローブによっ
　て導入されました。アンディ・グローブはこの経営手法を彼の書籍『ハ
　イ アウトプット マネジメント』で詳しく紹介しています。

シリコンバレーでの普及

● ジョン・ドアーは、インテルでアンディ・グローブの下で働いていた際にOKRを学びました。後にベンチャーキャピタリストとしての彼のキャリア中、OKRを多くの企業に導入することを推進しました。彼は特に、初期の段階でグーグルにOKRを導入する役割を果たしました。これによって、グーグルはOKRを組織の成長を支える主要なフレームワークとして使い続けています。

全世界への広がり

● グーグルの成功以後、OKRはシリコンバレーのスタートアップや大企業を中心に急速に普及しました。現在では、世界中の多くの企業が戦略的な目標の設定と達成のためのツールとしてOKRを採用しています。

【日本での導入事例】

大手企業での導入

● 日本でも、ラクスルやマネーフォワードなどの先進的なIT企業は、初期段階からOKRの導入を公言しています。これに続き、ディー・エヌ・エーやサイバーエージェントなどの大手IT企業もOKRを導入しています。その他、メルカリ、リクルート、クックパッドも導入しています。

中堅・中小企業での導入

● 日本においても、多くの中堅・中小企業が組織のアラインメント（整合）を取るためや、迅速な意思決定のためにOKRの導入を検討または実際に導入しています。

セミナーやワークショップ

● 日本でのOKRの普及を後押しするため、多くのコンサルタントやトレーニング会社がOKRに関するセミナーやワークショップを提供し

ています。

これらの事例や歴史から、**OKRは組織の成長や変革を求める多くの企業にとって有効な経営手法である**と言えるでしょう。

青柳が、「へー、かなり普及しているんだ」とつぶやくと、茉季が「こちらの図を見てください」と、続けてパワーポイントのスライドを見せた。

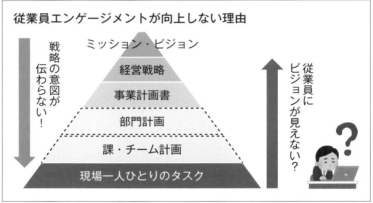

「社長は、ミッション・ビジョンから経営戦略を策定し、このように事業計画書まできっちりと作成されています。にもかかわらず、従業員のエンゲージメントが低下して、離職率が向上するのには、何か理由があるはずです」

茉季が言う「従業員エンゲージメント」とは、従業員が自らの仕事や組織に対してどれだけ情熱を持っているか、そして積極的に取り組んでいるかを示す指標や概念のこと。エンゲージメントの高い従業員は、自らの役割や組織の目標に対して深い関与感や献身的な態度を持つとされる。逆に、エンゲージメントが低いと離

職率の向上につながりやすい。茉季は、従業員エンゲージメントが上がらない理由を明確にし、そこから改善策を探ろうとしていたのである。

● プロンプト

　ミッション・ビジョンから経営戦略、そして事業計画書までは作成している企業でも、従業員のエンゲージメントが上がらない理由として考えられる要因を挙げてください。

■ ChatGPT

　従業員のエンゲージメントが上がらない理由は多岐にわたります。ミッション・ビジョン、経営戦略、事業計画書がしっかりと整備されている場合でも、以下のような理由が考えられます。

1. **伝達の不足**：経営戦略や事業計画が従業員に十分伝達されていないか、またはその内容が十分に理解されていない可能性があります。
2. **関連性の不明確さ**：従業員が自分の日常業務とミッション・ビジョンや経営戦略との関連性を感じられない場合、その業務に対する意義や価値を見失いやすくなります。
3. **結果へのフィードバック不足**：従業員が成果を上げたとしても、それが評価やフィードバックとして返ってこないと、動機づけが低下することがあります。
4. **文化・風土**：企業文化や風土が従業員の自主性や創意工夫を尊重していない場合、エンゲージメントは自ずと低くなります。
5. **リーダーシップの問題**：上層部や直属の上司のリーダーシップが不足していると、従業員のエンゲージメントに影響が出ることがあります。特に、上司との関係性は従業員のエンゲージメントに大きな影

響を持ちます。

6. 成長機会の不足：従業員が自身のキャリアの将来性や成長機会を感じられない場合、長期的なコミットメントが難しくなります。

7. 報酬・福利厚生：給与や福利厚生が市場価値と比較して不十分であれば、従業員のモチベーションを維持するのが難しくなります。

8. ワークライフバランスの問題：過度な業務量や長時間労働が常態化している場合、従業員のエンゲージメントや満足度は低下します。

　これらの要因が組み合わさって、ミッション・ビジョンや経営戦略がしっかりと策定されているにもかかわらず、従業員のエンゲージメントが上がらない状況が生まれることがあります。

　ChatGPTの回答に、青柳は渋い表情を浮かべた。

「確かに言っていることは良く分かるんですけど、この壁を乗り越えるのが難しいんです。実際、我が社もこれまでいろんな対策を試してきましたが、なかなかうまくいきませんでした」

「そこで、今日のご提案。OKRの活用です」

「OKR……。茉季さんを疑うわけじゃないけど、本当に効果があるんですか？」

　青柳と茉季の今日のセッションは、いよいよ核心へと入っていく。

1-3-2　OKR×AI＝経営効率向上

　半信半疑の色を隠せない青柳を見て、茉季は「社長のご懸念はもっともです」と言いながら、再びChatGPTに向かった。

では、OKRを導入すると上記の何がどう解決しますか？

OKRを導入することで、上記の問題点の多くが緩和または解決される可能性が高まります。具体的には以下のような効果が期待できます。

1. 伝達の透明性向上

- OKRは透明性を重視するため、全従業員が目標とその進ちょく状況を共有し、理解することが容易になります。

2. 目標の関連性の明確化

- OKRは上位の目標と下位の目標がリンクしており、従業員一人ひとりがどのように組織全体の目標達成に貢献しているかが明確になります。

3. 結果へのフィードバック充実

- OKRの進ちょくは定期的にレビューされ、達成度や課題点がフィードバックされます。これにより、従業員は自分の成果や努力が認識されていることを実感できます。

4. 挑戦的な文化・風土の醸成

- OKRは、失敗を恐れずに挑戦することを奨励します。そのため、自主性や価値創造性を尊重する文化が醸成される可能性があります。

5. リーダーシップの質向上

- OKRの導入と実施は、リーダーシップの質を高める機会となります。目標の設定やその達成に向けたサポートは、上司のリーダーシップの一環として行われます。

6. 成長機会の拡大

- OKRの設定過程で、従業員が自らの成長やスキルアップの方向性を明確にすることができます。

7. 報酬・福利厚生の公正性向上

- OKR達成度を評価の一部として取り入れることで、報酬や昇進の基準がより透明になり、公正性が高まる可能性があります。

8. ワークライフバランスの改善

- OKRは、結果を重視する文化を形成するため、効率的な働き方や柔軟な勤務スタイルを奨励することが容易になります。

以上のように、OKRは組織内のコミュニケーションや透明性を高めるだけでなく、文化や風土の変革、リーダーシップの質の向上にも寄与するツールとして機能します。これにより、従業員のエンゲージメントの向上が期待されます。

青柳が「なるほど」と一定の理解を示すも、「そんなに良い手法なら、もっと早くから日本の中小企業でも導入が進んでいておかしくないのに、今なぜこのタイミングなんですか。まだ一部に留まっている印象ですが」と疑問を投げかけた。それに対し茉季が、「今なぜ、AIとOKRが、特に中小企業を中心に関心を持たれているのかをご説明しましょう」と、大きく3つの理由を挙げた。

第一は、**技術革命と経営のシナジー**。近年のAI技術の進化は単に技術の進歩としての側面だけではなく、経営戦略との深い結びつきという側面を持つ。AIは大量のデータを高速に分析し、経営の方向性を示すのに役立つ。その一方で、OKRは組織の目的と結果を結びつける架け橋として機能する。従って、この2つを組み合

わせることが、企業の経営効率を飛躍的に向上させるカギとなる。

　第二は、新世代の働き手とのエンゲージメント。現代の若手従業員は、ただ働くだけではなく、その仕事の意義や目的を理解し、自らの役割を見極めたいと考えている。**OKRは、このニーズを満たすツールとして役立つだけではなく、経営陣がエンパワーメントリーダーシップを実践し、従業員を効果的にリードするための骨格**ともなる。

　そして第三は、アクセス可能性の向上。先進的な技術、特にChatGPTのようなプラットフォームの出現により、以前は専門家だけがアクセス可能だった情報や知識が、今や多くの中小企業でも簡単に手が届く。これにより、**専門的知識を持たない経営者でも、効果的な経営戦略を低コストで導入できる**ようになる。

「主にこれら3つの理由から、**現在の中小企業ではAIとOKRの組み合わせが非常に魅力的な選択肢の1つとなっている**んです」

　茉季はさらに続けた。

「ChatGPT エンタープライズ版の登場も期待が持てます。今まで企業側が導入に消極的だった大きな要因である、機密情報の漏洩とプライバシー侵害に関する懸念がなくなり、企業がChatGPTを簡単かつ安全に組織内で展開できるようになります。ただし、こちらは大企業向けで、中小企業で活用できるのはもっと先になります」

「その、エンタープライズ版というのについて、参考までに、もう少し詳しく教えてもらえますか」

「はい、では、私のこちらの資料をお見せしましょう。ChatGPTを提供するOpenAI社の企業向け『エンタープライズ』版の主な特徴です」

企業向けChatGPT「エンタープライズ」版

主な特徴

- 企業用の安全とプライバシー対策：ユーザーデータの利用に関するトレーニングや暗号技術、SOC 2準拠などの厳格なセキュリティとプライバシー保護が行われています。
- 高速で利用できるGPT-4：ChatGPTエンタープライズ版は、標準版よりも2倍の速さで動作します。
- 拡張された入力処理：このバージョンでは、最大32kのコンテキストを含め、より長い入力やファイルの処理が可能です。
- 高レベルなデータ分析：それは金融市場データの詳細な解析やマーケティングリサーチの結果の解析、さらにはデータサイエンス専門家のETLスクリプトデバッグといった高度なデータ分析を行うことができます。
- カスタマイズ可能な機能：企業の要求に応じてChatGPTをカスタマイズすることが可能です。
- 共有用のチャットテンプレート：企業内のコラボレーションや一般的なワークフローを構築するための共有用のチャットテンプレートが利用できます。
- API利用の無料クレジット：カスタムソリューションとしてOpenAIをさらに拡張する場合には、API利用の無料クレジットが提供されます。
- データ保護とセキュリティ：ユーザーデータはトレーニング目的で利用されず、暗号化を通じて安全に保管されます。
- 大規模展開向けのツール：管理者用コンソールやSSO、ドメイン検証、利用状況の洞察を提供する分析ダッシュボードなど、大規模な展開に適した機能が装備されています。

参考：https://openai.com/blog/introducing-chatgpt-enterprise

「なるほど。勉強になります。よく分かりました。エンタープライズ版は無理としても、うちもぜひ導入を検討してみたいと思います。ただ……」

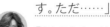「何ですか、社長。遠慮なくおっしゃってください」

「何て言うか、会社のビジョンや事業計画とOKRの関係性が今ひとつよく分からなくて」

「そこですね。少し整理しましょう」

　茉季はこう言うと、パソコンに1枚の表を映し出した。

	内容	特徴
ミッション	企業が存在する根源的な理由や提供する核となる価値。	長期にわたり安定し、企業の行動の基盤となる。
ビジョン	企業が追求する中長期的な理想の状態や到達点。	励みや目標となる未来像を描写し、ミッションの具体的な達成形態を示唆する。
経営戦略	ビジョンを実現するための方法論や大まかなアプローチ。	競争環境、市場の変動、企業の強みや弱みを鑑みたうえでの戦術や方向性の設定。
事業計画	経営戦略を時系列に沿って具体的な行動や予算へと変換したもの。	年次や数年単位での詳細な目標、施策、予算設定が含まれる。
全社OKR	事業計画の中から特に重要と判断されるポイントを抽出・明確化し、短期的な目標と結果を定義。	通常四半期や年次ベースで設定。全体の方向性や焦点を統一・明確化するための手法。
部門OKR	全社OKRを基盤に、各部門の特性や役割に沿った目標と結果の設定。	部門間の連携を促進し、全社の目標達成を具体的なアクションへと落とし込む。
チームOKR	部門OKRをさらに具体的なチーム単位のアクションへと分解・変換。	チーム間の協力やタスクの明確化を図りながら、部門の目標に対する貢献を明確化する。
個人OKR	個人の責任や役割に基づき、具体的な行動や結果を定義。	個人の成果を最大化するとともに、チームや部門、全社の目標達成への貢献を促進。

経営 ↑

現場 ↓

　この表は、茉季がコンサルティングの現場でよく使う、経営の

指針とOKRの関係性を示したものだ。最上位の「ミッション」は、企業の存在理由を示し、すべての行動の原点となる。それを実現する未来像が「ビジョン」であり、これらを実現するための具体的な方法論が「経営戦略」である。「事業計画」は経営戦略を実際の行動へと変換したもので、「OKR」はその中から重要なポイントを抽出し、各レベルでの実行を助けるフレームワークとして機能する。この階層的なアプローチにより、**経営の大戦略から日々の実務までを一貫してカバーし、企業の目的と行動を緊密に連携させることができる**のだ。

「この表のように、OKRによる経営は上から下へと一貫性を持った流れや方向性の中で階層構造となっています。従って、下から見ても、**全員が同じミッションを目指して同一のベクトルで動くことができる**のです。これを、図にしてみると、こんな感じになります」

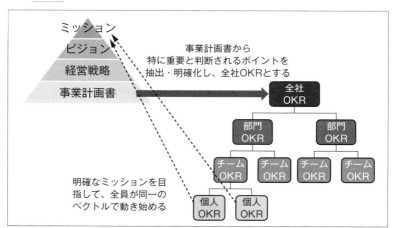

この図は、先ほどの表を分かりやすいように視覚化したもの。青柳が食い入るように見つめている。

「いかがですか、社長」

「ええ、これは分かりやすい。**全社OKRは、事業計画の中から最も重要な部分を抜粋・集約して設定する**。それを部門レベル、チームレベル、そして個人レベルのOKRまで落とし込んで実践し、**結果は上にエスカレートして全体として見ていく**というわけですね」

「その通りです。MBOやKPIは目標の設定や達成度の計測には適していますが、組織内の全員が同じベクトルで一貫して進むという明確な方向性を確立するには限界があります。その点、OKRには、本質的にチーム全体を一つの方向へ導く機能があります」

「ありがとう、茉季さん。OKRを導入する価値がよく分かりました。じゃあ、少し休憩を挟んでから、具体的にどうやるのかを教えてください」

　それまでずっと身を乗り出していた青柳は、椅子に深く座り直すと、「解決の糸口が見えてきた気がする」と、セッション前とは違って、気持ちが少し穏やかになるのを感じていた。

1-3-3　事業計画書から全社OKRを作成

　5分ほどの休憩を挟み、セッションは再開された。

「では、実際にChatGPTを使って、OKRを1回作ってみましょう」

「お願いします」

　青柳は、茉季がChatGPTにどんなプロンプトを入力するのか、注視した。

プロンプト

事業計画書から今年度の全社のOKRをChatGPTで自動生成する

時、どのような情報が必要になりますか？

■ **ChatGPT**

全社のOKRを自動生成するためには、以下のような情報が必要になります。

1. **経営目標と戦略**：組織の長期的および短期的な経営目標と戦略を理解することが重要です。これには、組織のビジョン、ミッション、価値観、SWOT（強み、弱み、機会、脅威）分析などが含まれます。

2. **具体的な業績目標**：具体的な業績目標（例えば、売上、利益、市場シェア、顧客満足度など）を明確にすることで、OKRの成果指標（Key Results）を設定する際の具体的な数値目標を持つことができます。

3. **部門別/チーム別の目標と戦略**：各部門やチームが追求している具体的な目標と戦略を理解することで、それぞれに対して最も関連性の高いOKRを設定することが可能になります。

4. **前年度の業績と成果**：前年度の業績と成果を考慮に入れることで、今年度の目標設定に役立つ洞察を得ることができます。

5. **業界のトレンドと市場の動向**：業界のトレンドと市場の動向を理解することで、外部環境に適応した現実的なOKRを設定することができます。

これらの情報があれば、ChatGPTを使用してより精度の高い全社のOKRを自動生成することが可能になります。ただし、OKRは組織の具体的な状況と目標によりますので、これらの情報は一例であり、他の情報も必要となる場合があります。

ChatGPTの回答を見た青柳が、「うーん」とうなった。茉季が質問する。

「社長、この事業計画書には、これらの情報は記載されていますか？」

「いや、そこなんですよ。書き切れていない項目がありますね」

「大丈夫です。AIのいいところは、いつでも、何度でも、作り直しができること。今日はOKR初挑戦なので、いったん今ある情報で全社のOKRを出してもらいます」

「それは、助かります」

「では、今日も重要な情報は書き換えましょう」と、茉季と青柳は事業計画書の中身を念入りにチェックし、数字や固有名詞を変更（データの匿名化）。プロンプトを操作した。

プロンプト

事業計画書を情報として渡しました。この事業計画書から今年度の全社のOKRを四半期ごとに作成してください。

ChatGPT

今年度の四半期ごとの全社OKRは次のようになります。

【第1四半期】

Objective

今年度の初四半期の安定成長を図り、基本設備と人員を最適化する。

Key Results

1. 売上を前年同期比で11％成長させる。

2. 標準的な作業手順の推進により生産効率を16％向上させる。

3. 従業員の教育訓練プログラムを実施し、スキルの向上を図る。

【第2四半期】

Objective

中期計画に沿った成長戦略の実施と新製造ライン構築に向けた財務体質の強化。

Key Results

1. 売上を前四半期比で9％成長させる。

2. 内部留保に努め、新製造ライン構築資金の25％を確保する。

3. 全社的な営業力強化計画を策定し、実施する。

【第3四半期】

Objective

新製造ライン構築の実行と生産機能の集約

Key Results

1. 新製造ライン構築計画を策定し、構築予算の35％を確保する。

2. 売上を前四半期比で7％成長させる。

【第4四半期】

Objective

安定した成長の達成と海外市場への進出準備

Key Results

1. 売上を前四半期比で7％成長させる。

2. 海外市場進出計画を策定し、実行のためのリソースを35％確保する。

　以上のOKRは、組織の目標達成を支援するために設定されています。ただし、これらのOKRは進行状況により調整されるべきです。実際の状況により、OKRの設定や達成可能性は異なる可能性があります。

若竹社の全社OKRが瞬く間に作成された。青柳は、いつものようにChatGPTの圧倒的なスピードに関心しながら、画面に映し出された文字を追っていた。すると、あることが気になった。

「このOKR、確かにそれっぽい。けれど、『11％』とか『16％』とか出ている数値が適切なのかどうか、これを見ただけではすぐには分かりませんね」

「ごもっともです。では、どうしてこういう数値を出したのか、理由を聞いてみましょう。あと、この目標がOKRのムーンショットか、ルーフショットか、という点も重要になります」

「ムーンショット？ルーフショット？」

　青柳には初めて聞く用語だった。茉季の説明によれば、ムーンショットとルーフショットは目標設定に関する用語で、それぞれ目標の種類が違うという。**ムーンショット**は、達成が難しいものの、**組織にとって大きな価値をもたらす可能性のある大胆な目標**。組織が大きな飛躍を目指すとき、または革新的な取り組みを推進するときに設定される。ただし、達成が困難であることから、ムーンショット目標を設定するときには、失敗時の影響までを考慮する必要がある。

　一方、**ルーフショット**は、達成が比較的容易で、かつ組織にとって明確な価値をもたらす目標。**組織が安定した成長や確実な進ちょくを目指すときに用いられる**。達成が期待されるだけに、失敗時には組織に悪影響を及ぼす恐れがある。どちらの目標を設定するかは、組織の現状、戦略、リスク許容度、および期待される成果によって決める。一般には、ルーフショット目標は通常の業務運営に、ムーンショット目標は大胆なイノベーションや変革の推進に適しているとされる。

「なるほど、要は、ムーンショットは非常に大きな、でも達成が難しい目標で、ルーフショットは比較的達成可能で、すぐに価値をもたらす目標ということですね」

「その通りです。どちらを選択するかは、若竹社の組織の現状、戦略、およびリスク許容度によって決めることになります。ただ、OKR的にはムーンショットを推奨しています。その理由は、ムーンショット目標が組織に革新的な思考を促し、時には**期待を超える成果を生み出す可能性がある**からです。また、**大胆な目標を追求することで、チームの士気を高め、組織全体を前向きに導く力**があります」

こう言うと、茉季は続けて、「じゃあ、先ほどの社長の疑問に答えてもらいましょう」と、ChatGPTに向かった。

● プロンプト

ありがとう、ChatGPT。さらにその目標がムーンショットか、ルーフショットかと、その理由、各Key Resultsの理由も明記してください。追加した情報は、分かりやすいように太字にしてください。

■ ChatGPT

了解しました。各四半期のOKRについて、それぞれがムーンショット目標かルーフショット目標かを示し、それぞれの理由とKey Resultを選んだ理由を明記し、太字にします。

【第1四半期】

Objective

今年の初四半期の安定成長を図り、基本設備と人員を最適化する。（ルーフショット）

- ●理由：今年の初めには基盤を強固にし、1年の計画を着実に推進するため。

Key Results

1. 売上を前年同期比で11％成長させる。

   - ●理由：現有の顧客基盤と市場動向を分析した結果、この数字が達成可能と判断したため。

2. 標準的な作業手順の推進により生産効率を16％向上させる。

   - ●理由：標準的な作業手順の改善は、生産プロセスの効率化とコスト削減に直結するため。

3. 従業員の教育訓練プログラムを実施し、スキルの向上を図る。

   - ●理由：従業員のスキルセットの強化は、全体の生産性の向上に貢献するため。

【第2四半期】

Objective

中期計画に沿った成長戦略の実施と新製造ライン構築に向けた財務体質の強化。（ルーフショット）

- ●理由：会社の中期的なビジョンと成長に合わせた計画であり、新製造ライン構築に向けた財務強化が重要であるため。

Key Results

1. 売上を前四半期比で8％成長させる。

   - ●理由：前クォーターの成功に基づき、さらなる成長を目指すため。

2. 内部留保に努め、新製造ライン構築資金の25％を確保する。

   - ●理由：新製造ライン構築のための資金調達戦略として重要な部分であるため。

3. 全社的な営業力強化計画を策定し、実施する。

●理由：より広い市場への展開に向けた戦略として必要なため。

【第3四半期】

Objective

新製造ライン構築の実行と生産機能の集約。（ルーフショット）

●理由：新製造ライン構築は全社の成長戦略の中心であり、生産効率の
向上とコスト削減のため集約が必要であると判断したため。

Key Results

1. 新製造ライン構築計画を策定し、構築予算の35％を確保する。

●理由：新製造ラインの構築は戦略の中心であるため、計画と資金確
保は必須である。

2. 売上を前四半期比で7％成長させる。

●理由：ここでは新製造ライン構築への注力が必要なため、穏健な成
長を目指すため。

【第4四半期】

Objective

安定した成長の達成と海外市場への進出準備。（ムーンショット）

●理由：国内での安定した成長を確保しながら、将来のさらなる成長の
ための海外市場への進出を計画する大胆な一歩であるため。

Key Results

1. 売上を前四半期比で7％成長させる。

●理由：既存市場での安定した成長を確保しながら新市場への準備を
整えるため。

2. 海外市場進出計画を策定し、実行のためのリソースを35％確保する。

●理由：企業の新しいフェーズへの大胆な一歩として、長期的な成長

の源泉とするため。

　以上のOKRは、組織の目標達成をサポートするために設定されています。ただし、これらのOKRは進行状況により調整されるべきです。また、実際の状況により、OKRの設定や達成可能性は異なる可能性があります。

　　　青柳の目が鋭くなり、茉季の存在さえも忘れたかのように、深く思索にふける。茉季は静かに待ち、しばし時間が止まったかのような静けさに包まれた。青柳がようやく口を開いた。

「茉季さん、これらのOKRを確認すると、全社としての大きな方向性や取り組むべき課題が明確になっています。特に新製造ラインの構築と生産効率の向上に注力する姿勢が伝わってきます。しかしながら、各部門がこの大きな方向性にどのように貢献し、どんなアクションを起こしていけばいいのかをもう少し詳細に整理する必要があると感じました」

　　　茉季は青柳に同意し、さらに説明を加える。

「その通りです、社長。全社のOKRは大きな方向性を示すものですが、それぞれの部門が目標達成にどう貢献するかを示す、部門別のOKRが必須となります。そのうえで、各部門が役割を理解し、具体的な行動を起こせば、全社の目標達成につながります」

「先ほど見せていただいた図にあった、部門OKR、チームOKR、個人OKRのことですよね」

「はい、それです。ただ、社長、ここに出したOKRは、ChatGPTが一部の情報に基づいて作成した仮のものです。かつ数字や固有名詞も機密保持の関係でさきほど匿名化しています。私は、経営の

専門家ではありませんので、このOKRの精度には確証を持てません。従って、その辺については、若竹社の経営幹部で十分に議論してください」

　青柳は深くうなずき、茉季に感謝の意を示した。

「ありがとう、茉季さん。各部門が役割と目標を理解し、それに向けて行動することが大切だと感じました。まずは、私たち自身で取り組んでみます。経営幹部全員で話し合い、全社の方向性を確認し、各部門の貢献を明確にしていきます」

　この後、茉季は各部門のOKRの作成の仕方を指南。青柳と茉季は、ChatGPTが作成した各部門のOKRを確認しながら議論を続けた。そして最後に、茉季は、OKRのメリットとChatGPTとの組み合わせによる可能性について再度解説し、「OKR組織浸透プロジェクト」と「パイロットチーム」の立ち上げを提案した。具体的には、次の内容だ。

茉季の提案

1. OKRを全社導入する前に、限られた範囲でのテスト導入を実施する。

2. OKR組織浸透プロジェクトを設置。同プロジェクトを中心に、組織浸透を進めていく。

3. パイロットチームを選定し、その中でOKRを試験的に採用する。

4. 成果を同プロジェクトで評価し、フィードバックを取り入れながら組織全体への導入を模索する。

　この提案に対し、青柳は、パイロットチームの導入理由につい

て質問した。それに対する茉季の回答は、「一気に全社に広げると、不具合や問題点に気づくのが遅れるリスクがある。そこで、パイロットチームを設置。**OKRの効果を確認するとともに、組織に合った適応や改善を行う**」というものだった。青柳はOKR導入のハードルを下げ、リスク軽減にもなる茉季の提案に賛同し、経営幹部と共にOKR組織浸透プロジェクトの設置を検討することを約束した。こうして、この日のセッションは終了した。

　その後の経営幹部会議では、青柳が茉季のサポートの下、事業計画書の組織浸透と、それを実現するためのOKR導入について提案。最初のうちこそ、疑問や不安を持つ幹部もいたが、会議を重ねるたびに青柳と茉季の熱量が伝わり、最終的には、若竹社の若きリーダーたちを中心としてOKR組織浸透プロジェクトの立ち上げと、パイロットチームへの導入が決まった。

　「OKRとAIか……」。青柳は、これまで従業員エンゲージメントを高めるために、経営者としてそれなりのことをやってきたつもりだった。研修やコミュニケーションを深めるためのイベントしかり、専門のコンサルタントによる研修しかり。しかし、それらはどれも期待したほどの効果は得られなかった。しかし、今回は何か違う気がする。青柳の「新たな事業計画書を組織全体に浸透させたい」という経営者としての切実な願いは、茉季が提案したOKRとAIの導入により、実現に向けて確実に前進し始めた。

　そして、「**これまでは100を知らないとできなかった仕事が、今は10を知れば、残りの70をAIが埋めてくれる。残りの20は、私たちの独自の判断と工夫です**」という茉季の言葉に、青柳は今、自分が知るべきAIとの向き合い方の本質を見た気がした。

Learning □ 学習コーナー

組織力を高める従業員エンゲージメント

　従業員エンゲージメントは、従業員が自らの仕事や組織にどれだけ情熱的に取り組んでいるか、また、その組織に対してどれだけの献身的な態度を持っているかを示す指標です。エンゲージメントが高い従業員は、組織の目標達成に向けて積極的に行動し、組織全体の生産性や業績向上に貢献します。

1. 従業員エンゲージメントの特徴

- **情熱**：エンゲージメントの高い従業員は、自らの仕事に対して情熱を持ち、その情熱を基に最高のパフォーマンスを発揮します。
- **献身**：これらの従業員は、組織の成功のために自らを犠牲にすることもいとわず、組織のために最善を尽くします。
- **自己効力感**：エンゲージメントの高い従業員は、自らの能力やスキルを信じ、困難な状況でも前向きに取り組むことができます。

2. エンゲージメントの重要性

- **生産性の向上**：エンゲージメントが高いと、従業員の生産性が向上し、組織の業績も向上します。
- **離職率の低下**：エンゲージメントが高い従業員は、組織に対する満足度も高く、組織に長く留まる傾向があります。
- **顧客満足度の向上**：従業員が組織に対して献身的であれば、その姿勢は顧客へのサービスにも反映され、結果として顧客満足度が向上します。

3. エンゲージメントを向上させる方法

- **明確なビジョンの共有**：組織のビジョンや目標を明確にし、それを

従業員全員と共有することで、従業員のモチベーションを向上させます。

- ●フィードバックの提供：従業員のパフォーマンスを定期的に評価し、フィードバックを提供することで、従業員の成長をサポートします。

- ●キャリアのサポート：従業員のキャリアの成長や発展をサポートし、将来のキャリアパスを示すことで、従業員のエンゲージメントを高めます。

- ●適切な報酬と評価：従業員の努力や成果を公正に評価し、適切な報酬を提供することで、従業員のモチベーションを維持します。

従業員エンゲージメントは、組織の成功に直結する要因となるため、経営者や人事担当者は、これを高めるための取り組みを継続的に行うことが求められます（ChatGPTより）。

Learning □ 学習コーナー

OKRの起源、進化、そしてAIとの強力な連携

本編でも、OKR（Objectives and Key Results）の歴史などについては簡単に述べましたが、本コーナーで改めてその起源と歴史、日本での歴史、日本での普及、未来の見通し、そしてAIとの相性について説明します。

■ OKRの起源と歴史

OKRは、インテル社の元CEOであるアンディ・グローブが1970年代

に考案した目標達成手法です。当時、同社は高度な成長と競争を経験していましたが、その中で、全社員が一致団結して目標に向かうための有効な手法として、OKRが生まれました。

OKRはその後、ベンチャーキャピタル、クライナー・パーキンスのパートナーであったジョン・ドアーによってシリコンバレーに広められました。グーグルは1999年から採用し、OKRがその急速な成長と革新に大いに貢献しました。こうしたグーグルの成功により、他の多くのテクノロジー企業、具体的にはX（旧ツイッター）やウーバーイーツなどがOKRを採用するきっかけとなりました。

■ OKRとAIの相性

OKRとAIは、目標の設定と達成の追跡を自動化し、データ駆動型の意思決定を促進する点で非常に相性が良いです。AIは大量のデータを処理し、パターンを見つけ、予測を行うことができます。これにより、OKRの進ちょくをリアルタイムで追跡し、問題を早期に発見し、必要な調整を行うことが可能になります。さらにAIは個々の従業員やチームのパフォーマンスを分析し、パーソナライズされたフィードバックやコーチングを提供することも可能です。

■ OKRの日本での普及と未来の見通し

日本でも、ディー・エヌ・エーやメルカリなどのIT企業を中心にOKRの導入が進んでいます。これらの企業では、OKRを用いて目標を明確化し、全社員が一致団結して目標に向かう文化をつくり上げています。

未来については、ますます多くの企業が、組織のアライメント（一致団結）を高め、戦略の実行を加速するためにOKRを導入すると予想されます。AIやデータ分析の進歩により、OKRの設定や追跡、評価がさらに効

率化され、組織のパフォーマンス向上に寄与することでしょう。

■ OKRの組織への影響

　OKRは、組織全体のコミュニケーションと連携を強化します。すべての従業員が同じ目標に向かって努力することで、一体感とモチベーションを高め、組織のパフォーマンスを向上させます。加えて、OKRは進ちょくを可視化するため、問題や課題を早期に発見し、必要な改善を行うことができます。これにより、組織は迅速に学習し、継続的に進化することが可能となります。

　OKRは、定期的な振り返りを行うことを奨励します。これにより、組織は達成した成果を確認し、次の目標に向けて何が必要かを考える機会を持つことができます。これは組織の学習と成長を促進し、持続的な改善を可能にします。なお、この視点については、次の「組織編」で詳しく触れます。

Learning 　□ 学習コーナー

経営支援ツールとしてのChatGPTの活用法

　経営支援ツールとしてのChatGPTの活用は、企業の効率向上と革新に多大な貢献をもたらします。本編のような戦略的ビジョン群や人財育成評価基準の作成、OKR支援に留まらず、多岐にわたる活用法があります。具体的には、以下になります。

●マーケットアナリシス支援：ChatGPTは企業の経営層に対して市場トレンドや消費者の嗜好の洞察を提供し、戦略的な判断の基盤を築き

ます。

●**顧客サービスの自動化**：ChatGPTを活用して顧客サービスを自動化し、顧客満足度の向上とオペレーションコストの削減を図ります。

●**内部コミュニケーションの効率化**：経営層と従業員間のコミュニケーションを効率化し、企業の目標に対するアライメントを強化します。

●**研修と教育**：経営陣はChatGPTを利用して教育プログラムを最適化し、従業員のスキルアップを効率的に支援できます。

●**商品開発のアイデア創出**：ChatGPTは新商品開発のブレインストーミングセッションを補完し、経営陣が革新的なアイデアを形成する手助けをします。

●**文書作成とレポート作成の自動化**：ChatGPTは経営報告や企画書の作成を効率化し、経営陣が重要な意思決定に必要な情報を迅速に得られるよう支援します。

ChatGPTの『エンタープライズ版』は、企業が業務をさらに効率的かつ効果的に行えるよう支援します。このバージョンは現在大企業向けに提供されており、経営者はそれを利用してビジネスの可能性を拡大し、自社のニーズに最適な解決策を見つけることができます。中小企業でも将来的に利用できるようになることを期待しています。

しかし、『エンタープライズ版』を利用しなくても、いくつかの基本的なセキュリティー対策を今すぐ実施することが可能です。これには、チャット履歴の無効化、データ利用拒否の申請、そしてデータの匿名化が含まれます。（巻頭の「ChatGPTを安心して使うために」参照）

  経営者編を追体験できるChatGPTプロンプトはこちら

ChatGPTによる最強の「OKR組織導入」支援

　第2編は、経営から組織全体、特に実際の業務現場へと焦点が移る。ここでは、チームOKR（Objectives and Key Results）や個人OKRの策定と実践を詳しく描いていく。本編の中心となるのは、若竹電機製作所（通称：若竹社）製造部の若きリーダー、広岡悟郎。彼の情熱と誠実さが、組織の変革を牽引する。

　広岡の前進を、組織開発コンサルタントの山口茉季が陰に日向になりながらサポートする。彼女の知識と経験が、広岡の挑戦をより一層輝かせる。一方、社長の青柳成弥は、そのすべてを距離を置いて、

＊本編で提示されるChatGPTの出力は、すべて有料版のChatGPT Plus（GPT-4）で生成されたものです。
＊ChatGPTはプロンプトの内容に基づいてその都度回答を生成しますので、同じプロンプトを使っても回答にバリエーションが出る場合があります。

広岡悟郎

若竹電機製作所、製造部の若きリーダー。社長の青柳から抜擢されて、物語の中心となる「OKR組織浸透プロジェクト」のリーダーを務める。責任感が強く、このプロジェクトに真剣に取り組む。さまざまな活動を通じて、青柳の苦悩を知り、自分自身のリーダーシップの在り方を深く振り返る。物語の中では、茉季との師弟関係も描かれる。

竹田幸生

若竹電機製作所、製品開発部の若きリーダーでOKR組織浸透プロジェクトのメンバー。スポーツマンで、そのバイタリティとエネルギーがチームに活気をもたらしている。プロジェクトをきっかけにChatGPTの優れた使い手になる。

高杉夏子

若竹電機製作所、人事部の若きリーダーでOKR組織浸透プロジェクトのメンバー。責任感が強く、世話焼きの性格で、プロジェクトのメンバーに対してサポートを惜しまない。人事部の立場から、従業員の成長・育成に強くコミットする。

山口茉季（マキ）

組織開発コンサルタント。元々ITエンジニアだったことからChatGPTを巧みに使いこなし、経営者が抱えるさまざまな問題をChatGPTを活用し解決していく。それだけではない。ChatGPTではできない組織の本質的な問題を見抜く洞察力と、解決へと導いていく実行力を併せ持つ。本編では、若竹電機製作所の若き3人のリーダーを外部コンサルタントとして支える。

青柳成弥

若竹電機製作所（若竹社）の代表取締役社長。若竹社は自動車の部品製造に特化した典型的な日本の中小企業。前編で組織開発コンサルタントの茉季の支援を受けて、AIとOKRの導入を決意する。そして、OKR組織浸透プロジェクトを立ち上げ、若き3人のリーダー、広岡、竹田、高杉、そして外部コンサルタントの茉季にプロジェクトの成功を委ねる。

しかし熱い視線で見守る。そこには、かつてのトップダウン、カリスマ経営者としての彼の過去と、新しい組織の風を受け入れる現在の心の葛藤がある。

　そして、広岡らをサポートする生成AI（人工知能）「ChatGPT」も、物語に欠かせない存在として登場する。その先進的な提案や分析が、組織の変革をさらに加速させる。

　広岡の果敢な挑戦、そしてそれを支える仲間たちとの関係性が、本編の物語の核心を成す。　　　　　　　　　　　（文責：新岡優子）

＊本書の物語は、経営データの安全な取り扱いを重視しています。物語の中で描かれる経営データ活用のシーンは、巻頭の「ChatGPTを安心して使うために」に基づいて行われています。

2-1 OKR組織浸透プロジェクト、ChatGPTと共に始動！

　第1章では、新たな挑戦者となる、若竹電機製作所（通称：若竹社）の「OKR組織浸透プロジェクト」のメンバー、広岡悟郎、竹田幸生、高杉夏子、山口茉季が初顔合わせをし、未知の領域への一歩を踏み出す。プロジェクトのキックオフミーティングでは、生成AI（人工知能）「ChatGPT」とのさまざまな対話が、彼らに新しい視点を与え、知識の扉を開く。彼らは初めてChatGPTの能力に触れ、OKR（Objectives and Key Results）の基本、プロジェクトリスクの分析と管理、メンバーの作業負荷など、さまざまな局面でChatGPTの力を目の当たりにする。特筆すべきは、ChatGPTのOKRに関する豊富な情報。この後、長きにわたりChatGPTは彼らのOKR組織浸透活動を支えていくこととなる。

　さらに、青柳と部長たちもエンパワーメントリーダーシップを発揮し、プロジェクトメンバーの活動を陰から支える。そこに「経営陣と現場リーダーたちの新たな関係性」が生まれつつあることも描かれる。

　読者もまた、組織運営の知恵や人間関係の奥深さに触れ、深い学びを得られるだろう。経営陣と若き現場リーダーたちの対話セッションが描く、信頼と理解に満ちた組織の風景。それは、新しい価値創造の源となる。

　　　静かな夜。若竹電機製作所の3代目社長、青柳成弥が自分のオフィスで一人、窓の外を見つめていた。先代から代表を引き継いで既に5年。彼が心に秘めていたプロジェクト「OKR組織浸透プロジェクト」の始動前夜だった。

若竹社は、日本の中小企業の一つ。1990年代にはバブル崩壊を乗り越え、最近ではコロナ禍での大幅減産などの危機に瀕したものの、その苦境から立ち直った自動車部品製造会社だ。しかし今、新たに「次世代へのバトンパス」という大きな課題に直面していた。先代からの経営幹部たちの運営に対して、若い社員たちの意見をどう取り入れていくか——。この問題は、青柳にとって重要なテーマだった。

　そこで青柳は、新しい時代への挑戦として、先進のAI技術の段階的導入、全社を巻き込んだOKR、エンパワーメントリーダーシップの採用を決断した。そして、「OKR組織浸透プロジェクト」と命名し、まずは小さく始めて成果を出すことにした。このスモールスタートが成功すれば、これを全社に導入し、組織全体の生産性と創造性を高めるとともに、離職率の低下も目指すことができる。

　組織開発コンサルタントの茉季と共にこの数カ月間、全社OKR、部門OKRを設計し、エンパワーメントリーダーシップの教育を推進。青柳は、これら3つの要素、すなわちAI、OKR、エンパワーメントリーダーシップが組織の新しい方向性と成長のカギであると強く感じていた。

　新プロジェクトがいよいよ明日始動する。しかし、その中心人物は自分ではなく、青柳自身が抜擢した、製造部の若きリーダー、広岡悟郎である。今までにない不安と希望が入り交じり少し身震いがした。

　「新しい風が若竹社に吹きはじめる」——。青柳は茉季にメールを送り、明日からの成功を託す言葉を添えた。そして、深呼吸をして立ち上がり、オフィスの灯りを消した。

2-1-1　メンバーは若手リーダー3人
＋コンサルタント

　朝の多少の混み合いを感じながら、広岡は電車の中で窓の外の景色をぼんやりと眺めていた。テレワークが一般化した現代でも、多くの人々はまだ対面での業務をこなしており、電車は以前ほどではないものの、それなりの混雑をみせていた。

　若竹社ではテレワークと併用しながらも、オフィスや工場での業務が多く、広岡も今日はそのために出社していた。先週、彼は社長の青柳から「OKR組織浸透プロジェクト」のリーダーに任命された。このプロジェクトが成功すれば、若竹社は新しい段階へと進むことができるだろう。責任重大だ。

　広岡は若竹社に入ってから早7年が過ぎた。仕事に対する情熱や、自分が属する組織への誇り、それらは常に彼の胸の中にあった。しかし、それと同時に、自分の意見が十分に反映されず、上からの指示ばかりで動いている現状に対するもどかしさも感じていた。

　彼の世代は、既存の体制に疑問を持ちつつ、自分たちの声が反映される場を模索していた。青柳が提案するエンパワーメントリーダーシップは、まさに彼らの求める変化だったのかもしれない。青柳からの任命は、広岡にとって期待とプレッシャーを同時にもたらした。若手の意見を取り入れたいという社長の真剣な思い。それを具現化する役割が自分に託されたのだ。

　広岡はそれに応えたいと強く思った。これまでの苦労や、仲間たちと共に築いてきた信頼。それらを胸に、新しい挑戦に取り組む覚悟が彼にはあった。

電車が駅に到着すると、広岡は深呼吸をして車両を降りた。今日から始まるOKR導入の準備。彼の心は既にその任務に向かっていた。青柳の目指す方向、会社としての新しい価値観。そして、自分自身の成長。広岡は通い慣れた道を歩きながら、その重みをしっかりと感じていた。今日は、OKR組織浸透プロジェクトのキックオフミーティングだった。

午前の仕事を済ませ、昼休みを取る広岡。午後の業務開始までにはまだ少し時間がある。製造工場の昼休みから従業員たちが徐々に戻ってきて、通路はザワザワと賑やかになっている。若竹社のロゴが入った作業着姿の広岡が会議室のドアを開けると、先に竹田幸生がスマートホンを操作しながら座っていた。

「おっ、竹田さん。早いね」

広岡がにっこり笑って言った。竹田も笑顔で答えた。

「うん、少し緊張しててさ、早めに来ちゃったんだ」

広岡は笑いながら手に持っていた資料を竹田に渡し、ノートパソコンを中央のモニターにつなげた。その時、ドアが再び開いて、高杉夏子が入ってきた。彼女の作業着は、ショートカットの髪とやせ型の体型に合わせてしっかりと身につけられていた。歩くたびに彼女の姿勢の良さが目立った。

「お疲れさまです」

彼女の声は、控えめだがしっかりとしたものだった。会議室のドアが再び開き、香ばしいコーヒーの香りと共に茉季が現れた。手には、お菓子が入った大きな箱を持っていた。

「皆さん、こんにちは。これ、ちょっと評判の良いところで買ってきたお菓子です。午後のミーティングの糖分補給にどうぞ！」

茉季がこう言いながら、お菓子の箱を中央のテーブルに置いた。

「あー、これ、おいしいんですよね！」

　高杉が初対面の茉季に対して、歓迎を示すかのように、笑顔で一つまみお菓子を手にした。「じゃあ、時間ですので、始めましょうか」と広岡。彼の提案で、自己紹介が始まった。トップバッターは竹田だ。

「製品開発部の竹田です。部長から、このプロジェクトの大まかな話は聞いています。どうぞよろしくお願いします」

　次は高杉。

「高杉です、人事部です。このプロジェクト、一緒にがんばりましょうね」

　そして広岡。

「製造部の広岡です。一応リーダーといわれていますけど、みんなとは年代も近いので、といってもこれまでほとんど話をしたことはないですけど（笑）。一緒に楽しく、そしてこのプロジェクトを成功に導きたいと思っていますので、どうぞよろしく！」

　最後に茉季が自己紹介をした。

「組織開発コンサルタントの茉季です。このプロジェクトにはオブザーバーとして参加しています。AIの活用や今回のミッションであるOKRの組織導入に関して、ご支援させていただきます。どうぞよろしくお願いします」

　メンバー全員の自己紹介が終わると、広岡が元気な声で「それでは、キックオフミーティングを始めましょう」と、ミーティングをスタートさせた。

2-1-2 初めての ChatGPT との対話

　広岡は、紙の資料とプロジェクタのプレゼン資料を併用しながら、このプロジェクト「OKR組織浸透プロジェクト」のミッションとロードマップを説明した。同プロジェクトは、若竹社初のOKR導入となる、製品開発部第2開発課（6人）でのパイロットチームを成功させ、全社導入への足掛かりを作るというもの。竹田と高杉は資料を念入りに確認しながら、時には広岡に質問し、広岡も2人の話に耳を傾けた。話が一通り終わったところで、広岡が茉季に言った。

「では、茉季さん、このプロジェクトはChatGPTをいかに使いこなせるかも重要な成功要因です。しかし、僕たちはChatGPTを触ったことさえありません。簡単にデモンストレーションをみせていただいても良いでしょうか？」

「もちろんです。ここまでの説明にあった通り、このプロジェクトではChatGPTの活用がカギになります。試しに私がChatGPTにいくつか質問してみます。どんな感じでChatGPTが私たちの助けになってくれるかの参考にしてください。今回はプロジェクトの特性上OKR（Objectives and Key Results）についてのみ掘り下げますが、ChatGPTはとても多くのことで、私たちの役に立ってくれます」

　そう言って茉季は、自分のパソコンにプロジェクタをつなぎ直し、滑らかなキータッチでChatGPTにプロンプトを入力した。

プロンプト

　日本では目標設定ツールとしてMBOやKPIは有名ですが、OKRはそれほどではないですよね。なぜですか？

■ **ChatGPT**

OKR（Objectives and Key Results）は、企業における目標達成のフレームワークで、主にシリコンバレーの企業などで使われることが多いです。一方、日本ではMBO（Management by Objectives）やKPI（Key Performance Indicators）などが一般的に用いられています。日本でOKRがあまり広まっていない理由には、いくつかの要素が考えられます。

1. **文化的な要因**：日本の企業文化はしばしばトップダウンで、指示が上層部から下層部へと伝えられる方式を取ることが一般的です。OKRはボトムアップのアプローチを強調し、従業員全体の協働を重視するため、日本の企業文化とは相性が良くない場合があるかもしれません。

2. **知名度と教育**：OKRは比較的新しい手法であるため、MBOやKPIに比べてその認知度が低い可能性があります。また、この手法を適切に導入、運用するための教育やトレーニングが不足していることも、導入が進まない一因かもしれません。

3. **既存のシステムとの整合性**：既にMBOやKPIなどのシステムを採用している企業にとって、新しいフレームワークへの移行は、費用と時間、労力を要するプロセスであるため、躊躇（ちゅうちょ）する企業が多いかもしれません。

4. **合う企業のタイプ**：OKRは特に迅速に成長している企業や、柔軟性と変更に対応する能力が求められる企業で効果を発揮することが多いです。日本の企業の中には、比較的保守的で変化のスピードが遅いものも存在するため、OKRが合わない場合があるかもしれません。

最近では、一部の先進的な企業や新しいスタートアップなどでOKRが導入されるケースも増えつつあるようです。しかし、上記のような理由から、全体としてはまだ一般的ではないのかもしれません。これらの問題が解決され、日本の中小企業においても、導入がさらに進むことが期待されます＊。

＊ MBO、KPI、OKRの詳細については、「経営者編　1-3 事業計画を組織全体に浸透させるOKRとそれを支えるChatGPT」参照。

　　　　3人はプロジェクタを凝視して、そこに流れるChatGPTの回答を読んでいる。茉季はChatGPTとの対話を続ける。

● プロンプト

　OKRを初めて導入する場合の一般的な導入プロセスを教えてください。導入にかかる費用、人員、スケジュールも教えてください。

■ ChatGPT

　OKRの導入は、組織の目標と戦略を明確にするとともに、全員の目標や方向性を一致させること、そして特定の目標に向かって集中して取り組むことを強化する目標達成手法です。以下は一般的なOKR導入プロセスの概要ですが、導入の具体的な費用、人員、スケジュールは組織の規模、業種、目標、現在の管理体系などにより大きく異なることがあります。

【導入プロセス】

1. 理解とコミットメントの確保：上層部のリーダーシップがOKRについての理解を深め、コミットメントを固める段階です。

2. 導入計画の策定：OKR導入の目的と期待される成果、導入のタイム

ライン、必要なリソース等を明確にします。

3. **教育とトレーニング**：OKRの概念とプロセスについて全従業員が理解できるようにトレーニングを提供することが重要です。

4. **目標設定のプロセスの開始**：トップレベルから始めて、次に部門レベル、チームレベル、個人レベルの目標設定を行います。

5. **追跡と評価**：定期的に目標の進ちょくをチェックし、必要に応じて調整します。

6. **振り返りと改善**：各サイクルの終了後に振り返り会を開き、次のサイクルへの改善点を見つけます。

【費用、人員、スケジュール】

1. **費用**：OKRの導入には、トレーニング、コンサルティング、必要に応じた専用ソフトウエアのライセンス料などの費用がかかります。小規模な組織であれば数千米ドルから、大規模組織では数万米ドル以上になる場合もあります。

2. **人員**：導入プロジェクトのリーダーや専門のコンサルタント、内部のチャンピオン（OKR推進者）などが関与することになるでしょう。

3. **スケジュール**：小規模組織であれば数カ月で導入可能な場合もありますが、大規模組織では半年から1年程度の準備と実装が必要な場合もあるでしょう。

　注意点として、OKRは目標達成を管理する単なるツールではなく、組織文化の変革を伴う場合が多いため、そのプロセスは慎重かつ段階的に進めるべきです。過剰な急ぎは失敗につながることもあるため、十分な準備とコミットメントが必要です。

どのくらいの企業規模に導入するのが適していますか?

OKRの導入は、企業規模に関係なく適用することができます。しかし、その適用方法や成果が出るポイントは規模によって異なることがあります。

【小規模企業】
- 小規模企業では、組織全体のコミュニケーションが比較的容易であるため、OKRの導入も迅速に進む場合が多いです。
- 要件が少ないため、手動での追跡やシンプルなツールでも運用が可能です。
- しかし、OKRの持つ戦略的な視点が欠けると、単なるタスク管理になる恐れもあるため、注意が必要です。

【中規模企業】
- 中規模企業では、組織の複雑さが増すため、OKRが目標の透明性と整合性を高める効果を発揮します。
- 一方で、トレーニングやコミュニケーションの投資が必要になることが多いです。
- OKRによる目標の追跡と可視化のための専門的なツールの導入も検討する場合があります。

【大規模企業】
- 大規模企業では、多層にわたる組織構造があるため、OKRの導入は戦

略の整合性と調和を保つ強力な手段となります。

- しかし、その導入は非常に複雑で時間を要する場合が多く、専門のコンサルタントや高度なツールの導入が必要となることもあります。
- 組織文化の変革が伴うことが一般的で、従業員のバイインを得るための努力が不可欠です。

【まとめ】

- 小規模企業では、シンプルで速やかに導入できる一方、戦略的な視点の確保が重要。
- 中規模企業では、組織の複雑さのバランスを取るための調整が求められる。
- 大規模企業では、時間とリソースの投資が大きくなるが、組織全体の戦略的な整合性を高める効果が期待できる。

規模に応じた適切なアプローチと準備が、OKR導入の成功へのカギとなります。

茉季の流れるようなChatGPTの操作を目の当たりにした3人は質問をしたかったが、何から聞いて良いか分からなかった。

2-1-3　新規プロジェクトのリスク

3人の戸惑っている様子を察した茉季は、「じゃあ、こんなことも聞いてみましょう」と、新規プロジェクト活動における重要なリスクについてChatGPTに尋ねた。

私たちOKR組織浸透プロジェクトは、OKRをスモールスタートさせるパイロットチームとして「製品開発部開発2課」を選びました。このとき、どのようなリスクが考えられますか？

OKR組織浸透プロジェクトがOKRを最初に導入するパイロットチーム「製品開発部開発2課」のスモールスタートにおいて、ChatGPTの支援を受けながらも以下のようなリスクが考えられます。

1. 理解の不一致リスク

- 問題：パイロットチームメンバー間や対象部署でOKRの理解が不一致になる可能性。
- 対策：定期的なコミュニケーションとトレーニングを実施し、全員が共通の理解を持つよう努める。

2. 導入過程の抵抗リスク

- 問題：従業員からの新しい評価基準や管理方法への抵抗。
- 対策：透明性の確保と従業員の参加を促し、なぜOKRが必要なのかを明確に説明する。

3. ツールやプロセスの適合性リスク

- 問題：選定したツールやプロセスが組織の文化やニーズに合わない場合。
- 対策：パイロットフェーズでの検証とフィードバックを通じて、随時調整する。

4. 過度の目標設定リスク

- 問題：OKRの目標設定が現実的でないか、あまりにも挑戦的すぎる

場合。

- 対策：目標の可達性と挑戦性のバランスを取るための専門家の意見を取り入れる。

5. 情報セキュリティーリスク

- 問題：ChatGPTなどの外部ツールを使用する際の情報漏洩リスク。
- 対策：セキュリティーポリシーに基づき、機密情報の取り扱いに十分注意する。

6. 時間管理のリスク

- 問題：パイロットチームの遅延やタイムラインのずれ。
- 対策：チームの進ちょくを定期的にチェックし、必要に応じてスケジュールを調整する。

7. OKR組織浸透プロジェクトとの連携リスク

- 問題：OKR組織浸透プロジェクトとの連携がうまくいかない可能性。
- 対策：OKR組織浸透プロジェクトメンバーとのコミュニケーションを強化し、期待値と役割を明確にする。

リスク管理は施策の成功に不可欠な要素であるため、上記のリスクと対策を適切に考慮し、関係者全員で共有することが重要です。

茉季は、「ここにないリスクもありますね。ちょっと聞いてみましょう」と言って、操作を続けた。

プロンプト

リスクについて聞きます。先ほどリスク一覧を出してもらいましたが、そもそもこの施策は社長、そして部門長からエンパワーメントされて活動しています。この体制に関してのリスクとして考えられるものが

あったら提示してください。

　もちろんです。社長や部門長からエンパワーメント（権限付与）されて
プロジェクトを進める体制は、チームの自主性と責任を高める一方で、
いくつかの特有のリスクも生じる可能性があります。

1. 権限と責任の不明確さ

- ●リスク：エンパワーメントされたプロジェクトチームの権限と責任
  が不明確である場合、意思決定の遅延や認識のずれが生じる可能性
  があります。
- ●対策：明確な権限と責任のガイドラインを設定し、全メンバーに共
  有します。

2. 他部門との調整不足

- ●リスク：エンパワーメントされたチームが独立して動くあまり、他
  部門との連携が欠如し、リソースの競合や方針の不一致が発生する
  可能性があります。
- ●対策：他部門との定期的な調整会議を設定し、プロジェクトの進
  ちょくと課題を共有します。

3. エスカレーションの困難

- ●リスク：エンパワーメントされることで、プロジェクトチームが自
  主的に問題を解決する圧力が高まり、必要なエスカレーションが適
  切に行われない可能性があります。
- ●対策：エスカレーションのガイドラインを設定し、どのような場合
  に上層部に報告するかの基準を共有します。

4. 過剰なプレッシャー

- ●リスク：エンパワーメントは自主性と責任を高めますが、過剰なプレッシャーとして働く可能性もあり、チームの健康やモチベーションを損なう恐れがあります。
- ●対策：プロジェクトの進ちょくとチームメンバーの健康状態を定期的にモニタリングし、適切なサポートと調整を提供します。

5. 経営層との意見の相違

- ●リスク：チームがあまりにも自主的に動くと、経営層との方針や意図がずれるリスクがあります。
- ●対策：エンパワーメントが与えられても、定期的に経営層とのコミュニケーションを保ち、方針の一致を確認します。

エンパワーメントはプロジェクトの効率と質を高める強力な戦略である一方で、上記のようなリスク管理が求められることもあるため、それらの点に注意しながらプロジェクトを進めるとよいでしょう。

 ChatGPTの回答をじっと見る3人に向かって、茉季が言った。「これらのリスクはリストにして常にチェックしながら進めましょう。皆さんはリスク管理に関する理解はまだないでしょうから、OKRを回す最初の3カ月間だけ私が担当しますね。管理は私、リスクの監視は全員でやっていきましょう」

　茉季はChatGPTにリスク管理表の作成を依頼し、それを「Googleスプレットシート」にコピーし、いくつかの項目を追加して、そのリンクをメンバー全員に通知した。わずか10分程度の作業だった。

リスク管理表

No.	リスク名	問題	対策	リスク登録日	リスク発生日	リスクの状態	リスクの影響	実施された対策	対策の効果	リスクの解消日
1	理解の不一致リスク	プロジェクトメンバー間での理解の不一致	定期的なコミュニケーションとトレーニング							
2	導入過程の抵抗リスク	新しい評価基準への抵抗	透明性の確保と従業員の参加促進							
3	ツールやプロセスの適合性リスク	選定ツールの組織文化への不適合	パイロットフェーズでの検証と調整							
4	過度の目標設定リスク	目標設定の現実離れ	専門家の意見を取り入れ、バランスを取る							
5	情報セキュリティーリスク	情報漏洩のリスク	セキュリティーポリシーに基づく機密情報の取り扱い							
6	時間管理のリスク	プロジェクトの遅延やタイムラインのずれ	進ちょくの定期チェックとスケジュールの調整							
7	コンサルタントとの連携リスク	連携がうまくいかない可能性	コミュニケーション強化、期待値と役割の明確化							
8	権限と責任の不明確さ	権限と責任の不明確さによる意思決定の遅延	明確な権限と責任のガイドライン設定							
9	他部門との調整不足	他部門との連携の欠如	他部門との定期的な調整会議の設定							
10	エスカレーションの困難	必要なエスカレーションが行われない可能性	エスカレーションのガイドライン設定							
11	過剰なプレッシャー	過剰なプレッシャーによる健康やモチベーションの損失	プロジェクトの進ちょくとチームメンバーの健康状態のモニタリング							
12	経営層との意見の相違	経営層との方針や意図のずれ	定期的な経営層とのコミュニケーション							

　　茉季が、「リスク管理はやりすぎるとかえって負荷が増えるので、様子を見ながら整えていきましょう」と言うと、3人は顔を見合わせてうなずいた。

2-1-4 　ChatGPTが何でも答えるワケ

　ChatGPTのデモンストレーションを終えた茉季が一息入れる。

「さて、皆さん、どうでしょう。ここまでのChatGPTの応答を見て、何か質問してみたいことはありますか？」

　質問の時間が与えられた3人は、せきを切ったように質問を開始した。トップバッターは広岡だった。

「そうですね、反応の速さ、情報の広さに驚くばかりですが、なぜ、そもそもChatGPTはこんなにOKRのことに詳しいんですか？」

「確かに、すごいですよね。では、それも聞いてみましょう」

　再び、茉季がChatGPTにプロンプトを入力する。

● プロンプト

　それにしても、なぜChatGPTはそんなにOKRのことについて詳しいのですか？

■ ChatGPT

　ChatGPTがOKR（Objectives and Key Results）について詳しい理由は、私が広範な情報源からの学習を基にしているためです。OKRは、企業や組織での目標達成と実行追跡のフレームワークであり、多くの企業や専門家が使用しています。以下の要素が、私がOKRについての知識を持つ理由になります。

1. 広範な文献の学習：私は学術文献、書籍、ブログ、記事など、多岐にわたる情報源から学びます。OKRについての最新の研究や業界のベス

トプラクティスも含まれます。

2. **多様な業界経験**：OKRは多岐にわたる業界と組織で使用されているため、それらの業界の特性やニーズに応じた情報も取り入れられます。

3. **継続的なアップデート**：私の知識ベースは定期的に更新されるため、OKRの最新の動向や理論の進展にも追従しています。

4. **一般的なマネジメント理論**：OKRは、マネジメント、組織行動、戦略計画などの一般的なビジネスとマネジメントの原則に基づいています。これらの広い領域に対する知識もOKRの理解に寄与しています。

しかし、私の知識は2021年時点での情報に基づいており、非常に特殊化した状況や最新の業界動向に関しては、現場の専門家やコンサルタントの意見が必要になることがあります。

「なるほど」と広岡が納得の表情を見せると、高杉が続いた。
「では、ChatGPTが持っているのは、日本の情報だけではないということですか？」
茉季は高杉の質問をそのままプロンプトに打ち込んだ。

● プロンプト

では、ChatGPTが持っているのは日本の情報だけではないということですか？

■ ChatGPT

はい、私の知識は日本に限らず、世界中からの情報に基づいています。OKRのフレームワークは、多くの国際企業や組織で採用されているため、その知識も国際的な背景を持っています。情報を最も多く入手して

いる国や地域については、以下のような特性があります。

1. **北米**：シリコンバレーをはじめとする米国のテクノロジー企業が、OKRの初期の採用者として知られています。グーグルなどの企業が有名で、北米のビジネス文化やマネジメント理論が大いに影響を与えています。
2. **欧州**：欧州でもOKRは広く採用されており、多様な産業と文化背景からの情報が含まれています。
3. **アジア**：日本を含むアジア地域でも、OKRは徐々に認知と採用が広がっている状況です。特に、新興企業や国際的に展開する企業がこのフレームワークを利用しています。
4. **その他の地域**：OKRは世界中の多様な組織で採用されているため、ラテンアメリカ、アフリカ、オセアニアなどの地域からの情報も反映されることがあります。

　全体的に見ると、特に北米と欧州からの情報が多く、これらの地域のビジネスとマネジメントの研究や実践がOKRの理論と実践に大きな影響を与えているといえるでしょう。

　「えー、じゃあ、我々は、全世界の最新の情報を、こうやってChatGPT経由で、一瞬で知ってしまうことができるということですか?」
　竹田が驚きを口にすると、茉季がニコニコしながらプロンプトを打ち込んだ。

● プロンプト

こうやってChatGPTから一般社員である私たちが情報を入手でき

るということは、いまだかつてないことのように思うのですが、どうでしょうか？

■ ChatGPT

確かに、ChatGPTのようなAI技術によって、一般社員や個人が専門的な知識や情報に簡単にアクセスできるようになったのは、比較的新しい現象です。以下は、この変化の背後にあるいくつかの要因です。

1. 情報の民主化

- 以前は、特定の専門家やコンサルタント、企業内の特定部署などに限られていた情報が、今では多くの人々に広く利用可能になっています。
- デジタル技術の進展によって、誰もが専門的な情報やデータにアクセスできるようになりました。

2. AIと機械学習の進展

- AI技術の進化によって、大量のデータから有益な情報を抽出し、個人の質問に対応する能力が向上しています。
- これにより、特定のトピックに関する専門的な質問にも、AIが対応できるようになっています。

3. 教育と自己啓発の変革

- オンライン教育プラットフォームや自己学習ツールの登場によって、多くの人々が自分で学ぶ機会を手に入れました。
- AIを活用した教育支援も普及しており、個々の学習ニーズに合わせた学びが可能になっています。

4. ビジネスプロセスの変革

- 企業の意思決定プロセスや戦略の策定に、より多くの従業員が参加

するようになっています。

●その結果、より多くの人々が専門的な知識や情報を求めるようになりました。

これらの変化は、知識と情報の取得が以前よりもずっと手軽になったという新しい時代を象徴しています。この動向は、個人の自己成長、組織の革新、さらには社会全体の発展にも寄与しているといえるでしょう。

「実は、私もこうやってChatGPTを通してAIの恩恵を受けるようになったのは、ほんの1年前なんです。それまではOKRの専門コンサル会社と組んでお客様にサービスを提供していました。それが今や、皆さん自身でChatGPTを使ってOKRを実践していただくまでになりました。これ、ものすごいことなんです」

茉季がこう打ち明けると、竹田が間髪入れずに聞いた。

「すると、いずれ私たちもこうやって茉季さんのようにChatGPTを使いこなして、新しい仕組みをどんどん社内に導入できるってことですか?」

「はい、そうです。今日は初回なので私がChatGPTを操作していますが、次回ミーティングからは皆さんにやっていただきますね」

茉季が微笑みかけると、3人からは笑いともため息ともつかない声が漏れた。

2-1-5　プロジェクトの作業負荷を予想する

さらに、茉季は、「それでは、プロジェクト運営でもう一つ重要

なことを聞いてみましょう」と言って、事前に青柳から聞いていた広岡、竹田、高杉、それから茉季に期待されている役割をChatGPTに入力し、次の質問をした。

● プロンプト

この4人のメンバーがこのプロジェクトにかける時間は週何時間と考えておけば良いですか？

■ ChatGPT

OKR組織浸透プロジェクトにおいて、プロジェクトメンバーが週何時間をかけるべきかは、プロジェクトの規模、目標、タイムライン、および関連するタスクの複雑さに依存します。OKR組織浸透プロジェクトのミッションが、「特定のパイロットチームによるスモールスタートを成功させる」ことを考慮に入れて、以下は一般的な時間配分の提案です。

プロジェクトリーダー：製造部広岡

●週5～8時間

●プロジェクトの全体的な進ちょく管理、調整、計画のレビューなどが含まれます。

メンバー：人事部高杉

●週4～6時間

●人事としての役割、スケジューリング、トレーニング、チームと個人へのサポートなどが必要になるでしょう。

メンバー：製品開発部第2開発課竹田

●週5～7時間

●部門におけるOKRの導入と統合、関連するプロセスの開発と実施、チームのサポートなどが含まれます。

オブザーバー：組織開発コンサルタント 茉季（外部）

- 週4〜7時間
- プロジェクトの観察、助言、メンバーの作業補助、定期的なチェックインなどが含まれます。

これらの時間配分は、プロジェクトの初期段階では多少多めになる可能性があります。プロジェクトの進展に応じて、必要に応じて調整することが重要です。プロジェクトの明確なロードマップとタイムラインを作成し、途中での評価と調整を計画すると、効率的な進行が期待できるでしょう。

このChatGPTの回答には、3人のメンバー全員が目を丸くした。「えー、こんなことも分かるんだ！」と感嘆の声を上げる広岡を微笑ましく見ながら、茉季はさらに質問をした。

▶ プロンプト

ChatGPTを活用することにより、この時間を短くすることは可能ですか？

■ ChatGPT

はい、ChatGPTのようなAI技術を活用することで、プロジェクトの進行にかかる時間を一定程度短縮することが可能です。以下は、ChatGPTが提供できる支援とそれによってどのように時間を節約できるかの例です。

1. 情報収集と分析

- ChatGPTを使用して、業界標準、ベストプラクティス、関連する事

例研究などを迅速に調査することができます。

- これにより、メンバーが自分で時間をかけて調査する必要が減ります。

2. 戦略と計画の策定

- 導入戦略や計画の策定に関するガイドラインやテンプレートの提供が可能です。
- これにより、計画の作成プロセスが効率化され、時間の節約が期待できます。

3. 問題解決の支援

- プロジェクト進行中に遭遇するであろう課題や問題に対して、具体的な解決策やアドバイスを提供します。
- これにより、問題解決にかかる時間が短縮されるでしょう。

4. 定期的なレビューと調整

- プロジェクトの進ちょくに応じて、ChatGPTで定期的なレビューと調整の支援が可能です。
- これにより、必要に応じて素早く方針の調整ができるため、時間の節約が期待できます。

　具体的な時間の削減量は、プロジェクトの複雑さ、ChatGPTの利用方法、メンバーの技能などに依存しますが、上記のような支援によって、プロジェクトメンバーの週の作業時間を10〜20％程度削減することが現実的であると考えられます。ただし、ChatGPTの支援が有用であっても、人間の洞察や判断、コミュニケーションなどの要素は引き続き重要であり、それらのタスクはChatGPTによって置き換えることは困難です。従って、ChatGPTの活用は人間の作業を補完する形で最も効果を発揮するでしょう。

　「なるほど」と、感心する高杉を見て、茉季が「あら、たった10〜
20％。私の感覚ではもっと短縮できますよ」と言い、言葉を続け
た。

「ただ、ここに書いてある通り、人間の作業を補助する役割ですか
ら、人が内容の精度を確認したり、ブラッシュアップを考えたり
すると、確かにこのくらいかもしれませんね。しかし、ゼロから人
が作るよりも、ずっと質の高い成果物を作ってくれますよ」

　確かに、先ほどのリスクリスト1つをとってみても、広岡たちが
ゼロから考えたら、3日経っても終わっていないかもしれない。
それをこうやってChatGPTと経験豊富な茉季の手助けがあれ
ば、たった10分程度で共有ファイルにアップするまでできてし
まう。広岡、高杉、竹田は、自分たちもいつか茉季のように
ChatGPTを使いこなせるかもしれないと希望を持った。と同時
に、「これ、今抱えている別の業務でも使えるかもしれない……」
と感じ始めていた。茉季が付け加えた。

「ChatGPTも言っていますが、念のため、もう一度言いますね。
ChatGPTが出してきている情報はあくまでも『一般的に』です。
これを鵜呑みにしてはいけません。自分たちで検証して、ブラッ
シュアップやカスタマイズしていくことが必須です。私たちはこ
れからもっともっと賢くChatGPTを使いこなしていかなくて
はなりませんね」

　茉季の言葉に、広岡ら3人の表情が引き締まった。

2-1-6　経営陣との対話セッション

　茉季が時計を見た。

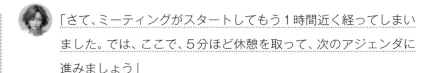

「さて、ミーティングがスタートしてもう1時間近く経ってしまいました。では、ここで、5分ほど休憩を取って、次のアジェンダに進みましょう」

この言葉に、メンバーは全員「えっ、まだ1時間？」と驚いた。彼らの頭の中には既に2時間分以上の情報が駆け巡っていたからだ。ミーティングは、休憩を挟んで再開された。

「では、ここからはもう1つの重要な議題、『リーダーズインテグレーション（Leaders Integration)』を行います」

茉季は、これから何か楽しいことが起こることを予感させるような笑顔を浮かべながら、「ささ、お菓子も食べて！」と、メンバーをリラックスさせた。

「リーダーズインテグレーションとは、簡単にいうと、"新しく任命されたリーダーとメンバーの対話セッション"のことです。今日は、このプロジェクトのオーナー、青柳社長と部長陣をリーダー、私たち4人をメンバーとして、リーダーズインテグレーション形式にのっとった対話セッションを行います。このセッションでは、メンバーのみなさんがこのプロジェクトについて感じている疑問や不安、質問を直接上層部にぶつけることができます。まずは、質問を考えてもらいます」

そう言うと、茉季は一人ひとりに大きめの付箋とペンを渡しながら、質問を匿名で書くよう依頼した。

「誰からどんな質問が出たかは、上層部には分かりませんので、安心して、自由に思っていることを書いてくださいね」

3人の付箋にはさまざまな質問が書き込まれていく。しばらくして、3人のペンが止まったことを確認した茉季は、一人ずつ付箋を持って前に出てきてもらい、付箋1枚ずつ、書かれた質問の意図

を説明しながらホワイトボードに貼りつけてもらった。茉季はそれを注意深く理解していく。

　おおよそ20分が経過し、付箋の説明が一通り終わると、茉季は、会議室に、青柳社長、人事部長、製造部長、そして製品開発部長の4人を招き入れた。メンバーたちは一瞬驚いた表情を見せたが、彼らの緊張を和らげるかのように、「いや～、待ちくたびれたよ。これから何が起こるんだい？」と、青柳がニコニコしながら声をかけた。他の幹部たちも青柳同様、笑顔だった。

　茉季は、「お待たせいたしました！ささ、ここのお菓子美味しいんですよ」と、今度は幹部たちにお菓子をすすめ、場の雰囲気を和やかにし、本題に入っていった。

「さて、これから、私たちOKR組織浸透プロジェクト4人のメンバーから、社長と3人の部長へ質問をさせていただきます。みんなで真剣に考えました。率直にお答えいただけると嬉しいです」

　茉季は、OKR組織浸透プロジェクトメンバーを「4人」と言った。これは、茉季自身もメンバーに含まれている計算だ。茉季は、なぜ、そう言ったのか。質問内容に何か問題があったら、すべて茉季の責任で引き取るつもりだったからだ。いよいよ、リーダーズインテグレーションが始まった。

　リーダーズインテグレーションは、ジャック・ウェルチが経営していた時代の米GE社でも重要視されていたプログラムで、新しいリーダーや経営陣がチームや組織に効果的に適合し、その役目を最大限に果たすための支援プログラムである。セッションでは、中立的な立場にある内部メンバー、もしくは外部の専門家がファシリテーター役となって、全員の質問を読み上げるのがルールだった。ここでは、茉季がその役を果たし、質問が書かれた付箋

をメンバーの代わりに1枚ずつ説明していった。

　メンバーの質問を聞いては、幹部が回答する——。これを繰り返していくうちに、場の雰囲気は徐々に活気に満ちてきた。幹部たちは、時に質問を譲り合ったり、時に回答を互いに補足し合ったりしながら、一つひとつの質問に丁寧に、そして明確に答えていった。茉季は時折鋭く突っ込むこともあったが、その度に笑顔で場を和ませていた。

　メンバーの質問の傾向に関し、「プロジェクトの意義や、具体的な運用方法についての質問が多いですね」と、茉季が補足すると、青柳社長が、「このプロジェクトの成功は、私たち上層部だけではなく、各メンバーの理解と協力が必要不可欠です。だからこそ、こういう質問は本当に嬉しい。こうしたしっかりとしたコミュニケーションは非常に重要だと感じているよ」と喜んだ。茉季は、メンバーからの質問と経営陣の回答をエクセル表にまとめながら、特に重要と思われる個所では文字の色を太くして強調していった。

No.	メンバーからの質問	経営陣の回答
1	改めて、このプロジェクトに対する**具体的な期待と目標**は何ですか？社長自身が最も成し遂げてほしいと思う**成果**は何ですか？	組織の一体感と効率の向上、それによる製品の品質と速度の向上です。最も成し遂げてほしい成果は、**チームの連携の強化と目標に対する透明性の確保**です。
2	OKR導入の際、**組織文化の変革**をどう実施するとみていますか？人事部としてのサポートはありますか？	組織文化の変革には、**OKRと企業理念を連携させる取り組み**が必要です。人事部としても、サポート態勢を整えていきます。

3	製品開発部におけるOKRの導入が**他の部署に与える影響**はどう評価していますか？	他部署への影響は最小限にする計画ですが、成功すれば**他部署へのモデルケース**となることを期待しています。
4	もし導入プロジェクトが困難に直面した場合、上層部からのサポートやリソースの追加は可能ですか？	困難に直面した場合でも、必要なサポートとリソースは提供します。**プロジェクトの成功は全社的な課題**ですから。
5	このプロジェクトにより**人事評価や昇進の体系に変更**はあるのでしょうか？	人事評価体系への変更は現段階では考えていませんが、**将来的にOKRとの連携は検討**します。
6	製品開発部内でのOKR導入の成功後、全社への展開のタイムラインやプロセスはどう考えていますか？	成功後の**全社展開は慎重に検討**します。進展次第でタイムラインを共有します。
7	今回のプロジェクトはどうして「パイロットチーム」で進めることになったのですか？その背後にある戦略的な意図は？	「パイロットチーム」はリスクを最小限に抑え、**学びながら進められる方法**だからです。長期的成功のための戦略です。
8	チームOKR、個人OKRを作成する際、どのようなガイドラインや方針を設けるべきと考えていますか？	OKR作成には、**会社のミッションやビジョンに沿ったガイドライン**を提供します。**全社の一体感を重視**しています。
9	OKR導入が製品開発の進行にどう影響すると予測していますか？何か留意すべき点はありますか？	**製品開発への影響は最小化**する方針です。重要なプロジェクトとの連携が必要となるでしょう。
10	このプロジェクトが終了した際、**成功と言える基準**は具体的に何だと考えていますか？どのようなKPIで評価しますか？	成功基準は、**OKRの導入がチーム間のコミュニケーションの向上につながったか、そして目標達成の効率化が果たせたか**です。

11	私たちのこのプロジェクトの工数は最大週7時間までといわれています。それによって**できなくなる作業**はどうしたら良いですか？	できなくなる作業は**他のメンバーに割り振る**準備をしています。うまく回らないなどの問題があったらすぐに言ってきてください。対応します。またこの**作業負荷はパイロットチームが軌道に乗ったら減らしていく**方針です。

　リーダーズインテグレーションは、エンパワーメントリーダーシップと現場の架け橋として不可欠なステップだった。青柳社長と部長たちは真摯（しんし）にプロジェクトメンバーの疑問や懸念を受け止め、オープンなコミュニケーションを図った。これは、組織内の階層や役職の壁を越えて、互いの理解と信頼を深める絶好の機会となった。このセッションでは全体の進行と時間管理、コンフリクト（対立・葛藤）をさばくファシリテーターの役割が非常に重要であり、茉季はその役割をそつなくこなしていた。

　「後から振り返った時、この対話の場がもたらした価値は計り知れないものとなるだろう」と、茉季は感じている。一つの質問や意見が、組織全体の方向性や目標にどれだけ影響を与えるかを、参加者全員が実感することができたからだ。特に、エンパワーメントリーダーシップの下で進めるこのプロジェクトにおいて、各メンバーの自主性や意欲、そして権限を尊重し、それを最大限に生かすための共通の認識や基盤を築くことができたことは、大きな成果だった。すなわち、リーダーズインテグレーションは、単なるフォーマルなセッションではなく、組織の核心に関わる対話の場であり、それを通じてエンパワーメントの本質、そしてそれを実現するための具体的な手法や考え方を共有し、深化させるプロセスだったのである。

「困難はまた必ず来るだろう。そんな時、今日のこの対話セッション参加者はまた集まって真剣な議論ができるだろう」。茉季は今日のこの場にコミットしてくれた青柳社長と3人の部長に心から感謝した。

時計を見ると、ミーティングは既に予定の3時間を過ぎようとしていた。参加者は全員、今日の結果にとても満足していた。幹部が先に退室する。その際、青柳が茉季に笑顔で軽く会釈すると、茉季もにっこりと微笑みを返した。そして茉季は、残ったメンバー3人とまとめに入り、それが一通り終わると、最後の締めの言葉を広岡に譲った。

「今日のみなさんの質問や意見は、このプロジェクトの成功への大きな一歩です。青柳社長、部長たちも、このプロジェクトの推進を、私たちにしっかりと任せてくれました。私たちの協力と情熱で、このプロジェクトを成功に導いていきましょう」

広岡がキックオフミーティングを締めくくるも、高杉と竹田を加えた3人はこの部屋からすぐには退室しようとしなかった。入社して以来、こんなエキサイティングなミーティングは初めてだったからだ。高杉は、頭の固い人事部長がこんなに柔軟な回答をするとは思わなかった。竹田は、実は部長とはそりが合わなかったが、見方が少し変わり、このプロジェクトが終わるころには関係性に変化が現れることとなる。そして広岡には、ある予感が芽生えた。今日のリーダーズインテグレーションでの体験が、自分のリーダーシップの捉え方や役割に対する意識を大きく変えるものになるだろう、と。

茉季は彼らに何かを語りかけようかと迷ったが、黙って先に部屋を出ることにした。外部のコンサルタントがことさら関わる必

要はない。**学びや成長、気づきは組織の内部の人間同士で共有することが一番**。それが、茉季のポリシーでもあった。

　広岡は緊張から解放されるや、どっと疲れを感じた。部屋の窓辺へと歩みよる。外に広がる街並みを眺めながら、これからのプロジェクトの道のりを思い描いた。果たして、ChatGPTによるエンゲージメント（やる気や参加意欲の高まり）がこの会社にどのような影響をもたらすのだろうか——。彼の心の中には、プロジェクトの成功だけではなく、チームメンバーや上層部との信頼関係を築くことの重要性もしっかりと刻まれていた。

Learning　□　学習コーナー

AIによる組織のリスク管理の未来

　AIは、組織運営において革命的な影響をもたらしています。特にリスク管理の領域で、AIはデータ分析、予測、自動化などによって新たな可能性を切り開いています。本章ではChatGPTが保有している膨大な情報からOKRやエンゲージメントがもたらす可能性のあるリスクを洗い出してもらいましたが、本コーナーでは、生成AIであるChatGPTに限らず、より広範な視野でAIが組織のリスク管理にどのような未来をもたらすかについて探ります。

■ AIとリスク管理

　リスク管理は、組織が直面する多様なリスクを評価、制御、最小化する過程です。AIは、以下のようにリスク管理に貢献しています。

● データ分析：AIは大量のデータを高速に処理し、リスクを評価するための新しい指標を提供することができます。

●**予測能力**：機械学習のアルゴリズムは、未来のリスクを予測するために過去のデータを学習します。

●**自動対応**：AIはリアルタイムでリスクを検出し、自動的に対策を講じることが可能です。

■ 人とAIの共創

　成功するリスク管理には、AIの計算能力と人間の判断力が協調することが不可欠です。AIはデータを解析し、人間はその解析結果を基に戦略を立てます。このような「人とAIの共創」によって、より効果的なリスク管理が実現されます。

　AIによるリスク管理の進化は止まらないでしょう。しかし、その最終目的は、人間がより安全で、より効率的な方法で組織を運営できるようにすることです。AIの持つ潜在能力を最大限に活用し、人とAIが協力してリスクを管理する未来が待ち受けています。

2-2 ChatGPTによる初期チーム作り とコミュニケーション強化策

第2章では、OKR組織浸透プロジェクトの第2回ミーティングの模様が描かれる。広岡により、ChatGPTと茉季の力を借りて緻密に練られたアジェンダが展開される。広岡は茉季のファシリテーション・スキルを吸収し、進行役として会議を牽引し、その姿勢からは自信と成長が感じられる。

一方で、本章では、チームが初期段階で行うべき、チーム作りの重要な視点が茉季から提供される。それは、チームの発達モデルによる規範作り、才能診断ツールの活用、強みと弱みの違いなど多岐にわたり、これらがチームと個人の成長にどれほど寄与するかが明らかになる。茉季はそんなチームの動向を静かに見守り、メンバー一人ひとりの成長を確信する。

読者は、これらのツールの活用などを通じて、自己認識の深化や他者理解の向上、そしてチーム全体としての共創の重要性について学ぶことができる。

キックオフミーティングの翌日。若竹社のオフィスは静かながら、しかし前日の熱気と期待感の余韻が残る空気に包まれていた。その中で、広岡は茉季とのオンラインミーティングに臨む。今日のテーマは、次回の第2回プロジェクトミーティングのためのアジェンダの作成。プロジェクトメンバーが何を考え、どう行動するのか──。ここが、アジェンダを考える上での重要なポイントだった。

2-2-1　ミーティングアジェンダの作成

広岡のパソコンの画面に、笑顔の茉季が映し出された。

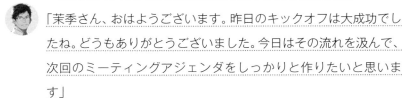

「茉季さん、おはようございます。昨日のキックオフは大成功でしたね。どうもありがとうございました。今日はその流れを汲んで、次回のミーティングアジェンダをしっかりと作りたいと思います」

「おはようございます、広岡さん。昨日は本当に良いスタートが切れました。そのエネルギーを次に生かすためにも、今日のアジェンダ作成が重要になります」

「その通りです。ChatGPTを有料版のChatGPT Plus（GPT-4）にアップデートしたので、今日はその新機能も使ってみたいと思います。操作は、私が担当しますね」

「すばらしい。それでは、第2回のミーティングで議論すべきポイントをChatGPTに入力して、アジェンダを作成してもらいましょう」

「了解です。プロジェクトの主旨やキックオフのアジェンダも一緒に入力して、最も効果的なアジェンダが出てくるように設定します」

「はい、それでいきましょう」

昨日までは、ChatGPTに触れたこともなかった広岡。それが一夜明けて、自らChatGPTを操作するという。そこに、成長する姿を見て取った茉季を前に、広岡はChatGPTに必要な情報を入力し、茉季から受け取っていた前回のアジェンダと議事録を追加した後、エンターキーを押した。

このOKR組織浸透プロジェクトの第2回ミーティングのアジェンダを作成して下さい。各自の役割と今後の詳細スケジュール、タスクの確認が主です。時間配分も出してください。進行は広岡がします。ミーティング時間は2時間です。前回行った第1回のキックオフミーティングの情報は下記です。

ChatGPT

もちろんです！以下は第2回目のプロジェクトミーティングのアジェンダです。

第2回 OKR組織浸透プロジェクトミーティング

1. 開会の挨拶：5分

　●広岡による開会の挨拶と今日のミーティングの目的の説明

2. 前回ミーティングの振り返り：15分

　●キックオフの概要：5分

　●上層部との質疑応答の振り返りと学び：5分

　●各メンバーの感想と課題：5分

3. プロジェクトの役割の確認：15分

　●各メンバーの具体的な役割と責任：10分

　●茉季による外部コンサルタントとしてのサポートの説明：5分

4. 今後の詳細スケジュールとタスクの確認：20分

　●各フェーズの期日と重要なマイルストーン：7分

　●タスクの割り当てと期限：7分

　●工数の確認（週7時間）と調整が必要な作業の検討：6分

5. 導入先（製品開発部第2開発課）とのコミュニケーション計画：15分

- ●同課との連絡体制とミーティングの頻度：7分

- ●期待値と懸念点の共有：8分

6. リスクマネジメントと問題解決：15分

- ●既知のリスクと対策：8分

- ●問題が発生した際のエスカレーション体制：7分

7. その他の議題：10分

- ●メンバーからの提案や質問、懸念点など

8. 次回ミーティングの予定と閉会：5分

- ●次回のアジェンダの提案：2分

- ●広岡による閉会の挨拶：3分

合計：2時間

　このアジェンダは、プロジェクトの方向性、役割、スケジュール、コミュニケーション計画、リスク管理などに焦点を当てています。適切な時間配分を心がけることで、効果的に議題を進めることができるでしょう。

　　　　　自分の操作による初めてのChatGPTの回答。広岡が少しホッとした表情を見せていると、茉季が声をかける。

「広岡さん、ざっと見てどうですか？」

「うーん、そうですね。結構盛りだくさんですよね。時間通りに終わるかどうかが心配です」

「確かに、必要なことは盛り込まれていますが、時間が心配ですね」

「それに時間の合計が100分ですよ。20分も余っています」

「そう、ChatGPTは、時間の計算や文章の量などの簡単な算数に

は対応できるけど、コンテキストや具体的な要求の解釈を間違えることがあるから、注意が必要なの。それを指摘すると、『すみません。やり直します』って言ってくるんだけど、また間違えるのよね（苦笑）。その辺りはこちらで直しましょう」

　茉季はこう言うと、オンラインミーティングツールのチャット欄に書き込みを始めた。

- 事前準備としてできることを教えてください。
- 会議の冒頭でアイスブレイク５分、会の最後に今日のミーティングの振り返り１０分を追加してアジェンダを作り直してください。
- ChatGPTに手伝ってもらえることはなんですか？

「広岡さん、これを入力してもらえますか」

　「なるほど、こういうやり方もあるんですね」と、広岡は感心しつつ、茉季の書き込みをコピーしプロンプトとして貼り付け、エンターキーを押した。すると、ChatGPTはすぐさま、修正案を出力。広岡と茉季はそれを見ながら議論し、自分たちでアジェンダの手直しを行っていった。その結果、アジェンダは次の内容で落ち着いた。

事前準備

- **詳細な全体スケジュールの草案作成**：ChatGPTを使用して事前に全体スケジュールの草案を作成する。
- **パイロットチーム（製品開発部開発２課）とのコミュニケーション計画の概要**：計画の大枠を事前に整理する。

●**リスクリストの更新と見直し**：事前に議論するべきリスクを再検討し、リスクリストを更新する。

第2回 OKR組織浸透プロジェクトミーティング

1. アイスブレイク：5分

2. 開会の挨拶：5分

3. 前回ミーティングの振り返り：10分

4. プロジェクトの役割の確認：20分

5. 今後の詳細スケジュールとタスクの確認：20分

6. 導入先（製品開発部第2開発課）とのコミュニケーション計画：15分

7. チームの規範作り：15分

8. その他の議題：10分

9. 次回ミーティングの予定と閉会：5分

10. 今日のミーティングの振り返り：10分

「これで115分か。ギリギリですね」

　会議は2時間を予定していた。広岡は、今度は予備時間が5分しかないことに少し不安を覚えた。

「そうね、たいがい会議は時間が押すから、時間がなくなった時の対処を考えておきましょう」

　茉季がそう言うと、再びチャット欄にテキストが打ち込まれた。

A) この日絶対やらなければいけない議題

B) 時間がなくなったら次回に回せる議題

C) 会議後に個別に行うことが可能な議題

「広岡さん、この３つの観点から議題を整理できますか？」

「はい。まず、Aは4番と5番、Bは6番、Cは7番です。あと、8番から10番は早めに切り上げることもできるし、最初の1番から3番もこんなに時間はいらないかもしれません。冒頭は巻き気味に進めますね」

　茉季は画面に向かって指でOKマークを作り、にこりと笑った。

「ありがとうございます！では、事前準備の最初の2つ『詳細な全体スケジュールの草案作成』と『パイロットチーム（製品開発部開発2課）とのコミュニケーション計画の概要』は、僕がChatGPTを使ってたたき台を作っておきます。3つ目の『リスクリストの更新と見直し』に関しては、メンバーから事前に意見を送ってもらうようにします」

　茉季は改めてアジェンダを確認し、広岡にアドバイスをした。

「いいテンポですね！でも、やっぱり2時間の会議はちょっと辛いわね。最終的には1時間以内に収められるように徐々にミーティング時間を短くしていきましょう」

「はい、そうできるようにがんばります。あと、このプロジェクトの概要も今までの議論を基に、ChatGPTにアドバイスをもらって整理しておきました。これなんですが、どうでしょう？」

　広岡はこう言うと、OKR組織浸透プロジェクトの概要を共有画面に映し出した。

≪若竹社 OKR組織浸透プロジェクト概要≫

1. 目的
　●若竹社の初のOKR導入である、パイロットチームを成功させ、全社導入への足掛かりを作ること。

2. ゴール

- パイロットチーム（製品開発部開発2課）でのOKRの導入と成功を実現し、この経験を基盤に全社への展開を進める。

3. 主なタスク

- パイロットチームのチームOKRと個人OKRの策定支援
- OKRの定期的な進ちょく確認とフィードバックセッションの実施
- 経営幹部への進ちょく報告
- 全社への報告と説明会の実施
- 全社向けOKR教育資料の作成
- パイロットチームの履歴の整理とフィードバック提供
- パイロットチーム以外の部門へのOKR展開計画の策定
- リスクリストの管理とマネジメント
- 他社事例の調査

4. 期間

- 1年間

5. 支援体制

- 経営幹部のエンパワーメントリーダーシップ：経営陣は、OKR組織浸透プロジェクトとパイロットチームを支援するためにエンパワーメントリーダーシップを発揮。OKR組織浸透プロジェクトに十分な裁量権とリソースを提供し、プロジェクトの成功を後押しする役割を果たす。

6. その他決めておくべき事項

- コミュニケーションのルール：定期的な進ちょく会議や情報共有のツール、頻度を明確にする。
- フィードバックのルーチン：OKR運用の中での従業員の

フィードバックを収集・活用する仕組みを設ける。

- ●評価基準：パイロットチームの成功基準を定義し、その結果を基に全社展開の方針を決める。
- ●リソースの確保：中小企業特有のリソース制約を考慮し、OKR導入に必要な人的・物的リソースを明確に計画する。

　茉季は、ChatGPTにアドバイスをもらって整理したというOKR組織浸透プロジェクトの概要に目を通し感想を言った。

「はい、良いと思います。当然広岡さんも熟考していると思いますが、こうやってChatGPTで確認することにより、意外な見落としが見つかったりしますから。広岡さん、だいぶChatGPTを使いこなしてきましたね」

「そうなんです。主なタスクの『他社事例の調査』や、その他決めておくべき事項の『リソースの確保』などがまさにそうでした」

　茉季に褒められ照れくさそうに笑う広岡は、とてもうれしそうだった。

2-2-2　チームの規範作り

　広岡と茉季のオンラインミーティングから1週間が経ち、2回目のOKR組織浸透プロジェクトのミーティングが始まろうとしていた。会議室には既に、広岡、竹田、高杉、そして茉季のメンバー全員が集まっていた。各メンバーが開いたノートには前回のキックオフミーティングでのメモが詳細に書き留められていた。茉季は一番下手に座る。これは、「今日から主役は皆さん、私はオブザーバーです」という茉季からのメッセージだった。

　会議がスタートした。進行は広岡だ。広岡は会議冒頭で今日の
アジェンダと時間配分をホワイトボードに書き出し、議論と時間
のバランスを取りながら会議を進めていった。メンバーにもその
意識が伝わったのか、アジェンダは順調に進んだ。茉季は極力口
を出さずに、静かに彼らを見守っていた。

「では、次に7番目のアジェンダ『チームの規範作り』に移ります。
こちらは、茉季さんからお願いします」

　広岡からの指名により、茉季が「分かりました」と席を立ち、
ノートパソコンを持って前に出た。

「皆さん、これから話すことは、新しいチームが形成されたときに
心得ておくと非常に役に立つ考え方です。このタイミングで考え
ておくと、この後のチーム活動がさらにスムーズに進むと思いま
す。そこで今日は、広岡さんにお願いして、少し時間をいただきま
した。早速ですが、こちらをご覧ください」

　茉季はそう言って1枚のスライドを見せた。

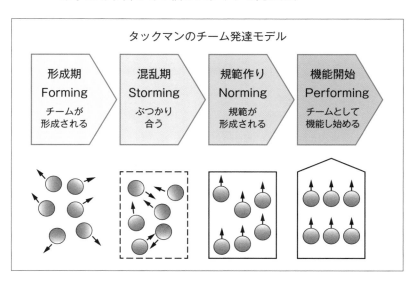

「これは、1965年に、米国の心理研究学者であるブルース・タックマンが提唱した『タックマンのチーム発達モデル』です。チームが形成される過程においてさまざまな挑戦や困難を経験することで、チームは成熟し成果を上げることができるようになると考えられています」

　　チームの3人の真剣なまなざしから、茉季は、彼らが自分事として真剣に耳を傾けていることをすぐに感じ取った。

「ここで言わんとしていることは、『チームは招集（Forming）されてもすぐには機能（Performing）せず、混乱期（Storming）を経てチームの規範（Norming）が作られてから、ようやくまともに機能（Performing）し始める』ということです」

　　チームの3人がうなずく。

「規範とは、『心得』と考えると良いでしょう。ルールとは違います。ルールは『チームとして必ず守るべきこと』であるのに対し、規範は『出来るだけ守りましょう』というもので、そうすれば『より良いチームになりますよ』という意味合いになります。ですから、私たちも、このチームの発達モデルにならって、チームの規範をプロジェクト活動の初期段階から意識的に作っておきませんか」

「それはいいですね！みなさん、どうでしょう。内容は状況に応じて更新していけばいいので、今思い付くものをここで出してみませんか？」

　　広岡が賛成の意志を示すと、竹田と高杉も「賛成！」と声を上げた。そしてチーム全員で議論しながら、規範がまとまった。

《若竹社 OKR組織浸透プロジェクト 規範》

● 笑顔

● 心理的安全性*

● 良いアイデア、良い行動には称賛を

● 他人事にしない、心配だったら声をかけて

● 楽しむこと、価値を感じることを大事に

● 大変な時はヘルプを求める

● 持ち回りでお菓子を持ってくる

＊心理的安全性とは、他の人に対して緊張や恥ずかしさを感じずに、自分自身を自然体で表現できる状態を指す。この概念は、2015年にグーグルが「成功するチームを作る上で最も重要な要素」として取り上げたことで、多くの企業から注目されるようになった。

　完成したばかりの規範を眺めていた広岡がチームメンバーの方に向き直った。

「みんな、素晴らしい心得ができ上がったね。これらを規範として、より良いチームを作っていこう！この規範を早めに設定することで、心理的安全性が高まるし、コミュニケーションもよりスムーズになるんじゃないかな。それだけではなく、問題が起きたときにも、みんなで効率良く解決できる環境が整う。このプロジェクトは早く問題をキャッチして適切に対処していくことがとても大事だから、規範は必須だね」

「まさに、広岡さんが言う通りです。規範を明確にすることで、『混乱期（Storming）』をスムーズに乗り越え、『機能開始（Performing）』に早く到達できる可能性がありますし、何よりチームの一体感が高まります」

　茉季の説明に納得顔の高杉が続く。

「そして『規範作り（Norming）』をする時期は、『形成期

（Forming）』である今日のようなタイミングがベスト、ということですね！」

　茉季がにこりと笑ってうなずき、その様子を見た広岡が会議を進める。

「規範はチームを形成する大事な土台だから、これからも定期的に見直して最善の状態を目指していこう！では、8番目のアジェンダ『その他の議題』に移ります。みなさん、何か話し忘れたこととかありますか？」

　竹田と有田は互いに、「ありません」という表情を浮かべている。それを見て取った茉季は「はい」と、おもむろに手を上げた。

2-2-3　メンバーの才能の生かし方

　広岡が「はい、どうぞ」と、茉季に発言を促す。

「実は、『チームの規範作り』に加えて、もう一つ、チームがより良く、より早く機能する、つまりノーミングするための秘策があります。それは、ChatGPTによりメンバー一人ひとりの才能を簡易的に診断し、それをチーム活動に生かすことです」
「才能？」

　竹田が思わず声を出した。

「はい、才能とは、個人が生まれながらにして持つ、特定の活動や分野での、自然で優れた能力や資質を指します。この才能は、環境や教育、経験とは独立して存在し、他の人々よりも特定のタスクや活動を効率的にこなす基盤となります」
「う〜ん、分かるような、分からないような……」

　今度は、高杉がたまらず声を漏らした。

「ですよね（笑）。そう思って、実は事前に広岡さんにその診断を受けてもらっています。広岡さん、ご協力ありがとうございました」

　茉季は、ChatGPTとの事前のやりとりをプロジェクタに投影し、「まず、こちらがChatGPTに診断のための質問作成を依頼したプロンプトです」と説明を始めた。

プロンプト

　個人の才能をChatGPTで簡易的に診断してほしいです。そのための質問を10個考えてください。

ChatGPT

　はい、ChatGPTで簡易的に才能を診断するための質問を10個考えました。各質問の回答に基づき、その人の才能や強み、特性に関する情報を抽出・分析し、一般的な傾向や特性に関するフィードバックを提供することができます。

1. **得意なこと**：あなたが自然と得意としていることは何ですか？
2. **熱中すること**：どんな活動やタスクをしているときに時間を忘れてしまうことがありますか？
3. **他人からのフィードバック**：他人があなたによく言うポジティブなフィードバックは何ですか？
4. **挑戦**：難しく感じることでも挑戦し続けたいと思わせることは何ですか？
5. **学びの速さ**：どんなスキルや知識を比較的早く習得できましたか？
6. **直感**：あなたが直感的に正しいと感じることは何ですか？
7. **困難な状況**：困難な状況に直面したとき、どのように対処しますか？
8. **過去の成功**：あなたの過去の成功体験は何ですか？その時、どのよう

な才能やスキルが生かされましたか？

9. 興味：何に対して深い興味を持っていますか？

10. 役割：あなたが自然と取る役割（リーダーやフォロワー、アイデア
提供者など）は何ですか？

　これらの質問に対する答えをまとめることで、あなたの持つ才能や強
みが浮かび上がってくるでしょう。ただし、自己評価だけではなく、他者
からのフィードバックや専門家の意見も取り入れることで、より正確な
診断が得られます。

　茉季が説明を続ける。

「次は、この質問表を私たちが回答しやすいように表にしてもら
いました」

ありがとう。この10個の質問を表にしてください。

・縦軸に10個の質問、横軸に「No.」「項目名」「質問」「あなたの回答」と
して、「あなたの回答」は空欄にしてください。

・表のタイトルは「ChatGPTによる簡易的才能診断のための質問表」
としてください。

・コードブロック以外の表にしてください。

承知しました。以下のように表を作成します。

ChatGPTによる簡易的才能診断のための質問表

No.	項目名	質問	あなたの回答
1	得意なこと	あなたが自然と得意としていることは何ですか？	
2	熱中すること	どんな活動やタスクをしているときに時間を忘れてしまうことがありますか？	
3	他人からのフィードバック	他人があなたによく言うポジティブなフィードバックは何ですか？	
4	挑戦	難しく感じることでも挑戦し続けたいと思わせることは何ですか？	
5	学びの速さ	どんなスキルや知識を比較的早く習得できましたか？	
6	直感	あなたが直感的に正しいと感じることは何ですか？	
7	困難な状況	困難な状況に直面したとき、どのように対処しますか？	
8	過去の成功	あなたの過去の成功体験は何ですか？その時、どのような才能やスキルが生かされましたか？	

9	興味	何に対して深い興味を持っていますか？	
10	役割	あなたが自然と取る役割（リーダーやフォロワー、アイデア提供者など）は何ですか？	

＊表が正しく表示されない場合は、解説「1からわかる！ChatGPT活用法」の「ChatGPTのエラー対処法」参照（以下同）。

　さらに茉季は、「この表をエクセルにコピーして、広岡さんに『あなたの回答』欄に答えてもらった結果がこちらです」と、表を映し出した。

No.	項目名	質問	あなたの回答
1	得意なこと	あなたが自然と得意としていることは何ですか？	他者との関係を深め、明確に意見や考えを伝えることが得意。仕事に関しては精密機器の製造技術に関する深い知識を持っている
2	熱中すること	どんな活動やタスクをしているときに時間を忘れてしまうことがありますか？	仕事に関して、新しい製品ラインナップの拡充・向上に関する業務に取り組むとき、時間を忘れてしまうことがよくある。プライベートでは、友人と時間を過ごすことや趣味に熱中することがある

3	他人からのフィードバック	他人があなたによく言うポジティブなフィードバックは何ですか？	「意外と真面目、誠実」とよく言われる。また、チームメンバーや部下からは、「親身になって相談に乗ってくれる」「コミュニケーション能力が高い」と評価されることが多い。身内からは「飽きっぽい」と言われた
4	挑戦	難しく感じることでも挑戦し続けたいと思わせることは何ですか？	会社の製品の品質やラインアップの向上に関する課題に対して、常に挑戦する姿勢を持っている。プライベートでは、新しい趣味や活動に挑戦することを楽しんでいる
5	学びの速さ	どんなスキルや知識を比較的早く習得できましたか？	新しい製造技術や機器に関する知識など、興味のあることは比較的早く習得することができる。逆に興味がないと遅い。プライベートでは、新しい趣味やスキルを早く学ぶことが得意
6	直感	あなたが直感的に正しいと感じることは何ですか？	仕事ではチーム内での調和や関係性の重要性。プライベートでは、友人との関係性を大切にすべきだと感じている
7	困難な状況	困難な状況に直面したとき、どのように対処しますか？	困難な状況に直面したときは、過去の経験や知識を生かして対処する。困難な状況は意外と燃える。プライベートでの困難な状況でも、家族や友人からのサポートを受けながら乗り越える

8	過去の成功	あなたの過去の成功体験は何ですか？その時、どのような才能やスキルが生かされましたか？	仕事に関して、複数のプロジェクトを効果的に進めてきたことが成功体験の一つ。その時、明確なコミュニケーション能力や精密機器の製造技術に関する知識が生かされたと感じる。学生時代に部活で頑張ってきたこと
9	興味	何に対して深い興味を持っていますか？	新しい製造技術や業界のトレンド、そしてチームビルディングやリーダーシップに関することに深い興味を持っている。プライベートでは、旅行やアウトドア活動に興味を持っている
10	役割	あなたが自然と取る役割（リーダーやフォロワー、アイデア提供者など）は何ですか？	自然とリーダーの役割を取ることが多い。特に、部門やチームの方針を決定する際や、新しいプロジェクトを進める際にリーダーシップを発揮していると思う。プライベートでは、家族や友人の中での調整役やアイデア提供者の役割を自然と果たすことがある

「広岡さん、質問に答えてみていかがでしたか？」

茉季が広岡に感想を求める。

「これまで、こういうことをあまり考えたことがなかったので、意外と楽しかったです。自分を見直す時間にもなりましたし。項目の中に『他人があなたによく言うポジティブなフィードバックは何ですか？』という質問があったので、親や友達に聞いてみたんですが、親からは『飽きっぽい』と、ネガティブな指摘をもらいました（苦笑）。一応、それも書きましたけど……」

竹田と高杉がクスクスと笑う。

「はい、ありがとうございました。では今、この回答を基に
ChatGPTに広岡さんの才能を診断してもらいましょう」

茉季はそう言うと、広岡が回答した質問表をChatGPTの入力

欄にコピーし、さらにプロンプトを追加した。

プロンプト

上記はAさんの回答です。これから、Aさんの才能が持つ、強みと弱み
になり得る要素を診断してください。

ChatGPT

Aさんの回答を基に、以下の強みと弱みを推測します。

【強み】
1. **コミュニケーション能力**：他者との関係を深めることや、明確に意見
   や考えを伝えることが得意であるということから、この能力はAさん
   の強みといえるでしょう。
2. **専門知識**：精密機器の製造技術に関する深い知識を持っているこ
   は、仕事上の強みとして明確に挙げられます。
3. **誠実さ**：「意外と真面目、誠実」とのフィードバックは、人間関係の構
   築や信頼の獲得に役立つ重要な強みです。
4. **挑戦心**：会社の製品の品質やラインアップの向上への挑戦する姿勢
   や、新しい趣味や活動への挑戦は、Aさんの成長志向や進取の気性を
   示しています。
5. **リーダーシップ**：チームや部門の方針を決定する際のリーダーシッ
   プを自然と発揮することは、組織内での影響力や指導力の強みを示
   しています。

【弱み】

1. **学びの選択性**：興味のあることは比較的早く習得するが、興味がない
ことに対しては学習速度が遅いという点は、興味を持たない領域で
の業務効率や学習効率に影響を及ぼす可能性があります。

2. **過度の熱中**：仕事や趣味に対する熱中が過度となると、他の重要なタ
スクや責務を見落とすリスクが考えられます。

3. **過去の経験に依存**：困難な状況に直面した際に過去の経験や知識に
依存することは、新しい視点や手法を取り入れる機会を逃す可能性
があります。

　これらの強みと弱みを理解することで、Ａさんが今後自らのキャリア
や役割をより効果的に発揮するための方針やアプローチを検討する手助
けとなるでしょう。

　　　ChatGPTの回答を真剣に読んでいる広岡を見ながら、高杉が
いたずらっぽく言った。

「へぇー、確かに言われてみればそうかも……」

「……」

「広岡さん、読んでみてどうですか？」

　　　ChatGPTの回答に集中するあまり、広岡の反応が少し遅れる。

「あ、すみません。はい、確かにそういうところがありますね。特に
弱みに関しては耳が痛いです」

　すると、竹田が「ちょっといいですか」と、口を開いた。

「この『強み』と『弱み』は才能とどう関係しているんですか？」

　この質問に、茉季は「とても良い質問ですね、竹田さん」と返し、
一枚のスライドを見せた。

才能とは？

> 「才能」とは、自然と繰り返すことができ、かつ、
> 繰り返せば繰り返すほどエネルギーが湧き出る
> 思考・感情・行動のパターンのこと

・「強み」とは「才能をうまく活かしている状態」
・「弱み」とは「才能をうまく活かせていない状態」

才能トレーナー中村勇気氏の資料を基に筆者作成（イラスト：イラストAC）

　茉季がスライドを指しながら、「『強み』とは『才能をうまく使えている状態』、『弱み』とは『才能をうまく使えていない状態』のことをいいます」と説明すると、竹田がすぐさま突っ込んだ。

「このうどんと七味は？」

「あはは。皆さん、うどんに七味をかけることありますよね。適度にかけると、おいしく食べられる。しかし間違えてかけ過ぎると、辛くて食べられないため、結局捨てなくてはならなくなる。つまり、この『七味』が才能というわけなんです。同じ才能でも、強みにも弱みにもなるというメタファですね」

　竹田が分かったような分からないような顔をしていると、茉季が続けた。

「例えば広岡さんの場合、『何かに熱中することのできる才能』は、そのものへの深い探求や成果を出すためのドライブ、つまり『強み』となり得る一方で、それが過度になると、他の重要なタスクを見落とすという『弱み』になってしまうということです」

　竹田が「分かった」とばかりにうなずくと、高杉が「あ〜、だか

ら、才能も七味と同じで『ほど良く使う』ことが大事なんですね！」と納得した。茉季の説明はまだ続く。

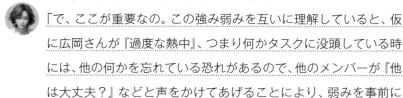

「で、ここが重要なの。この強み弱みを互いに理解していると、仮に広岡さんが『過度な熱中』、つまり何かタスクに没頭している時には、他の何かを忘れている恐れがあるので、他のメンバーが『他は大丈夫？』などと声をかけてあげることにより、弱みを事前に回避してあげられるんです」

「なるほど！それは助かる」

広岡の大きな声のリアクションに、茉季は笑顔で返した。

「それでは、竹田さんと高杉さんにもこの表を渡すので、来週までに入力して私に送ってくださいね。次のミーティングで、ChatGPTに診断してもらいましょう」

竹田と高杉が茉季からの宿題に「はい」と応じると、広岡が「茉季さん、どうもありがとうございました。熱中し過ぎてだいぶ時間がオーバーしてしまいましたので、この後は巻き気味にいきましょう」と、進行役の顔に戻った。その言葉通り、その後のアジェンダはテンポ良く進み、第2回OKR組織浸透プロジェクトのミーティングは無事終了した。

茉季は帰る道すがら、広岡、竹田、高杉の3人のチームワークが目に見えて成長していることに手応えを感じていた。それは、AIによるミーティングアジェンダの設計、チーム規範の作成、チームの中で一人ひとりの強みを生かす才能診断という多角的なアプローチのたまものであった。この進展に、茉季は一安心していた。

とはいえ、残された1カ月で、この3人がOKRに対する理解をさらに深め、それをパイロットチームの日々の業務に適用させるまでにしなければならないことを考えると、まだまだと言わざる

を得なかった。AIと才能診断がもたらしたシナジーは確かに貴重だったが、それだけでは十分ではない。タックマンのチーム発達モデルに照らし合わせても、このチームはまだ動き始めたばかりだった。

残りの1カ月は、広岡、竹田、高杉の3人、そして彼らを支える茉季にとって、決して簡単なものにはならないだろう。しかしそれだけに、この期間がこのチームに新たな可能性をもたらす価値ある時間となることは間違いない。茉季は、不安と期待を抱えつつ、家路についた。

Practice 　□ **実践コーナー**

新規プロジェクトのアジェンダ作成はここに気をつける

本編の中で紹介した、新規プロジェクト「OKR組織浸透プロジェクト」のミーティングのアジェンダは下記の内容でした。

第2回 OKR組織浸透プロジェクトミーティング

1. アイスブレイク：5分

2. 開会の挨拶：5分

3. 前回ミーティングの振り返り：10分

4. プロジェクトの役割の確認：20分

5. 今後の詳細スケジュールとタスクの確認：20分

6. 導入先（製品開発部第2開発課）とのコミュニケーション計画：15分

7. チームの規範作り：15分

8. その他の議題：10分

9. 次回ミーティングの予定と閉会：5分

10. 今日のミーティングの振り返り：10分

　この中で、特に1番、3番、8番、10番について、ミーティングを成功に導くポイントを解説します。

1. アイスブレイク

　アイスブレイクは「氷を砕く」という意味です。**会議の冒頭では全員に一言話してもらいましょう。これは、必ず行ってください。**会議の緊張感をほぐし、「会議で話す」ことの抵抗感をなくすためです。アイスブレイクには「Good & New（最近会った良い話）」「誰も知らない意外な私」など、数分で終わるさまざまなパターンがあるので、リーダーはいくつか準備しておくようにしましょう。

3. 前回ミーティングの振り返り

　通常の会議は数分で大丈夫ですが、今回のように「チーム活動の初期」では、少し長めに時間をとって、お互いの考え方や感じ方をできるだけ共有しましょう。**チームの多様性は重要ですから「違う」ことを受け入れて楽しむくらいがちょうど良いです。**

8. その他の議題

　この時間を取っておくことも意外と重要です。アジェンダをリーダーの方でガチガチに決めてしまうのではなく、会議の冒頭で「今日のアジェンダは○○を考えていますが、他にこのチームで話し合っておきたいことはありますか？」と、全員に問いかけて一言ずつ言ってもらうくらいでも良いです。**自由に発言できる場作りもリーダーとして重要です。**

10. 今日のミーティングの振り返り

　本編の中では、このアジェンダも通常の会議より長めに時間を取って
あります。理由は3と同じです。「良い会議を行う」責務はチームメン
バー全員が持つものです。リーダー任せにせず、チーム全体で「より良い
議論をするためには」を考える時間を作りましょう。

Learning　□ **学習コーナー**

チームはこうして成熟する〜タックマンのチーム発達モデル

　本編で登場した「タックマンのチーム発達モデル」では、チームが成熟
し成果を上げるまでには以下の4つの段階を踏むと考えられています。

1. 形成期（Forming）

- チームが招集され、メンバー同士が互いに知り合い、自分の役割や
  目的を探る段階。
- メンバーは互いに礼儀正しく、衝突を避けようとする傾向がある。
- チームの目的や構造が明確でないことが多い。

2. 混乱期（Storming）

- メンバー間の意見の不一致や競争が生じ、コンフリクトが起こる可
  能性が高い段階。
- 個々の意見や考え方の違い、リーダーシップの問題などが浮き彫り
  になることが多い。
- チームがこの段階を乗り越えられるかどうかは、その後の成功に大
  きく影響する。

3. 規範作り（Norming）

- メンバー間の関係が安定し、共通の価値観や規範、役割が形成される段階。
- チームのコヒージョン（一体感）が高まり、目的や目標に向かって一致団結するようになる。
- 互いの違いを尊重し、協力的に行動するようになることが多い。

4. 機能開始（Performing）

- チームが最も効果的に機能し、タスクの遂行に集中する段階。
- 互いの能力を最大限に活用し、柔軟性を持って対応できる。
- チームが高い生産性を持ち、問題を効率的に解決できる段階。

　これらの段階を意識せずに進んでしまったプロジェクトでは、4つの段階が混ざり合い、団子状態となってしまいます。結果、プロジェクトが終わるころにやっと規範が整い、機能開始状態に達する。しかしその時点では、プロジェクトはほぼ終了し、チームは解散の方向に進んでいることが多いのです。このため、再び同じメンバーでのプロジェクト機会はまれとなってしまいます。

　従って、このタックマンのチーム発達モデルを理解し、各段階を適切にナビゲートすることが、効果的なチームの成熟とプロジェクトの成功へのカギとなります。

才能診断ツール活用のススメ

　本編では、才能診断ツールとしてChatGPTを活用しましたが、これは非常に簡易的なものになります。実際には、下記のような実績のある診断ツールを使うと良いでしょう。日本でもなじみのある診断ツールをいくつか紹介します。

■ CliftonStrengths
（クリフトンストレングス：旧ストレングスファインダー)＊

- ●概要：米ギャラップ社が開発し、心理学者のドン・クリフトンの名を冠した「クリフトン ストレングス」は、個人の内在する才能を明らかにし、それを最大の強みとして活用することを手助けするツールです。

- ●特徴：世界で3000万人、日本でも80万人以上が活用しています。参加者はオンラインの質問に答えることで、34の才能テーマの中から最も顕著な才能を特定することができます。この結果は、個人がどのような状況で最も効果的に働けるかを理解するためのものです。

- ●日本での使われ方：日本の多くの企業や組織で人材開発やチームビルディングのツールとして利用されています。セミナーや研修、書籍などでの普及が進んでいます。

■ MBTI（マイヤーズ・ブリッグス・タイプ指標）

- ●概要：MBTIは、心理学者のカール・ユングの理論に基づいて、作家のキャサリン・クック・ブリッグスとその娘イザベル・ブリッグス・マイヤーズによって開発されました。このツールは、人々が情報をどのように受け取り、決定を下すかに関する異なる心理的傾向を評価するこ

とを目的としています。

●特徴：MBTIは、4つの異なる尺度（外向性 vs 内向性、感覚 vs 直感、思考 vs 感情、判断 vs 知覚）に基づいて16の異なる性格タイプを提供します。

●日本での使われ方：日本のビジネスシーンや教育機関でも広く利用されている性格診断ツールです。企業研修やチームビルディング、キャリアカウンセリングなどの分野で用いられています。

■ DISC（ディスク）

●概要：DISCは、心理学者のウィリアム・マーストンの理論に基づいており、人々の行動の傾向や特性を評価するためのものです。

●特徴：DISCは4つの主要な行動特性を評価します。
　・D（Dominance）：直接的、強い意志、自己主張的な特性
　・I（Influence）：社交的、話し好き、感情的な特性
　・S（Steadiness）：穏やか、忍耐強い、落ち着いた特性
　・C（Conscientiousness）：分析的、注意深い、体系的な特性
これらの特性を組み合わせることで、個人の行動スタイルや対人関係のスタイルに関する洞察を提供します。

●日本での使われ方：ビジネスや教育の現場で、コミュニケーション能力向上のための研修やセミナーなどで導入されています。

　筆者は企業のOKR組織導入を支援するとき、多くのケースで米ギャラップ社の「クリフトンストレングス」を活用します。クリフトンストレングスは34ある資質（才能のかたまり）の上位5つのみをレポートするバージョンと、34の資質すべてをレポートするバージョンがありますが、OKRで活用するときには、ぜひ34の資質すべてが分かるバージョ

ンを受講してください。OKRでのクリフトンストレングス活用時の効果については、次の学習コーナーで説明します。

＊米ギャラップ社の「クリフトンストレングス」については、下記Webサイト参照。
　https://www.gallup.com/cliftonstrengths/ja/

Learning ☐ 学習コーナー

才能診断ツールを活用したOKR推進の効果

　本コーナーでは、才能診断ツールとして、前の学習コーナーで紹介した「クリフトンストレングス」を取り上げ、OKRに活用したときの効果を5つの視点で説明します。

1. 自己認識の深化

- 個人が「クリフトンストレングス」を通じて自身の強みや才能を認識することで、自分の持つ資質を生かした業務遂行や目標設定が可能となります。この深い自己認識は、OKR実践時のモチベーション向上にもつながります。

2. 他者認識の向上

- メンバー間で強みや才能を共有することで、他者の得意な領域や取り組み方を理解することができます。これにより、**相互理解が深まり、円滑なコミュニケーションが期待できます。**

3. チームのシナジー発揮

- 自己認識と他者認識の結果、チーム全体としての強みを明確にする

ことができます。これにより、それぞれのメンバーが自らの才能を最大限に発揮しつつ、他者と協力してOKRの目標達成を追求することが容易になります。

4. 対話とフィードバックの質向上

- 面談時、「クリフトンストレングス」の結果を活用することで、上司と部下の間の具体的な強みや成長領域に関する対話が深まります。これにより、より具体的かつ建設的なフィードバックが可能となり、目標達成への道筋を明確にすることができます。

5. 現場リーダーの負担軽減

- 面談やフィードバックの効率化により、現場リーダーの業務負担が軽減されます。また、チームメンバーがそれぞれの強みを自覚し生かすことで、問題解決や業務改善の取り組みもスムーズに進行し、リーダーの負担を大きく減少させることが期待できます。

これらの効果はすべて、OKRの実践において極めて重要であり、それぞれがOKRの成功をサポートするカギとなっています。そのため、これらの効果を十分に活用し、組織やチームの目標達成を効果的に推進するよう、心がけてください。

2-3 ChatGPT×OKRが プロジェクト管理に与える影響

　第3章では、若竹電機製作所（通称：若竹社）の若きリーダー、広岡、竹田、高杉の３人が、新しい目標達成手法であるOKR（Objectives and Key Results）のパイロット導入に向け、さらに一丸となって活動を展開する。ChatGPTの支援を背に、彼らはOKRの策定と、これが組織全体、特に経営と現場、異なる世代に与える影響について深く探求していく。この過程で、OKRが組織文化そのものを変革する力を持ち、組織全体を一つの方向に結集させることが浮かび上がる。若手リーダーたちは、自らの成長と組織の目標達成が密接にリンクすることを実感し、これがOKRの新たな働き方としての真の価値であることを理解する。

　この中で組織開発コンサルタントの茉季は、プロジェクトを積極的にサポートし、ChatGPTを駆使してメンバーの学習プロセスを支援する。彼女は、チームメンバーからのさまざまな質問に丁寧（ていねい）に答え、彼らがプロジェクトの本質を理解する手助けをする。茉季は全体を俯瞰し、組織全体の未来に対してのビジョンも持っており、その未来を見据えて行動している。

　読者も、登場人物たちの経験を通じて、OKRの具体的な運用方法や、それが個人の成長と組織の成功にどのように寄与するかについての深い理解を得ることができる。

　　若竹社で初めてOKRを採用する、パイロット導入が１カ月後に迫っていた。これを推進するOKR組織浸透プロジェクトの広岡、竹田、高杉、そして彼らをサポートする茉季の４人は、この大きな

マイルストーンに向けて、パイロットチームと一緒にチームOKRと個人OKRを作成しなければならなかった。

広岡は、緊張と期待で胸がいっぱいだった。「さまざまな業務管理手法とOKRをどうつなげるのか、現場と経営のベクトルをどう合わせるのか。これがうまくいけば、本当に多くのことが変わる」。この思いは、竹田と高杉、そして茉季も同じだった。

竹田は、ChatGPTとの連携を特に意識していた。今回のプロジェクトでのさまざまな経験から、ChatGPTの力を最大限に活用することの重要性を認識していたからだ。「ChatGPTが効率的な目標設定と達成のための手法を提供してくれる。それをどう現場で生かすか。これがカギだ」。

高杉は、人事部の一員として今回の活動をどう人事の資産として残していけるのか、そこを深く考えていた。「一人ひとりのOKRがしっかりとつながり、チームとしての目標達成ができるようになれば、そこは自ずと見えてくるだろう」。

そして茉季は、これらの要素をすべてサポートする立場として、特に彼らの学習力に期待していた。「ChatGPTが提供するさまざまな業界でのOKR導入事例や、チームOKRと個人OKRの具体例は、非常に参考になる。これを活用して、チームが一体となってOKR運用を支援できれば……」。

4人はそれぞれの思いを胸に、パイロット導入の準備を急ピッチで進めていた。

2-3-1　従来管理手法とのシナジー生み出すOKR

ある日のミーティングでの会話だった。

「うちの会社って、もともとガントチャートで進ちょくを管理しているじゃないですか、そこにOKRを導入して混乱しないんでしょうか?」

高杉が、ふとした疑問を漏らす。

「良い質問ですね。日本の企業では、下記のようなさまざまな進ちょく管理方法があります」

茉季が、ChatGPTを活用しながら詳しく説明を開始した。

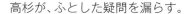

プロンプト

日本企業で行われている進ちょく管理方法を教えてください。

■ ChatGPT

日本企業で行われている進ちょく管理方法は、多岐にわたり、企業の規模やプロジェクトの性質、業種に応じて異なる場合があります。以下は、一般的に用いられる主要な進ちょく管理方法です。

1. WBS(Work Breakdown Structure)

内容:プロジェクトを具体的なタスクとサブタスクに分解する方法

利点:進ちょく管理が容易になり、各タスクの責任者やリソースを明確に設定できる

使用例:製品開発、大規模プロジェクトなど

2. ガントチャート

内容:タスクの開始・終了日、依存関係を視覚的に表現する

利点:一目でスケジュールが分かるため、プランニングとコミュニケーションが強化される

使用例:イベント企画、建設プロジェクトなど

3. 定期的なミーティング

内容：定期的にチームミーティングを開催し、進ちょくを共有

利点：即時のフィードバックと調整が可能

使用例：アジャイル開発、営業チームの週次会議など

4. 手動による報告

内容：進ちょくを手動で報告し、スプレッドシートなどで共有

利点：シンプルでコストが低い

使用例：小規模プロジェクト、部門間の連携など

5. 専用のプロジェクト管理ソフトウエア

内容：「Jira」「Redmine」などの専用ソフトウエアで進ちょくを追跡

利点：効率的なコラボレーション、自動化された報告

使用例：IT開発、マーケティングキャンペーンなど

6. KPI（Key Performance Indicators）の設定

内容：業績指標を設定し、定期的に追跡

利点：ゴールに対する進ちょくが定量的に測定できる

使用例：営業目標の追跡、製造ラインの効率監視など

7. 直感的な管理

内容：コミュニケーションと経験に基づく直感的な管理

利点：柔軟性があり、形式的なプロセスが不要

使用例：スタートアップ、小規模チームプロジェクトなど

8. PDCAサイクルの採用

内容：計画・実施・評価・改善のサイクル

利点：継続的な改善と学習が促進される

使用例：品質管理、製造プロセス改善など

9. ビジュアルマネジメント

内容：カンバンボードなどで進ちょくを視覚的に共有

利点：全体の進ちょく状況の把握が容易

使用例：生産ラインの管理、ソフトウエア開発など

　これらの方法は、プロジェクトの特性やチームのニーズに応じてカスタマイズされることが多く、複数の方法を組み合わせることも一般的です。

では、これらの進ちょく管理とOKRを組み合わせる意味は？

■ ChatGPT

　目標管理手法であるOKR（Objectives and Key Results）の導入が進ちょく管理に与える意味は以下のような点になります。

1. **明確な方向性の提供**：OKRは組織全体から個人レベルまでの目標を明確に定義し、方向性を提供します。これにより、各メンバーが何を達成すべきなのか、どう重要なのかが明確になります。
2. **進ちょくの可視化**：成果指標（Key Results）によって目標を具体的な成果に分解することで、進ちょくが定量的に測定可能になります。これにより、進ちょくの追跡と管理が容易になるため、適切なタイミングでの調整や改善が可能になります。
3. **組織全体の連携強化**：OKRを通じて、上層部の戦略から具体的な実行計画までをつなげることができるため、組織全体の連携が強化されます。これにより、異なる部門間での一体感の形成と協働が促進されるでしょう。
4. **個人の責任とオーナーシップの強化**：OKRによって個人の目標と組織の目標がリンクされるため、個人の責任感とオーナーシップが強

化されます。これは、個人のモチベーション向上と業績の改善につながります。

5. **柔軟な調整と反応**：OKRは周期的なレビューと評価を推奨するため、市場環境の変化などに素早く対応し、必要に応じて目標や戦略を調整することが容易になります。

6. **従業員のエンゲージメント向上**：進ちょくの透明性と目標への共有参加は、従業員のエンゲージメントと満足度を高める可能性があります。

7. **経営戦略との一致**：OKRを用いることで、経営戦略と個人・部門レベルの活動との整合性を高め、組織の重要な優先事項に焦点を合わせることができます。

　以上のように、OKRの導入は、進ちょく管理だけではなく、組織全体の戦略的方向性、連携、モチベーション向上、柔軟性など、多岐にわたる効果をもたらすことが期待されます。従来の進ちょく管理方法と組み合わせることで、これらの効果を最大化することが可能です。

　　　　高杉がChatGPTの回答に一通り目を通したことを確認し、茉季が補足した。

「OKRは進ちょく管理手法とは異なり、目標設定と結果の測定に焦点を当てています。それぞれの進ちょく管理手法と組み合わせることで、目標達成に向けた戦略的な道筋をつけることができるんですよ」

「例えば、ガントチャートでタスクの進ちょくを追っている場合、**そのタスクがOKRに対してどれくらい貢献しているのかが明確になる**ってことですね」

「さすが高杉さん、まさにその通り。それによって、単なるタスク完了以上の意義、つまりそのタスクが組織にどのように貢献したのかが明確になります」

　茉季の説明で、高杉の疑問は晴れた。「なるほど、ガントチャートがあるからといって、OKRを導入して混乱するのではなく、むしろたくさんの効果が生まれるんだ」と。

2-3-2　OKR導入で経営と現場を1つの方向に

　今度は、竹田が茉季に質問を投げかけた。
「茉季さん、これまでも繰り返しChatGPTやエンパワーメントリーダーシップの話が出てきましたが、それって、特に私たち若手にどう影響してくるんですか？」

　パイロット導入に向け、こうした現場の視点は非常に重要である。若手3人を前に、茉季が語る。

「若い世代は、新しいテクノロジーや働き方に比較的柔軟に適応できるとされています。AIが進化することで、データ分析や業務効率化が進む中、エンパワーメントリーダーシップが浸透することで、より自主性を持って働ける環境が整います。これらはOKRと相まって、**若手が自分の成長と共に会社の成長にも直接貢献できる働き方を可能にする**んですよ」
「なるほど、それならばOKRを学ぶ意義がより明確になりますね」
　と、高杉。
「確かに。自分の成長と会社の目標達成がリンクするのであれば、よりモチベーションが高まるよな～」

と、竹田。

「それこそが、僕たちがOKRの導入を任された大きな理由だと思うよ。**経営と現場、そして各世代が同じ方向を向いて努力できるようになる。**そうすれば、会社全体が一丸となって成長できる！」

と、広岡。

「まさにその通り。OKRはただの目標設定手法ではなく、組織文化そのものを変える力があります。それが今、多くの企業で導入されている理由でもあるんですよ」

茉季は、若手3人が今回のプロジェクトの本質を理解していることに嬉しさを覚えた。そして、この大事なやり取りを補完するために、「ChatGPTにも聞いてみましょう。何と答えるかしら」と、プロンプトを入力し始めた。

プロンプト

改めて、今なぜ、OKRなんでしょう？ AI、エンパワーメントリーダーシップと絡めて教えてください。そして私たちの若い年代にも、なぜそれが必要なんでしょう？

ChatGPT

OKRの導入が現代のビジネス環境で特に重要視される理由と、AI（人工知能）、エンパワーメントリーダーシップ、そして若い世代にどう関連しているのかを解説します。

1. 変化の速さ：現代のビジネス環境は、テクノロジーの進化と市場の変動が速く、組織はその変化に素早く対応する必要があります。OKRは柔軟な目標設定と進ちょくの可視化を可能にするため、変化への迅速な対応が可能です。

2. AIとの結びつき：AI技術の発展によって、データ分析と予測がより高精度になりました。OKRは定量的な目標追求が基本であり、AIによるデータ分析を活用することで、より効果的な目標設定と進ちょく分析が可能になります。

3. エンパワーメントリーダーシップ：エンパワーメントリーダーシップは、チームメンバーに自由と責任を委ね、成長と創造性を促進するリーダーシップのスタイルです。OKRは個人のオーナーシップと責任感を高めるため、このリーダーシップスタイルと相性が良いとされています。

4. 若い世代との関連：若い世代は自分の働きがどう組織に貢献しているのかを理解し、自分自身の成長と組織の目標達成につながる働き方を求める傾向があります。OKRは進ちょくと貢献の可視化を提供し、個人の成長と組織の成功との直接的なリンクを築くため、若い世代に特に響くとされています。

5. 全体の戦略の一体化：グローバル化、多様化が進む中、組織全体の戦略と個人・部門の活動との整合性を保つ必要が増しています。OKRはこの一体化を促進し、異なる部門やチームが共通の目標に向かって効果的に働くのを支援します。

6. 自己主導型の働き方の推進：現代の働き方は、自己主導と自己責任が求められるようになっています。OKRはこの働き方を推進し、個人が自己の成長と組織の目標達成にどう貢献できるかを明確にします。

　結論として、OKRの導入は、現代の変化の速いビジネス環境、AIの活用、エンパワーメントリーダーシップの推進、そして若い世代の働き方の要求に応える重要な手段となっているのです。個人の成長と組織の成功を一体化し、柔軟で効果的な目標達成をサポートするこのアプローチ

このChatGPTの回答に、広岡、竹田、高杉の若手3人は背中を押される感じを覚えた。茉季が補足する。

「先日、青柳社長にもお伝えしましたが、もしAIの進化が遅く、今のように私たちの身近にAIがなかったら、日本の中小企業がOKRを組織導入できるのは、もっと後になっていたでしょう。既に導入している大企業やベンチャーは多くのリソース（予算、人員、時間）を使っていますが、中小企業ではなかなかそうはいきませんから」

これまでの茉季の説明やChatGPTの回答にインスパイアされた広岡が強い思いを口にした。

「よし、これも説明資料に入れよう。僕たちはやらされているんじゃなくて、自分たちで未来を形作っているんだ。その意思がなければ、会社は停滞するだけだろう」

茉季が「その通りです」と大きくうなずき、言葉を続けた。

「私たちコンサルタントの役割も変わりつつあるんです。OKRとAIが組み合わさったことで、企業の目標達成がよりスムーズになる。そのサポートをすることが、これからのコンサルタントの1つの方向性でもあるんです」

茉季は3人を前に、自分自身にも言い聞かせるように語った。

2-3-3 プロジェクト管理の「揺らぎ」を均一化

OKRのパイロット導入に向け、議論は次第にブレークダウンしていく。

「改めて、開発2課のOKRとAIの活用方法について掘り下げてみよう」

　広岡が言う「開発2課」とは、竹田が所属する製品開発部開発2課のこと。若竹社におけるOKRの最初の導入先、パイロットチームである。茉季が確認する。

「開発2課の現状は？」

「こんな感じかしら」

　高杉がガントチャートを活用した従来管理について説明し、それを開発2課リーダーの竹田が真剣に確認する。

「じゃあ、そもそもOKR導入をAIと一緒にやることによって、どんな風に変えられるの？」

　広岡が議論を進める。メンバーはChatGPTに助言を求めながら、開発2課の現状を慎重に分析しつつ、最終的なイメージを表にまとめて共有した。

項目	ガントチャートのみの従来管理	AI×OKR導入後（AIが担当）	AI×OKR導入後（リーダーが担当）
リーダーの進ちょく把握	リーダーがメンバーにヒアリングして回る	自動化、一元管理	効率的フォローアップ
進ちょくの可視化	タスクレベルのみ、見落としあり	日報により、タスクと全体目標の連携、AIの分析による洞察	AI分析を随時確認できる
チームミーティングの頻度	週次	AIによる資料作成支援、チーム状況に応じた頻度調整	週次（時短）

1対1のミーティング/ヒアリング	不定期、非効率	強み分析、AIによる資料作成支援	AI×OKRを通じて効率的、定期的に実施、強み分析による1on1支援
目標の明確さ	不明確	AIでの分析支援	四半期のOKRで明確
自律的な作業の促進	限定的	OKR管理、個人の進ちょく分析	自律性の促進
メンバーによる作業報告	リーダー任せ、手動での集計	簡単に日報入力と集計、リアルタイムでの進ちょく分析	効率的なコミュニケーション
リーダーの管理負荷	高い	自動化で支援	より効率的な管理

　表をじっくりと確認した竹田。

「うん、確かにこれが実現できれば、現場の負荷も低いし、リーダーの負担も増やさないようにして、かつOKRやガントチャートのトレースもできる」

「ここはとても大事ね。OKRは現場にとってもうれしい話じゃなきゃ」

　竹田の前向きな発言に、高杉も同調する。

「もちろん、リーダーによっては、その会社の元々の管理手法だけで十分目的を達成している方はいます。ですが、この時のマネジメントのやり方は、人によって波が出やすい。これに対し、OKRの手法を取り入れれば、全員が同じベクトルで目標達成を目指し、それを可視化することによってリーダーによるプロジェクト管理の『揺らぎ』を均一化できます。これって、部下にとってはとても嬉しいことなんですね」

　実際、リーダーによるプロジェクト管理の揺らぎは、現場にとって百害あって一利なし。この茉季の説明に、現場の3人は目からうろこが落ちるような思いがした。

　振り返れば、この2カ月、OKR組織浸透プロジェクトのメンバーはAIとOKRの威力を学び、試行錯誤を重ねてきた。パイロット導入に向けての資料を準備し、パイロット対象である開発2課に赴いては説明会を実施。OKR組織浸透プロジェクトとパイロットチームは合同で、「完璧を目指さない」「経営陣のエンパワーメントリーダーシップを十分に活用する」ことを前提に、チームOKR、個人OKRを作成した＊。こうした経験を通し、4人はさまざまな思いを抱いていた。

　竹田は、パイロットチームの舵取り役として、新しい挑戦にわくわくする一方で、その重さをひしひしと感じていた。期待と不安が交錯する心情の中で、このプロジェクトが会社全体に与える影響を深く感じ取っている。

　高杉は人事部の立場から、このプロジェクトが成功すれば会社全体がどれだけ前進するかをしっかりとイメージしていた。特に、「完璧を目指さない」という新しい考え方に感謝し、業務にも新しい視点で取り組んでいる。

　茉季は、全体を俯瞰してみていた。経営陣、OKR組織浸透プロジェクト、パイロットチームだけではない。それ以外、つまり今回のOKR推進にまだ関わっていない従業員たちの意見や感情も、大切に考えていた。茉季と社長の青柳が見ているのは、若竹社の3年後、5年後、そしてその先の未来だった。

　そして広岡は、プロジェクトの報告書を作成しながら、これまでの活動を振り返っていた。未経験の新しい手法が本当にこの会

社に合うのかという疑念や不安。それを解消するための経営陣の
エンパワーメントリーダーシップ。今は、それらがすべて1つの方
向へと向かっていることに、心の中で満足感を覚えていた。長い2
カ月だったが、新しいスタートを切るための礎となる――。広岡
は、その成果をじっくりと味わっていた。

　まもなく、開発2課には新しい風が吹き始めることとなる。変化
を恐れず、むしろそれを力に変えて前に進む。それがこのプロ
ジェクトチームの、そして会社全体の新たなスタートとなるの
だった。

＊ ChatGPTが生成したチームOKRと個人OKRは以下の通り。なお、
　ChatGPTに与えた情報は、経営者編第1章で作成した企業概要とビジョ
　ン群、同編第3章で活用した事業計画書である。

製品開発部・開発2課 OKR
【第1四半期】
Objective
新製品開発プロジェクトの実行と市場調査の最適化（ルーフショット）
理由：製品開発部の目標である新製品の開発と市場戦略の強化に対応し、全
社の安定成長と最適化の目標とも整合するため。
Key Results
1. 新製品の開発プロジェクト1件を成功させる
　●理由：製品開発部が3件の新製品開発プロジェクトを立ち上げる中で、
　　この課が少なくとも1件のプロジェクトを成功させる責任があるた
　　め。これにより、全体の競争力と成長を促進する。
2. 既存製品に対する市場調査を最低2つのセグメントで実施し、分析結果
　を報告する
　●理由：製品開発部の戦略立案のためのデータ収集目標に貢献し、市場の
　　変動を素早くキャッチするため。セグメント別の分析は、次四半期の戦
　　略に反映するための精緻な情報を提供する。
3. 開発チームのメンバー全員が新しい技術やツールのトレーニングを受
　け、スキルを向上させる
　●理由：全社OKRの従業員の教育訓練プログラムの実施目標に対応し、
　　チームの生産性と新製品開発プロジェクトの質を高めるため。

製品開発部・開発2課 個人OKR
【プロジェクトマネージャー（1人）】
Objective
新製品の開発プロジェクトの効率的な管理と進行（ルーフショット）

理由：新製品開発の成功は競争力を高めるために不可欠であり、プロジェクトの効率的な管理がその成功のカギであるため。

Key Results

1. 全プロジェクトがタイムライン通りに進行していることを週次で確認する
   - 理由：プロジェクト進ちょくの透明性とタイムリーな調整のため。
2. 月次の報告を上司と品質管理部と共有する
   - 理由：プロジェクトの透明性と他部門との連携強化のため。

【開発リーダー（1人）】

Objective

技術的な革新と開発プロセスの効率化（ルーフショット）

理由：市場での競争力を維持し、開発プロセスを効率的に進めるために技術の最新化が必要であるため。

Key Results

1. 新技術の調査と実装計画を立案する
   - 理由：開発プロセスの最新化と競争力強化のため。
2. 開発チームと品質管理部との連携を強化する
   - 理由：品質基準の一貫性と効率的な開発のため。

【開発エンジニア（3人*）】

Objective

新製品の開発と既存製品の改善（ルーフショット）

理由：企業の成長と市場での地位の確立には、新製品の開発と既存製品の品質向上が欠かせないため。

Key Results

1. 個人の開発タスクを期限内に完了させる
   - 理由：プロジェクトの進行計画通りの実施のため。
2. 品質管理部との定期的な協議を行う
   - 理由：製品品質の確保とスムーズな開発プロセスのため。

＊ここでは3人のうち1人の個人OKRを示す（残る2人分は省略）。

【製品企画（1人）】

Objective

市場の動向を分析し、開発方針に反映（ルーフショット）

理由：市場の変動とニーズを迅速に把握し、それを製品開発に反映することで、市場に適切な製品を提供するため。

Key Results

1. 業界のトレンドと競合分析を月次で報告する

   - 理由：市場ニーズに合わせた製品開発のため。
2. 開発チームと定期的にコミュニケーションを取り、市場情報を共有する
   - 理由：市場情報の開発チームへのタイムリーな反映のため。

【事務（1人）】
Objective
チームの管理とサポートの効率化（ルーフショット）
理由：プロジェクトの円滑な進行とチームの生産性の最大化には、管理とサポートの効率化が不可欠であるため。
Key Results
1. 週次のミーティングの調整と文書の管理
   - 理由：チームのコミュニケーションと調整の効率化のため。
2. 月次の経費報告と予算管理
   - 理由：財務の透明性とプロジェクトのコスト管理のため。

2-4 人とAIが築く組織の未来
～OKRと組織開発を駆使して

　いよいよ若竹電機製作所（通称：若竹社）の物語も、この第4章で締めくくられる。OKR組織浸透プロジェクトのメンバーたちが、OKRと組織開発の奥深いプロセスに一層足を踏み入れる。広岡の過去の失敗を共有することから始まり、チームはこれを学びの糧とし、組織全体でのコミュニケーションと絆を一段と深めていく。一方で、ChatGPTはイノベーション普及理論を紹介し、新しい変革を組織に浸透させる戦略的なアプローチについて説明する。さらに、組織開発におけるAI技術の利用可能性と、それに伴う倫理的課題やセキュリティーリスクにも焦点が当てられ、具体的な成功事例と教訓が示される。メンバーたちは、組織内での協力と共創の精神を通じて、組織の成長と変革を実現しようとする。

　読者には、これらの経験を通して、組織開発の多面的な側面と、AI技術がもたらす可能性・課題についての深い洞察が提供される。第1編から続いたこの長い物語は、OKR導入のみならず、さまざまな新しい組織的挑戦において、AIと組織開発の力がいかにしてプロジェクトを成功へと導くかを示す一例となるであろう。

　AIは「使うか、使わないか」ではなく、「どう使うか」が重要である。この視点をもう一度心の奥底に深く刻んでいただき、新たな一歩に勇気を持って踏み出していただけることを願っている。

　　OKR組織浸透プロジェクトの発足から2カ月あまり。製品開発部開発2課のパイロットチームでは、チームOKR、個人ORKの運用が始まって1週間が過ぎていた。

この間、広岡は20代から30代へと足を踏み入れ、新しい年代の始まりを迎えていた。30歳の誕生日には、竹田と高杉がささやかながら祝ってくれた。竹田のスポーツマンらしいバイタリティ、子供たちにスポーツを教える情熱は広岡にとって励みになった。高杉は子供が生まれ、実はプロジェクト発足の3カ月前に初めての産休から復帰したばかり。彼女の責任感と世話焼きの心は、このプロジェクトの大切な支えだった。広岡の誕生日の夜、3人は初めて会社の未来について深く語り合った。

　広岡は、ふとこの2カ月と1週間を振り返った。パイロットチームへの説明会、チームOKR、個人OKRの作成、上層部への報告、全社会議でのプロジェクトの活動報告、そして日々の通常業務……。一筋縄ではいかない挑戦もあった。経営幹部と話す機会も少しずつ増えた。その中で、今まで単に上司であった彼らが人生の先輩であるという感情も生まれつつあった。

　そんな広岡には、実は、まだ誰にも話していない過去があった。パイロットチームでのOKR運用が始まったばかりのこの段階で、彼はどうしてもその過去に向き合いたくなった。その過去とは、新しい社内システムの導入失敗。もう同じ失敗は絶対に繰り返したくない——。この強い決意の下、広岡は仲間である、竹田と高杉、そして信頼のおけるパートナーである茉季に、今日のミーティングで自身の苦い過去を明かし、秘めた思いを打ち明けることにした。

2-4-1　過去の失敗に学ぶ「組織開発」の観点

　若竹社内のいつもの会議室。竹田、高杉、茉季の3人はテーブル

を囲んでこれから始まるミーティングを待っていた。各自用意した資料を手に、いつも通り、報告準備は万全だった。そこに、広岡が笑顔で入って来た。

「みんな、お疲れさま！実は、今日はミーティングを始める前に、みんなに聞いてほしいことがあるんだ。ちょっと時間をもらっていいかな。これまで話していなかった、私の過去の失敗についてなんだけど……」

　3人は、懸命に笑顔で話している広岡の気持ちを察し、少し緊張した。高杉は、飴玉の袋に目線を落としている。竹田は、正面を向き直した。茉季は茉季らしく、いつも通りの優しいまなざしを向けている。広岡が話を始めた。

「入社3年目の時、2年上の先輩と一緒に新しい社内システム導入のプロジェクト推進メンバーになったんだけど、大失敗してしまったんだ。結局、その社内システムは使われなくなってしまってね。先輩がリーダーで、僕は1メンバーで指示通りに動いていただけなんだけど、いまだに、なぜそのプロジェクトがうまくいかなかったのかが分からないんだ。で、今回のプロジェクトをリーダーとして進めるに当たって、あの時、なぜうまく行かなかったのかをちゃんと確認しておきたいという思いが日に日に強くなってきたんだ」

「それは大変だったわね。でも、過去の失敗を皆に打ち明ける勇気を持つこと自体、今回のプロジェクトにとって非常に大事なことだと思うよ」

「ありがとう、茉季さん。その失敗から学べることがあるといいなと思っているんです。今回のプロジェクトでは、絶対に同じ過ちを繰り返したくないから」

茉季だけではない。広岡の勇気ある発言に、竹田と高杉も心を打たれた。

「過去のプロジェクトで何が間違っていたのか、その原因を一緒に探っていけば、今回は違う結果を迎えられるかもよ」

「私たちも全力でサポートするよ。ChatGPTを使って、過去の失敗の本質を探るのも良い方法かもしれないわね」

　過去の失敗を分析し、今回のプロジェクトに教訓として生かす――。広岡は、メンバーの提案が心から嬉しかった。

「ありがとう、みんな。これまで封印してきた過去を打ち明けようと思ったかいがあったよ」

　と、突然竹田が立ち上がり、ChatGPTが起動しているノートパソコンの前に椅子を一脚置いた。メンバーが不思議そうに見つめていると、「こいつはもう、俺たちの立派なメンバーだからね。よろしく、ChatGPT」と言って椅子をポンッと叩いた。心の中で同じことを思っていたメンバーはみな笑顔になった。

　広岡は、そのノートパソコンのマイクをオンにして、失敗したプロジェクトの背景や活動内容、周囲の反応、先輩の言葉、自分の気持ちをつらつらと話し始めた。おおよそ3分くらいだっただろうか、マイクは広岡の言葉を拾って文字を連ねていった。広岡は最後に、「この時のプロジェクトがうまく行かなかった要因をどう分析しますか？」と言って、エンターキーをポンと押した。すると、ChatGPTの画面上には次のような分析結果が表示された。

● プロンプト

　この時のプロジェクトがうまく行かなかった要因をどう分析しますか？

■ ChatGPT

分析結果

1. 従業員のスキルセットとプロジェクトの要求が一致していなかった
   - この不一致が生じると、プロジェクトは効率的に進まず、目的達成が困難になる可能性が高い。
2. リーダーシップとチームビルディングの不足
   - プロジェクトメンバーが方向性を失い、協調性が低下する可能性がある。
3. ステークホルダーとの連携が途切れ、プロジェクトの方向性が曖昧になった
   - プロジェクトの目的や成果が明確でないと、関係者の協力を得られず、プロジェクトは頓挫する可能性がある。

　　　ChatGPTの回答読んだ茉季が、専門の組織開発の観点からコメントを発した。

「この分析結果が示しているのは、組織改革と組織開発の違いとその相互作用ともいえるわね」

　　　これを聞いた広岡が間髪入れずにChatGPTに質問した。

● プロンプト

　組織改革、組織開発とは何ですか？組織変革という言葉も聞いたことがあるのですが、それぞれの違いが分かるように説明してください。

■ ChatGPT

　下記に、組織改革（Organizational Reform）、組織開発（Organizational Development）、組織変革（Organizational Change）の違いを示し

ます。いずれも組織のパフォーマンスや効率性を高めるために取り組まれる活動ですが、それぞれの目的、手法、スコープに違いがあります。

組織改革（Organizational Reform）

- 目的：組織内の特定の問題を解決すること
- 手法：改善活動、プロセスの最適化、コスト削減など
- スコープ：比較的狭い範囲での改善や修正が多い

組織開発（Organizational Development）

- 目的：組織の成長と持続的な成功を目指すこと
- 手法：チームビルディング、リーダーシップの育成、従業員のスキル向上など
- スコープ：長期的で持続的な取り組み

組織変革（Organizational Change）

- 目的：外部環境やビジネス戦略に応じて、組織全体の方向性や構造を大きく変えること
- 手法：組織構造の変更、新しいビジネスモデルの導入、文化の変更など
- スコープ：大規模で根本的な変更が多い

これらは一般的な説明であり、具体的なケースや文脈によっては異なる解釈もあり得ます。それぞれの用語が指す範囲は広く、多くの場合において重なる要素もあります。

広岡、竹田、高杉の3人は、この3つの用語自体は耳にしたことはあったものの、その違いなどには特に意識してこなかった。盲

点をつかれたChatGPTの解説。竹田が「なるほど」とうなるかたわらで、広岡がさらに続ける。

● プロンプト ▶

それぞれの相互作用とはどんなものですか？

■ ChatGPT ▶

組織改革、組織開発、組織変革は相互に関連し合っていることが多く、一方の取り組みが他方に影響を与える可能性があります。以下にその関係性について詳しく説明します。

組織改革と組織開発

● 組織改革は特定の課題解決に焦点を当てますが、その課題解決を持続可能なものにするためには組織開発が必要になることが多い。

● 一方で、組織開発の過程で新たな課題が明らかになり、それを解決する形で組織改革が行われることもある。

組織変革と組織改革

● 組織変革が行われる過程で、特定の問題点や課題が明らかになることがあり、それを解決するために組織改革が必要になることがある。

● 逆に、組織改革の成果が積み重なり、組織全体の方向性や構造そのものを見直す必要が出てくる場合もある。

組織変革と組織開発

● 組織変革はしばしば大規模な変更を伴うため、その変更をスムーズに行い、組織を成熟させるためには組織開発の手法が用いられる。

● 組織開発の成果が組織の柔軟性を高めることで、組織変革を容易にす

る場合もある。

総じて、これらの概念は密接に関連しており、多くの場合、一つの取り組みが他の取り組みにつながる循環的な関係にあります。それぞれの取り組みは組織の成長と発展に貢献するための異なる側面やアプローチを提供しています。

茉季が「組織改革、組織開発、組織変革の整理ができたわね」と言うと、1枚のスライドを示した。

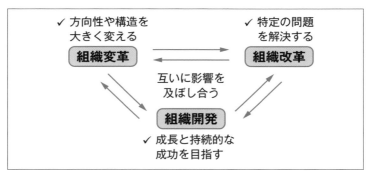

茉季はこの観点から、プロジェクトの失敗原因を分析する。

「広岡さんの失敗したプロジェクトは、元々組織改革の一環として始まったもの。しかし、進めるにつれて組織開発に関わる問題が発生していたということですね。リーダーシップ、チームビルディング、スキルセットの一致など、これらは組織開発で重要になる要素です。組織改革だけではなく、組織開発も同時に考慮する必要があったんです」

広岡と竹田がうなずく一方で、高杉には気になることがある。「じゃあ、今回のプロジェクトの要素、AI、OKR、そしてエンパワーメントリーダーシップの導入はどれに一番近いの？」

プロンプト

　AI、OKR、そしてエンパワーメントリーダーシップの導入は組織改革、組織開発、組織変革のどれに一番近いですか？

ChatGPT

　AI、OKR、およびエンパワーメントリーダーシップの導入は、おそらく「組織開発」または「組織変革」に最も近いといえるでしょう。

1. **組織開発**：この領域は、組織の効果性や健全性を高めるための長期的な取り組みを含みます。AI、OKR、エンパワーメントリーダーシップは、新しい技術や方法論を導入して組織の成熟度を高める目的で使われることが多いです。

2. **組織変革**：これは、組織の根本的な変更をもたらすような大規模な変革を指します。AI、OKR、エンパワーメントリーダーシップがこのカテゴリに該当するかどうかは、その導入が組織に与える影響の大きさに依存します。例えば、これらの導入によって組織の構造や文化、ビジネスプロセスが大きく変わる場合、それは「組織変革」と呼べるでしょう。

3. **組織改革**：これは一般的には組織開発や組織変革よりもスケールが小さく、特定の部署やプロセス、プロジェクトに限定された変更を指すことが多いです。

　AI、OKR、エンパワーメントリーダーシップは、組織の柔軟性や効率性、生産性を高めるための手段として導入されることが多く、これらは通常、「組織開発」の一環として扱われます。ただし、これらが組織全体のビジョンや戦略に密接に結びついている場合、その影響力によっては

　　高杉の質問により、3人のメンバーの理解はより深まった。広岡が口火を切る。

「茉季さん、よく分かりました。今まで、僕は組織改革の手法や目的に多くの時間を費やしてきたけど、その背後にある組織開発の観点を十分に考慮していなかったんですね。リーダーシップ、チームビルディング、スキルセットの一致。これらはいずれも組織開発で重要な要素です」

　　続いて、竹田。

「組織改革が一時的な成功をもたらすかもしれないけど、それが持続可能なものになるかどうかは組織開発にかかっている、ってことだね。これは大きな気づきだなぁ。特に、今回のOKR組織浸透プロジェクトにおいては、目標を達成するだけではなく、その過程で組織全体が成長し、持続的な成功を手にすることが重要だからね」

　　最後に、高杉。

「私たちがこのプロジェクトの一員として果たすべき責任は、単にタスクを完了させること以上に、チームや組織が一体となって成長できる環境をつくることです。そのためには、組織改革だけではなく、組織開発の観点も確実に取り入れなければならない。これが、私たち全員の責任ね」

　　茉季が、3人の思いを受け止める。

「はい、OKR組織浸透プロジェクトを成功に導くためには、全員が同じ方向を向いて協力することが不可欠です。その基盤となるのが、組織開発の考え方。これを無視したら、私たちは真の意味で

成功することはできません」

　ここまでの議論を通じ、広岡は、自身の失敗談を披露したことについて、つくづく正解だったと感じていた。なぜなら、「組織開発の観点」という重要な教訓を引き出せたからだ。そして最後に、力強く言った。

「だからこそ、僕たち全員で、組織開発の観点を持つことの重要性を認識して、行動に移していこう。それがこのプロジェクト、そしてこの組織にとって最も重要なステップになると、僕は信じているよ」

　組織開発、組織変革、組織改革——。時には言葉遊びになりがちな3領域だが、本質を理解するために、あえて区別する価値もある。それを今日、茉季は示してみせた。

2-4-2　新しい仕組みを組織に導入するときの　　　　　　　プラクティス

　広岡が自らの失敗談を話したことにより、チームの団結力はより深まっていた。続けて、茉季がおもむろに自分のノートパソコンを見せた。

「変化の速度」と「適用」

水＝組織文化

金魚＝従業員

イラスト：イラストAC

「これは、あるビジネス交流会の勉強会で講師が使っていた資料を基に作成した図なんだけど、今回のケースに役立つかもしれないわね」

　広岡、竹田、高杉の3人が「なんだろう」と不思議そうな顔をしていると、茉季がChatGPTに尋ねた。

● プロンプト

　金魚鉢の水が汚れているからといって一気に水を変えてしまうと、金魚は弱るか死んでしまうので、水槽の水は少しずつ変えるといい。このことを組織の変化に合わせたメタファを知っていますか。

■ ChatGPT

　その金魚鉢のメタファを組織の変化に関連付けることで、組織内の変化の取り組みに対する重要な考え方やアプローチを示唆しているのですね。このメタファは以下のような考え方や原則を強調していると考えられます。

1. **急激な変化は危険**：金魚鉢の水を一度にすべて変えるのは、組織の文化やプロセスを短期間で劇的に変更しようとするのと同じで、予期しない負の影響や混乱を引き起こす可能性がある。
2. **段階的なアプローチ**：変更を少しずつ行うことで、組織のメンバーが新しい状況に適応しやすくなり、変更の取り組みが成功する可能性が高まる。
3. **環境への適応**：金魚が新しい水質に適応するのと同様に、組織のメンバーも新しい組織文化やプロセスに適応する必要がある。この適応のプロセスは時間がかかる場合があるため、変更の速度や範囲を適切に調整することが重要である。

4. 安定性の維持：突然の大きな変更は、組織の安定性を乱す可能性がある。変更を行う際は、その影響を十分に考慮し、必要に応じて適切なサポートやリソースを提供することが重要である。

　このような考え方やアプローチは、組織開発の適応プロセスにおいて非常に重要であり、金魚鉢のメタファはその理念をシンプルかつ分かりやすく伝える手段として効果的です。

　茉季が、3人の反応を黙って待っていると、広岡が口を開いた。「確かに、一気に大きな組織開発や組織変革を試みると、メンバーからの抵抗が大きくなる。しかし、小さなステップで進め、それを徐々に広げていくことで、組織全体が自然と変わっていく感覚を持てると思う」

　茉季はうなずき、「あと、こんな話もあるわよ」と、別の図「イノベーション普及理論」を見せながらプロンプトを入力した。

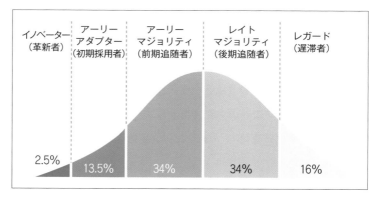

プロンプト

イノベーション普及理論について教えてください。

イノベーション普及理論 (Innovation Diffusion Theory) は、新し
いアイデア、製品、または技術が、コミュニティや社会の中でどのように
伝播し普及していくかを説明するための理論です。エバレット・ロ
ジャーズが1962年に提唱したこの理論は、多くの分野で広く受け入れ
られています。イノベーション普及理論において、人々は以下の5つのカ
テゴリに分類されます。

1. **イノベーター (Innovators)**：最初に新しいアイデアや製品を取り
   入れる勇敢な人々。彼らはリスクを取ることを恐れません。普及の約
   2.5％を占めると言われています。
2. **アーリーアダプター (Early Adopters)**：イノベーターの次に新し
   いアイデアや技術を採用する人々。彼らは意見リーダーとしての役
   割を果たすことが多く、普及の約13.5％を占めるとされています。
3. **アーリーマジョリティ (Early Majority)**：慎重に新しいアイデア
   や技術を評価し、それを採用する人々。彼らは普及の約34％を占め
   ます。
4. **レイトマジョリティ (Late Majority)**：もっと保守的で、多くの
   人々が新しいアイデアや技術を採用した後でしかそれを取り入れな
   い人々。彼らも普及の約34％を占めます。
5. **レガード (LagGARDs)**：最後に新しいアイデアや技術を取り入れ
   る人々。彼らは伝統的な方法や以前のテクノロジーに固執する傾向
   があり、普及の約16％を占めます。

イノベーション普及理論は、新しいアイデアや技術が社会にどのよう
に浸透していくかを理解するための重要なフレームワークとして利用さ

れています。企業や政策立案者は、この理論を基に戦略を立てることで、新しい製品やサービスの市場普及を促進することができます。

　ChatGPTが示したイノベーション普及理論について、茉季が身近な例えで補足する。

「iPhoneの市場普及を考えると分かりやすいわね。新機種が発売されると、最初に熱烈なイノベーターたちが購入。次にアーリーアダプターが追随。その後、アーリーマジョリティとレイトマジョリティが徐々に取り入れ、最終的にはレガードも移行する。もちろん、移行せずに他メーカーのスマホやガラケーを使い続けるレガードもいますけど」

　その話を聞いて、高杉が質問をする。

「iPhoneの話はとても分かりやすいけど、この理論と私たちのプロジェクトとどう関係するんですか」

　茉季がにこりと微笑み、3人の理解を深めるべく、ChatGPTとの会話を続ける。

プロンプト

　イノベーション普及理論はOKRなど新しい仕組みを組織に導入する時と、どう関連付けることができますか？

ChatGPT

　イノベーション普及理論は、組織に新しい方法論、例えばOKRのようなものを導入する際に、非常に関連性が高いといえます。以下はその理由と関連付ける方法について述べます。

1. 戦略の策定：組織が新しい方法論を導入する際、イノベーション普及

理論を基にした戦略を策定することで、どのターゲットグループを優先的に取り組むべきかを明確にすることができます。例えば、初めは「イノベーター」や「アーリーアダプター」をターゲットにして、彼らを通じて新しい方法論を広めることができる。

2. **変更管理**：OKRの導入は、組織の文化や習慣に大きな変更をもたらす可能性があります。イノベーション普及理論を利用することで、どのグループが変更を受け入れやすいか、またどのグループが抵抗を示す可能性が高いかを予測し、適切なコミュニケーションやサポートを提供することができます。

3. **意見リーダーの活用**：「アーリーアダプター」は意見リーダーとしての役割を果たすことが多いため、彼らを新しい方法論のチャンピオンとして活用することで、他のグループのメンバーへの普及を促進することができます。

4. **課題の特定と対策**：「レイトマジョリティ」や「レガード」のグループは、新しい方法論に対する抵抗が予想されるため、彼らの懸念や不安を特定し、それに対する対策を検討することが重要です。

5. **普及の進ちょくのモニタリング**：イノベーション普及理論のフレームワークを使用して、新しい方法論の導入と普及の進ちょくを定期的にモニタリングし、必要に応じて戦略を調整することができます。

　結論として、イノベーション普及理論は、組織に新しい方法論やプロセスを導入する際の戦略策定や変更管理のツールとして非常に有効であり、その理論を適切に活用することで、成功の確率を高めることができます。

新しい仕組みを組織に導入する際の課題と、それを乗り越えるための方法は何ですか？

ChatGPT

新しい仕組みを組織に導入する際の課題の1つは、詳細を固めすぎてしまい、現場の実情やニーズから乖離してしまうことです。以下は、その点を避けるためのポイントをいくつかまとめたものです。

1. 現場の声を聴く

- 新しいプロセスの導入前に、実際にそれを使用する現場のスタッフからのフィードバックや意見を収集します。これにより、実際の業務に合わせた最適なプロセスを設計することができます。

2. 柔軟性を持つ

- あらかじめ詳細を完璧に固めるのではなく、導入後にも調整や変更を行うことができるような柔軟な姿勢を持つことが重要です。新しいプロセスは、導入初期には多くの調整が必要になることがよくあります。

3. 実際の使用を重視

- 紙の上での計画や理論的な背景だけではなく、実際の使用状況を重視します。現場のスタッフが新しいプロセスを実際に使用してみて、それが使いやすく、業務に役立つものであるかどうかを確認することが必要です。

4. 共創の精神

- 新しいプロセスを組織に導入する際は、それを共同で作り上げる精神を持つことが大切です。これにより、組織のメンバーが新しいプ

ロセスを「自分たちのもの」として受け入れやすくなります。

　組織開発は、計画や詳細に固執するのではなく、組織のメンバーや当事者との連携を重視し、柔軟に適応しながら進めることが成功のカギとなります。

　　　茉季とChatGPTとの会話が終了すると、3人は自然と話し合いを始めた。

「今日の話を聞いて、組織開発って、大海を一気に渡るのではなく、小さな島々を順に渡っていく旅のようなものだと感じたよ。急激な変化は、船が転覆するリスクがある。でも、小さな成功を積み重ねることで、全体としての変化が生まれる。その重要性が、今回の金魚鉢のメタファやイノベーション普及理論でより明確になったように思うな」

「そうよね。私たちが組織を良くしようとする過程で、何が成功して何が失敗するのか、それは一つひとつの行動や反応から学べるわ。大事なのは、そのフィードバックをちゃんと拾い上げて、次に生かすこと。もっと言えば、組織開発は1人の仕事ではなく、みんなで協力するプロセスよ」

「確かに、組織開発はリーダーだけの仕事じゃない。今日の話で思ったのは、組織内でのコミュニケーションの重要性だ。新しい仕組みや目標に対する感じ方や受け取り方は人それぞれ。それを理解して、みんなが納得できる方向に持っていくのが、リーダーとしての役目だと再認識したよ」

　　　広岡、高杉、竹田のこれらの発言は、ビジネスリーダーが日々直面する組織作りの難しさや複雑さを物語っていた。3人の話を聞

きながら、茉季は心の中で、彼らが以前よりも組織とその成長について深く洞察し、成熟した考えを持つようになっていることを感じ取り、感慨深く思っていた。

2-4-3　週次の進ちょく報告と月次の振り返り

　若竹社製品開発部第２開発課でのパイロットチームによるチームＯＫＲと個人ＯＫＲの運用が始まって１カ月が過ぎた。同チームの週次ミーティングはChatGPTの助言を受け、これまで次の内容で実施されてきた。

《ＯＫＲパイロットチーム　週次ミーティング　アジェンダ》
1. 開会
- ミーティングの目的とアジェンダの確認

2. 前回ミーティングからのアップデート
- 前回のミーティングでのアクションアイテムの確認
- 完了した項目、未完了の項目についての短い報告

3. ＯＫＲ進ちょく状況の共有
- 各メンバーからのＯＫＲ進ちょく報告
- KR（Key Result）に対する現状の達成度
- 達成に向けた次のステップ

4. 課題と障壁の議論
- 目標達成に向けての課題や障壁
- 解決策やアイデアの共有と議論

5. アクションアイテムと担当者の確認
- 今週末までに何をするのか

- 誰が何を担当するのか

6. 次週の焦点

- 次週何に焦点を当てるべきか
- 必要な資料やデータ、調査など

7. 閉会と次回ミーティングの確認

- 次回のミーティング日時と場所
- ミーティングの終了と感謝の言葉

　週次ミーティングは、最初のころは時間がかかっていたが、メンバーが慣れてくると、徐々に効率的になった。このスムーズな運営には、チームリーダー竹田が大きく貢献している。彼は通常の業務との整合性を考慮しつつ、新しいOKR週次ミーティングの在り方を模索した。例えば、ミーティングのファシリテーターは竹田の負荷軽減のためにサブリーダーが行い、慣れてきたら、他のメンバーが順次ファシリテーター役を担っていく方針とした。メンバーの当事者意識向上と、それによるミーティング時間削減が目的だった。

　さらに、この取り組みはOKR組織浸透プロジェクトによって強力にバックアップされていた。特に、週次ミーティングの初期段階では、プロジェクトメンバーがオブザーバーとして参加し、後でそのフィードバックを生かして改善施策を考えた。その場に竹田が含まれていたことは大きかった。

　特に工夫した点は、進ちょく状況を「Googleスプレットシート」で全員が随時確認できるように共有したこと。これにより、ミーティングでは、進ちょく確認の時間を短縮し、課題解決により集中する余裕が生まれた。まだまだ改善点は多いものの、竹田

の努力とOKR組織浸透プロジェクトのサポート、そしてチーム
メンバーのコミットメントがうまく合致し、週次ミーティングは
目的に沿った形で進行していた。

　そしてこの日は、パイロットチーム6人の1カ月を振り返る月
次ミーティングが行われる。アジェンダは、週次ミーティングと
同様、ChatGPTの助言を受け、次が予定されていた。

《OKRパイロットチーム　月次ミーティング　アジェンダ》

1. 開会のあいさつと振り返り
- OKR導入の目的や背景の再確認
- 過去1カ月での各メンバーの実績、OKRに対する進ちょくの
  シェア
- 何がうまくいったのか、何がうまくいかなかったのかの共有

2. 達成度の分析
- 各KR（Key Result）に対する現在の達成度の確認
- 目標に対してどれだけ進んでいるのか、どの部分が遅れてい
  るのかを明確にする

3. 課題や障壁の議論
- OKRの達成に向けての障壁や課題の共有
- チーム内での解決策や改善策のブレインストーミング

4. フィードバックの収集
- OKRの導入プロセスやツールに対するフィードバック
- チームメンバーからの意見や提案の収集

5. 次のステップの計画
- 次の1カ月での行動計画やタスクの明確化
- 必要に応じてOKRの見直しや調整

6. サポートやリソースの必要性の確認

- チームが必要としているサポートやリソースの確認
- 他の部門や上層部との連携の必要性の議論

7. コミュニケーションの確認

- チーム内のコミュニケーションの質や頻度の確認
- 必要に応じてのコミュニケーション方法の見直しや提案

8. ミーティングの振り返りと次回のミーティングの日程確認

　進行は、OKR組織浸透プロジェクトの広岡と高杉が務める。この種のミーティングは通常、1時間前後だが、今回は初めてであることから、計画的に2時間かけてじっくり行う予定となっていた。茉季はファシリテーターの広岡と高杉に、各メンバーの発言時間を均等に取ること、途中で休憩を挟むことを事前に伝えていた。

　今回の月次ミーティングには、青柳社長はじめ、都合のつく経営陣に特別オブザーバーとして参加してもらうことにした。会議室の後方にバラバラと自由に座る彼らには、茉季が事前に「黙って笑顔で見守る」「最後の感想は良かったところを伝える」という注意事項を与えていた。当然のことながら、課題はある。しかしそれは月次ミーティングの後に、OKR組織浸透プロジェクトのメンバーに伝えてもらうことにしたのである。

　茉季は、ホワイトボードの脇に座り、いつでも広岡、高杉に助言できる態勢を取った。テーブルのあちこちには、一口サイズのチョコレートが置かれていた。茉季が雰囲気作りの一助として準備したもので、それをネタに、パイロットチームのメンバーと笑顔で言葉を交わしていた。

　「では、時間が来たので始めましょう」と、広岡の一声でミー

ティングはスタート。広岡は以前に茉季から教わった、「この日絶対やらなければいけない議題」「時間がなくなったら次回に回せる議題」「ミーティング後に個別に行うことが可能な議題」を意識しながらアジェンダを一つひとつこなしていく。途中、茉季が付箋にメモを書いてそっと見せると、広岡と高杉は瞬時に進行を調整。時には、青柳から愛のある野次が飛び、チームの面々が大笑いしたりしながら、ミーティングは順調に進んでいった。

そして、予定されていた2時間はあっという間に過ぎた。さまざまな意見交換や問題提起が行われたが、それが全員の成長とチームの進歩につながるものである、と参加者全員が実感した。とりわけ開発2課のメンバーは当初、ＯＫＲに半信半疑だったが、この月次ミーティングを経て、多くがＯＫＲの価値と、それによるチーム内のコミュニケーション向上を感じ取った。そしてミーティングの最後のアジェンダである振り返りでは、彼らの口から次のような感想が聞かれた。

「最初は正直、また上からの指示かという『やらされ感』がありました。でも、なぜＯＫＲを取り入れるのか、その意義や背景を知って、そして今日の月次ミーティングに参加して、このチームに自分の意見や提案を反映できることをさらに知ったら、ＯＫＲは自分たちのための施策だと感じました」

「私もそう思いました。ＯＫＲの取り組みでの小さな成功を共有するたび、これは自分たちの仕事だと感じて、自発的に行動したくなりました」

もちろん、チームとして多くの改善点も出た。実際、ＯＫＲの進め方もミーティングのやり方も、まだまだ未熟である。しかしＯＫＲを完璧に遂行することが目的ではない。この体験を通じて、

組織が、チームが、そして個人がどう変わっていくのかが非常に重要である。そこは、皆が分かっていた。それ故、ミーティングが終わった後の各参加者のノートには、今後の改善点だけではなく、達成した小さな目標や成功体験がしっかりと記されていた。

2-4-4　問題解決に不可欠なファシリテーション

　パイロットチームの１カ月を振り返る月次ミーティングが無事終了し、翌日にはOKR組織浸透プロジェクトの定期ミーティングが開かれた。月次ミーティングを通してプロジェクトの収穫が大きいことを確認すると同時に、すぐさま全員が改善に取り組む方向性が示された。そして茉季は、広岡、竹田、高杉に、ある重要なことを伝えた。

「これからは、私たちももっとファシリテーション・スキルを磨いて、パイロットチームを支援していくことが大事ね」

　茉季の指摘は３人に刺さった。

「そう、私、ファシリテーションて、ちゃんと学んだことがないの。だから、何となく会議の進行役をやっていればファシリテーションかなという感覚でやっていました。『よく分からない』っていうのも、何か恥ずかしくて……」

「あっ、その気持ち分かる。ビジネス書に結構書かれているから用語は知っていたけど、『これがファシリテーション』という感覚は全くないんだよね」

「そうなんだ、僕も、先日茉季さんに聞いて誤解していたことに気づいたんだ。タイムテーブル通りに進行していればファシリテーション、というのはどうやら違うらしいね」

　高杉、竹田、広岡の３人は、ファシリテーションは会議の司会進行役くらいにしか考えておらず、その本質は理解していなかったのである。

「そうね、ファシリテーションはとても広い意味で使われているんだけど、私たちのようなビジネス領域においては、問題解決を行うためのリーダーシップスタイルの１つとされ、『リーダーの必須のスキル』といわれているの。ファシリテーションの効果を分かりやすく表現すると、こんな感じかな」

　こう言うと、茉季が１枚の図を示した。

バラバラ脳　　　　　　　　　　　　ひとり脳

✓ 個々が別々の脳で考えている
✓ Win-Loseの関係性が起こりやすい
✓ 情報共有重視で感情面の共感が起こりにくい
✓ 互いに疑心暗鬼

✓ 優秀な一人の脳に依存している
✓ 他のメンバーは思考停止状態、もしくはリーダーに対して強い反発を持つ
✓ お互いに居心地の良い"依存関係"になっている場合もある

「チーム脳」

✓ 個々の脳が１つになってチームで考えている
✓ Win-Winもしくは新たなWinの創出が期待できる
✓ 情報共有×感情共感で思考力や関係性が向上
✓ 自由な発想で不必要な遠慮がない
✓ 対話の場作り

イラスト：イラストAC

「左上は、個々が別々の脳で考えていて対立が起こりやすい、あるいは既に対立が起こっている『バラバラ脳』の状態。右は、１人の

優秀な脳に依存している『ひとり脳』の状態。これらを、チーム全員で共に考えて、Win-Winもしくは新たなWinの創出が期待できる『チーム脳』*の状態に緩やかに変えていき、より効果的に質の高い問題解決を行うのがファシリテーションなの」

＊「チーム脳」はラーニングデザインセンターの登録商標。

　ファシリテーションの本質を初めて聞いた3人。
「あー、何となくその感覚分かります。この前の月次ミーティングは、まさにそんな感じでした。いつもの会議だと、部長の意に反する意見を言うと、いつの間にか否定されて違う結論が出てしまう。ここでいう、ひとり脳の状態でした」
「私の部は、いつも2人の課長が対立していて、『今日はA課長の意見が通った』『今日はB課長が勝った』って感じです」
　竹田と高杉の話に、広岡は黙ってうなずく。
「私も、この会社のいくつかの会議に参加させていただいていますが、確かにひとり脳やバラバラ脳が多いですね。それを緩やかに『チーム脳』に変えていく。これが、まさにみなさんの役割です。すなわち、みなさん自身が社内ファシリテーターになるということなんです」
　この茉季の言葉をかみしめるように、高杉が「私たち、社内ファシリテーターになるのね」と繰り返す。
「ええ、このプロジェクトを通じて、私のファシリテーション・スキルもみなさんに伝授していきますので、しっかり楽しんで身につけていってくださいね」
　3人は、背筋がピンと伸び、なんだか急に自分のステージが1つ上がった気がした。そして、広岡は改めて思った。「あの入社3年

目の時、自分がファシリテーションのスキルを身につけていた
ら、あのプロジェクトはもっと違う結果になっていただろう」と。
本音を言える場作りの重要性に気づかされたのだった。

2-4-5　裏で回るGARDモデルが組織の成長生む

　OKR組織浸透プロジェクトのミーティングは、広岡、竹田、高
杉にとって決して社内では聞けない、新たな学びの場でもあった。
「それでは今日も少し時間をいただいて、OKRを組織に浸透させ
るうえで欠かせない『GARDモデル』を紹介しますね。元々、
OKRには、それを成功させるためのコミュニケーション戦略と
してCFR（Conversation：対話、Feedback：フィードバック、
Recognition：承認）があり、これが一般的ですが、GARDは
CFRの要素を包含しつつ、それ以上の側面に焦点を当てていま
す。まずは、ChatGPTに解説をお願いしましょう」
　茉季がいつものようにプロンプトを入力する。

▶ プロンプト

　GARDモデルの4つの要素、Goal Setting（目標設定）、Action &
Reflection（行動と振り返り）、Dialogue & Feedback（対話と
フィードバック）、Continuous Improvement（持続的改善）について
詳しく説明してください。

■ ChatGPT

　GARDモデルは、学習過程を効果的に進めるためのフレームワークで
す。以下、その各要素について詳しく説明いたします。

1. Goal Setting（目標設定）

- この段階では、学習者が何を成し遂げたいのか、どのような結果を目指すのかを明確にします。
- 目標は、具体的、達成可能、関連性がある、時間的に制約されたものであることが望ましい。
- 目標設定は学習者の動機を高め、方向性を提供します。

2. Action & Reflection（行動と振り返り）

- 行動：学習者は設定された目標に向けて具体的な行動をとります。この行動は、新しい知識やスキルの習得、または既存の知識の深化を目指します。
- 振り返り：行動の後、学習者はその結果を振り返ります。何がうまくいったのか、どのように改善できるのかを考えることで、次回の学習や行動に生かします。

3. Dialogue & Feedback（対話とフィードバック）

- 学習は個人のプロセスであるだけではなく、他者との相互作用を通じても深まります。
- 対話によって、学習者は新しい視点や考え方を得ることができます。
- フィードバックは、他者からの評価や指摘を通じて、自らの学習過程や成果を客観的に理解するための重要なツールです。

4. Continuous Improvement（持続的改善）

- GARDは、一度きりのプロセスではなく、継続的なサイクルとして捉えられます。
- 学習者は常に自分自身の学習過程や成果を評価し、必要に応じて修正や改善を行います。
- この持続的な改善の精神が、学習者の成長と発展を促します。

　GARDは、個人や組織が持続的な学習と成長を目指す際の効果的なフレームワークとして用いられます。特に変化の激しい現代社会において、このような柔軟で継続的な学習アプローチは非常に価値があるといえるでしょう。

　ここで、茉季は3人にGARDモデルを視覚化した図を見せ、4つの要素が互いに影響を与えながら循環していることを補足した。

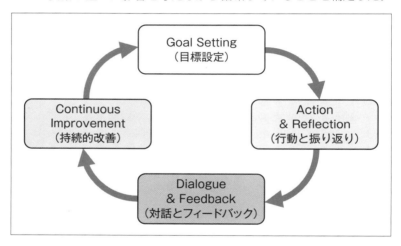

　これに、竹田が「うーん、確かに必要そうだ」と反応するも、高杉が「でも、今からこの概念をパイロットチームに持ち込むのは結構大変そうね」と懸念を示す。これに対し、茉季が「実は、既にみなさんやっているんですよ」と言って、再びChatGPTを動かした。

プロンプト

　OKRの週次、月次、さらには個別のミーティングにおいて、どのようにGARDを回すと効果的ですか？

　OKRの週次、月次、個別のミーティングにおけるGARDの適用を考えると、以下のように効果的に活用できます。

【週次ミーティング】

1. Goal Setting（目標設定）

●前週の進ちょくに基づいて、今週の具体的な目標や行動項目を再設定または微調整します。

2. Action & Reflection（行動と内省）

●前週の行動結果に基づいて、どのようなアクションが取られたのか、また、それによる結果や学びは何だったのかを共有します。

3. Dialogue & Feedback（対話とフィードバック）

●メンバー同士での対話を通じて、前週の結果や学びについてのフィードバックを受け取り、改善のための意見や提案を交換します。

4. Continuous Improvement（持続的改善）

●前週の結果やフィードバックを基に、次週に向けた改善策や新しいアプローチを検討します。

【月次ミーティング】

1. Goal Setting（目標設定）

●月間の大きな目標や成果を設定または見直しします。

2. Action & Reflection（行動と内省）

●過去1カ月の行動とその結果、そして学びを振り返ります。

3. Dialogue & Feedback（対話とフィードバック）

●月間の成果や問題点、チャレンジについてのフィードバックや提案をチーム全体で共有します。

4. Continuous Improvement（持続的改善）

- 月次の振り返りを基に、次の月に向けての改善策や新しいアプローチを検討します。

【個別ミーティング】

1. Goal Setting（目標設定）

- 個人の目標や成果にフォーカスして、その目標に向けた具体的なアクションや支援が必要な点を設定します。

2. Action & Reflection（行動と内省）

- 個人の行動、結果、学びを具体的に振り返ります。

3. Dialogue & Feedback（対話とフィードバック）

- 直接的なフィードバックや助言、サポートの要望を共有します。

4. Continuous Improvement（持続的改善）

- 個人の振り返りを基に、さらなるスキルの向上やタスクの効率化のためのアプローチを検討します。

このように、ミーティングの頻度や内容に応じてGARDを回すことで、**継続的に目標達成と学習を推進し、組織や個人の成果を最大化する**ことが期待できます。

広岡は、ChatGPTの回答に納得の表情を浮かべる。

「なるほど、こうやってさまざまなところで、知らず知らずのうちに実践していたってことだね」

茉季が大きくうなずき、「GARD入力フォーム」を共有しながら説明を始めた。

GARD入力フォーム

Goal Setting

No.	設定日	Goal Setting（ゴール設定）
1		
2		
3		
4		
5		

Action & Reflection（Weekly）

No.	記入日	Action（行動）	Reflection（振り返り）
1			
2			
3			
4			
5			

Dialogue & Feedback（Weekly or Monthly）

No.	実施日	Dialogue（対話）	Feedback（フィードバック）
1			
2			
3			
4			
5			

Continuous Improvement（Weekly or Monthly）

No.	記入日	Continuous Improvement（持続的改善）
1		
2		
3		
4		
5		

「GARDを、OKRパイロットチームに無理に導入しようとする必要はないんです。大事なのは、日常のコミュニケーションの中で、このモデルを自然と動かすこと。毎日の対話やフィードバックの中で、GARDのそれぞれのステップについて気づいたことや学ん

だことを、今示した『GARD入力フォーム』に書き留めるだけでいいの。そうすることで、GARDはチームの中で自然に回っていく。実践の中で、自然体で取り入れることが、最も効果的な組織の成長を生むんですよ」

竹田が言う。

「確かに、最初に『GARDを回しましょう！』と言われて使うように指示されちゃうと、『うぇー！』ってなっちゃいますね。でも、こうやって既にやっていて、ただそれを可視化していきましょう、と言われると、『まあ、そうだよね』ってなりますね！」

「そう、GARDモデルは、戦略を組織に落とし込む際のコミュニケーションツールなんです。OKRに限らず、組織におけるどのような戦略にも使える戦術で、特に組織開発には有効です。ここで大切なのは、全員が互いのフォームを見られる環境を作ること。それが学びを促進し、チーム全体の成長を加速させるんです」

茉季は、さらに説明を続ける。

「そして、失敗を歓迎し、その学びを促進する文化を作るんです。それによって、チームの向上心も醸成されます。これ自体は難しいことですが、そもそものために、このOKR組織浸透プロジェクトがあるといっても過言ではありません」

失敗を歓迎する――。茉季が言ったこの言葉は、失敗を目的とするのではなく、**失敗から得られる学びと成長の機会を最大限に活用する**、という考え方。OKRでは、高い目標設定（ムーンショット）が奨励されるが、すべての目標が必ずしも100％達成されるわけではなく、そこから得る学びや次につながる行動が重要とされる。目標に対して完全に成功しなかった場合でも、その原因を深堀りし、次の行動計画に反映させることが求められるのだ。

「GARDモデルとOKRの組み合わせは、単なる目標設定以上の価値を提供します。具体的な行動計画やフィードバックのサイクルを通じて、失敗も含めたすべての結果から学び、組織として成長する力を育む文化を築くことができるのです」

　ここまで茉季の丁寧な説明にじっくり耳を傾けてきた高杉が口を開く。

「金魚鉢のメタファやイノベーション普及理論のように、変革が自然に進む環境を作ることが大切。そのためにも、GARDの仕組みを『アンカー』として、しっかりとチームに定着させる必要がありますね」

　広岡が意を決したように続く。

「こうやってOKRとGARDを組み合わせることで、経営戦略の具体的な実行と組織内の学習・成長が同時に推進され、より高いパフォーマンスと組織の成熟度を達成することが期待できる。よし、みんな、これもパイロットチームと共有して、このGARD入力シートをうまく活用していこう！」

　この言葉に、高杉が反応する。

「ということはつまり……。私たちOKR組織浸透プロジェクトの活動においても、GARDの視点で記録を残しておくと、会社の財産になるってことじゃない？」

　3人はパッと高杉の方を見た。高杉はまた照れくさそうに飴玉の袋をいじっている。こうして、今日のOKR組織浸透プロジェクトのミーティングは終了。OKRとGARDモデルを組み合わせていくことが決まった。

　その後、若竹社では、社内ファシリテーターを育成するプロセスが始まるなど、組織浸透の留意点に対応するための戦略が実行

されていった。さらにOKR組織浸透プロジェクトの週次の進ちょく報告と月次の振り返りでは、OKRとGARDモデルを組み合わせた新しい組織運営の形が確立しつつあることが報告されるようになった。

こうした中、広岡は、ChatGPTによる失敗プロジェクト分析から得られた洞察を次のステップへと生かしていた。竹田は、ChatGPTの回答と強み診断を活用し、チーム内の面談の質と効率を向上させていた。そして高杉は、OKR組織浸透プロジェクトの活動を通じて人財育成プランを作成するとともに、本来の人事の仕事として、既存の評価基準と新しい人財育成評価基準を統合し、それを各部門に展開していた。一方、茉季はこれまでの活動を振り返り、次の改革に向けての構想を練っていた。これまでの経験から、ChatGPTと人が共創する組織の醍醐味を確認し、その知見を次のステージに生かす準備をしていたのである。

こうして、若竹社には新しい課題に取り組むための新しいフレームワークが確立されつつあった。広岡たちは、今回の成功を短い瞬間だけ楽しんだ後、次の課題に目を向けていた。そして、新しい改革の扉が開かれたその瞬間、彼らは再び、緊張と期待でいっぱいになる。

この一連のプロセスが示しているのは、組織開発とは一度きりのイベントではなく、継続的な改善と成長のサイクルであるということ。そして、それが今、若竹社全体で実感され始めていたのである。

半年後……

パイロットチームでのOKR実施から半年が過ぎた。紆余曲折

あったパイロット導入も、次のステージへと階段を上っていた。一つは、製品開発部での導入成功を受けて他の課への横展開。もう一つは、OKR組織浸透プロジェクトのリーダーだった、製造部広岡のチームへの導入。プロジェクトメンバーも、5人に増えていた。広岡は、プロジェクトの新メンバーと共に、今までとは違うオフィスの一角で作業を進めていた。彼らは明確な目標を抱え、その目には共同作業の楽しみが宿っていた。

　青柳は自室で、窓の外の夕焼けを少し眺めてから、机に向かった。彼の机の上には、「人とAIの共創」「人と人の共創」に関する新しい戦略計画書が広がっていた。この計画は彼自身が立案し、周囲の変化を読み取りながら未来への戦略として描いたものだった。

　茉季は、OKR組織浸透プロジェクトへの関わり方が限定的になってきていた。以前管理していたリスクリストは、今や高杉の手に渡っている。ChatGPTの活用も、すっかり定着した。そんな中、茉季は青柳と一緒に別の改革*に着手する。その新しい改革への道筋は今、青柳の机上に広がっていた。

　夕方の静かなオフィスで、青柳は若竹社の新しい改革への一歩を踏み出す覚悟を固めていた。そして、窓を閉めて自室を出ると、広岡たちが活気に満ちた議論をしている様子を目にした。新しい風が吹いている――。青柳は若竹社の輝かしい未来を信じ、一人、微笑みながらオフィスを後にした。

＊ここでの改革とは、組織開発、組織変革もしくは組織改革のいずれかを指す。

OKRパフォーマンスシートを活用しよう

本編の「2-4-3　週次の進ちょく報告と月次の振り返り」で、パイロットチームの週次ミーティングでは、下記のような「OKRパフォーマンスシート」が使われています。

【部門】製品開発部　　　【課】開発2課　　　【名前】AAA　　　【役職】BBB　　　【期間】第一四半期○月〜○月

全社 Objective（目標）	Key Results（成果指標）	進ちょく率（%）
20XX年の初四半期の安定成長を図り、基本設備と人員を最適化する。	1. 売上を前年同期比で11%成長させる。	
	2. 標準的な作業手順の推進により生産効率を16%向上させる。	
	3. 従業員の教育訓練プログラムを実施し、スキルの向上を図る。	

部門 Objective（目標）	Key Results（成果指標）	進ちょく率（%）
新製品の開発と市場戦略を強化する。	1. 新製品の開発プロジェクトを3件立ち上げる。	
	2. 既存製品の市場調査を実施し、次四半期の戦略立案のためのデータを収集する。	

課（チーム）Objective（目標）	Key Results（成果指標）	進ちょく率（%）
新製品開発プロジェクトの実行と、市場調査の最適化。	1. 新製品の開発プロジェクト1件を成功させる。	
	2. 既存製品に対する市場調査を最低2つのセグメントで実施し、分析結果を報告する。	
	3. 開発チームのメンバー全員が新しい技術やツールのトレーニングを受け、スキルを向上させる。	

個人 Objective（目標）

新製品開発における技術面でのリーダーシップと市場調査の支援。

Key Results（成果指標）

No.	設定日	Key Results	進ちょく率（%）
1	XX.XX.XX	新製品開発プロジェクトに関連する技術的課題を早期に特定し、3つのソリューションを提案する。	
2	XX.XX.XX	新製品開発に関連する最新技術やツールのトレーニングを受け、その知識をチーム内で共有する。	
3	XX.XX.XX	市場調査に関連する技術データや製品スペックを提供し、分析結果に反映させる。	
4	XX.XX.XX	開発2課の他のエンジニアと連携し、月に1回以上の技術的な情報共有セッションを実施する。	
5			

OKR 日報　○月

日	曜日	作業時間	今日の予定（前日入力）	進ちょく状況	課題
1	日				
2	月				
3	火				
4	水				
5	木				
6	金				
7	土				
8	日				
9	月				
10	火				
11	水				
12	木				
13	金				
14	土				
15	日				
16	月				
17	火				
18	水				
19	木				
20	金				
21	土				
22	日				
23	月				
24	火				
25	水				
26	木				
27	金				
28	土				
29	日				
30	月				
31	火				

　まず、一番目のシートは、第一四半期の全社、部門、課（チーム）のOKRで、四半期ごとに見直されます。右端の進ちょく率は、結果を集約して定期的に更新していきます。メンバーが常に見られる状態にしておくことが重要で、自分の取り組んでいることと組織のベクトルが合致しているかを常に確認するようにします。

　二番目のシートはチームのOKRを満たすように設定された、四半期

ごとの個人のOKR。リーダーやプロジェクトマネジャーと十分に話し合って個人が決めます。個人が設定したOKRを共有することにより、リーダーやプロジェクトマネジャーは本人の仕事に対する理解度を確認することもできます。メンバー間でも互いの個人OKRを共有し、チームワークの醸成に活用します。右端の進ちょく率は、週次または月次で本人が設定し、リーダーやプロジェクトマネジャーと認識を合わせます。

　三番目のシートは、日報です。最初の段階では、入力項目はあえてシンプルに設定します。パイロットチームとOKR組織浸透プロジェクトとの話し合いにより、直面した課題に対する解決策やメモなど、必要に応じて追加を可能とします。最終的には、自社に最適なOKR日報を作り上げていくことが重要です。

　なお、日報の入力作業は10〜15分程度とし、それ以上の時間はかけないようにします。長く時間がかかる場合は、既に問題が発生している可能性があるので、リーダーやプロジェクトマネジャーに相談するようにしてください。

Learning 　□ 学習コーナー

3つの要素を統合したGARDモデル

　本編の「2-4-5　裏で回るGARDモデルが組織の成長生む」で紹介したGARDモデルは、歴史ある学習手法の集大成といえます。ビジネスの世界は常に変わり続けており、この変化の中で、組織は最新の知識やスキルを獲得し続けなければなりません。そのための新しい学習の枠組みとして生まれたGARDモデルには3つの要素があります。

■ CFR

　20世紀後半から、組織はOKRの実践において、対話（Conversation）、フィードバック（Feedback）、承認（Recognition）の要素を重視してきました。これらの要素は総称してCFRと呼ばれます。組織の動きをリアルタイムで調整し、最適な方向性を維持するための実績と権威があり、OKRと共に発展してきました。導入企業は、グーグル、トヨタ自動車、ソニーなどです。

■ 経験学習

　1970年代から認知されるようになった経験学習は、教育理論家のデビッド・コルブによって提唱されました。このモデルは、具体的な経験（Concrete Experience）、観察・振り返り（Reflective Observation）、抽象的概念の形成（Abstract Conceptualization）、そして活用（Active Experimentation）の4段階から成り立っています。導入企業は、GE、日産自動車、パナソニックなどです。

■ アクションラーニング

　1980年代から普及し始めたアクションラーニングは、実際の問題を解決する過程で学ぶ方法として、多くの組織での成功事例に裏打ちされています。この手法は、行動（Action）を起点として、その結果を通じて学習（Learning）を深めるアプローチを特徴としています。導入企業は、マイクロソフト、ホンダ、キャノンなどです。

　これら3つの要素を統合したGARDモデルは、組織が直面する現実的な課題に対応しつつ、持続的な成長と学習を促進するためのフレーム

ワークとして注目されています。前述の3つの要素との関係は以下の通りです。

- ●Goal Setting（目標設定）：OKRの「Objectives」と「Key Results」、そして経験学習の目的設定フェーズに関連しています。
- ●Action & Reflection（行動 & 振り返り）：アクションラーニングの行動と振り返りのフェーズ、さらには経験学習の経験と観察・振り返りのフェーズに対応しています。
- ●Dialogue & Feedback（対話 & フィードバック）：CFRの対話とフィードバックの要素を取り入れています。
- ●Continuous Improvement（継続的改善）：アクションラーニングの持続的な改善のアプローチを反映しています。

　こうしたGARDモデルとOKRの組み合わせは、組織開発においても非常に有用です。OKRは、明確な目標とその達成を追求するフレームワークとして広く知られています。一方、GARDモデルは持続的な学習と反復のプロセスを強調しています。この両者を組み合わせることで、組織は目標設定と達成のプロセスをさらに強化できます。GARDモデルの持続的な学習のアプローチは、OKRによる明確な目標設定と結果の追求を補完します。具体的な行動計画やフィードバックのサイクルも、これによってより効率的になります。

　この組み合わせはさらに多くの利点をもたらします。チームのコミュニケーション能力、スキルセット、さらには組織文化自体が向上する可能性があります。このようにして、組織は変化の激しいビジネス環境の中でも、持続的に成長し、目標に対して最適な方向性を維持できることになります。

OKRのOとKR、GARDのG、日常作業のタスクの違い

本書は、OKRの専門書ではないので、ここでは細かい説明はあえて割愛しますが、下記に少しだけ補足します。OKRやGARD、タスクの関係性をシンプルに捉えると、以下のようになります。

1.「O」(Objectives)
- 期間中に達成したい大きな目標やビジョン。
- 例:「ユーザーの満足度を向上させる」

2.「KR」(Key Results)
- 「O」を達成するための具体的な成果や指標。定量的に測定できるものが多い。
- 例:「ユーザーフィードバックを基に、機能Aを90％以上の満足度でリリースする」

3. GARDの「G」(Goal Setting)
- 行動計画や学習目標。これを達成するとKRが達成される可能性が高まる。
- 例:「フィードバック収集のためのユーザーインタビューを10回行う」

4. タスク
- 実際に行うべき具体的な活動や作業。最も細かいステップ。
- 例:「今週中に5人のユーザーにインタビューのリクエストメールを送る」

ここでのポイントは、「抽象度」です。Objectivesが最も抽象的で、タ

スクが最も具体的。一方、KRやGARDのGはその中間に位置します。で
は、GやタスクがKRになることはあるのでしょうか。

　答えは「あり得ます」。ある組織やプロジェクトの中で、ある時点での
Gやタスクが、別のコンテキストやスケールのプロジェクトでKRとし
て扱われることは十分に考えられるからです。例えば、ある小さなプロ
ジェクトでのGが「新機能のプロトタイプを作成する」というものだっ
たとします。一方、会社全体の大きな戦略的な取り組みでは、この「新機
能のプロトタイプを作成する」という行動計画そのものが、大きな目標
の一つのKRとして設定されるかもしれません。

　要するに、抽象度やスケールによって、同じ活動や成果がO、KR、G、タ
スクのどれに該当するかが変わってきます。そのため、具体的な文脈や
目的を考慮しながら、これらの要素を適切に設定することが重要です。

Learning 　□ 学習コーナー

組織開発の過去、現在、未来

　本編の「2-4-1　過去の失敗に学ぶ『組織開発』の観点」の中で、組織開
発について触れましたが、もう少し説明を加えましょう。

■ 歴史

　組織開発（Organizational Development：OD）は、1940〜1950年代
に人間関係運動と並行して生まれました。当初は、心理学、社会学、ビジ
ネス管理学などの多様な分野から影響を受け、組織の健全性と効果性を
高めるための方法論やフレームワークが開発されました。その後、テク
ノロジーの進化、グローバリゼーションの進展、多様性の高まりなどに

よって、組織開発の対象と方法は多様化しています。

■ 現在

　今日、組織開発はリーダーシップの資質向上やチームビルディング、文化変革、業績管理、そしてDX（デジタルトランスフォーメーション）など、多岐にわたる領域で活用されています。AIやデータ解析を利用した新しい形の組織開発も注目されています。日本では、「OD Network Japan」（通称ODNJ）や「OD Association Japan」（通称ODAJ）など、さまざまなコミュニティが活動しており、組織開発に関するコンサルティング企業や研修、セミナー、書籍も多数提供されています。その一方で、古い歴史を持ちながらも、「研究」要素がいまだに多く、今後、より多くの「実践」の積み重ねと共有が待たれるところです。

■ 未来

　テクノロジーの進歩に伴い、組織開発も進化を続けます。リモートワークの普及やAIのさらなる進化、サステナビリティ（持続可能性）への関心増加などが、組織開発の未来を形作ります。データを基にした意思決定や多様で包摂的な働き方の推進、そして組織のレジリエンス（回復力）の強化が主要なテーマとなります。

■ 組織開発コンサルタントの役割

　組織開発コンサルタントは、上述のような多様な領域で企業や組織に対して専門的なアドバイスやサポートを提供します。具体的には、組織診断、戦略立案、実行プランの策定、トレーニングといった一連のプロセスを通して、組織の「健全性」と「効果性」を向上させる役割を果たします。

■ 課題

課題も幾つかあります。ChatGPTに整理してもらいました。

1. **変化への抵抗**：組織開発はしばしば大きな変化をもたらすため、メンバーからの抵抗が出ることがあります。
2. **定量的な評価**：特に「文化」や「人間関係」に関わる開発では、その効果を定量的に評価するのが難しい場合があります。
3. **持続性**：初期の成功があっても、それを持続させるのは一筋縄ではいかない場合が多いです。
4. **テクノロジーとの整合性**：最新のテクノロジー（AI、データ解析など）をうまく組織開発に活用する必要がありますが、それには専門的な知識と経験が求められます。

ビジネスパーソンにとって、組織開発は単なる一過性のプロジェクトではなく、組織の持続的な成長と成功を実現するための重要な取り組みです。そのためには、最新のトレンドを把握し、自組織に最適な方法を見つけ出す柔軟性と創造性が求められます。

Learning □ 学習コーナー

人財育成、経営戦略、組織開発をつなぐAI

現代のビジネス環境は、情報技術の発展と市場の変化が複雑に絡み合い、経営者にとって挑戦的な状況を生み出しています。このような状況で生き残るためには、経営戦略と組織開発の両軸を捉え、それらを一体

的に運用する必要があります。そのためにAIをどのように活用するかが
カギとなります。

　経営者としての最初のステップは、自社のビジネスモデルと市場環境
を深く理解することです。それによって、現在の戦略がどれほど効果的
であるのか、それが必要とする改善点は何なのかを見つけることができ
ます。

　しかし、経営戦略だけでは十分ではありません。それを具現化するの
は組織とそのメンバーであり、組織開発はそのために不可欠です。組織
開発とは、組織の構造、システム、文化、そして人々の行動やスキルを改
善・発展させる活動のこと。組織がその目標に向かって一体となって動
くためには、明確な方向性と理解、そして適切なスキルとモチベーショ
ンが必要です。

　この両方を達成するためにAIをどのように活用できるかが今、問われ
ています。AIは、膨大なデータを分析し、パターンを見つける能力を
持っています。これにより、市場環境の理解を深め、競争優位性を獲得す
るための戦略を策定する手助けをしてくれます。

　さらに、AIは組織開発にも貢献します。特に、組織の目標設定と達成
のためのOKRのフレームワークを活用することで、組織の一体化と効
率化を図ることができます。OKRは、組織の全員が同じ方向に向かうこ
とを確保するためのフレームワークです。これにより、組織全体の目標
（Objectives）とその達成に必要な結果（Key Results）が明確になりま
す。AIは、このプロセスを効率化し、透明性を確保するために活用でき、
組織の一体性と効率を向上させます。

　要は、AIは経営戦略の策定と組織開発の実践の両方で重要な役割を果
たします。経営者としては、この新たな技術を理解し、戦略的に活用する
ことが求められているのです。最後に、人財育成、経営戦略、組織開発に

おけるAIの役割と目的の説明を整理しておきます。

1. 人財育成とAI

- **個人のスキルと能力の分析**：AIは従業員のスキルと能力を詳細に分析する能力を持ち、個々の強みや弱点を明確に捉えることができます。
- **カスタマイズされたトレーニングプログラムの開発**：従業員のニーズに合わせてパーソナライズされた教育プログラムをAIが提案・開発することが可能です。
- **成長と進展の追跡**：AIのデータ解析能力を活用して、従業員のキャリア成長を継続的に監視・評価することができます。

2. 経営戦略とAI

- **データ駆動の意思決定**：AIは膨大なデータを迅速に分析し、経営判断の根拠とするための洞察を提供します。
- **市場分析と予測**：AIの予測モデリングを利用して、市場の動向や未来のトレンドを予測することが可能です。
- **戦略的目標の達成を支援するツールとソリューション**：AI技術を統合することで、ビジネスの目標達成を促進するためのツールやソリューションを導入できます。

3. 組織開発とAI

- **組織文化の分析と強化**：AIは組織の文化や価値観を分析し、強化や変革の方向性を示唆することができます。
- **チーム連携とコラボレーションの促進**：AIを用いたコミュニケーションツールやアプリケーションは、チーム間の連携を深化させま

す。

- ●効率的なリソース管理：AIは組織のリソースを最適化し、無駄を削減しながらビジネスの効率を向上させることができます。

4. 倫理とセキュリティーの考慮

- ●AI技術の導入は、プライバシーやデータの取り扱いなどの倫理的な問題を伴います。セキュリティーリスクの管理やガイドラインの設定が不可欠です。

5. 成功事例と教訓

- ●他企業のAI導入の成功事例や失敗例は、新しい取り組みを行う際の参考となります。これらから学ぶ教訓は、ベストプラクティスの確立に役立ちます。

6. 実装の障壁と課題

- ●AIの導入や実装には技術的、組織的な障壁が存在します。これらの課題を理解し、適切な対策や戦略を練ることが成功のカギとなります。

7. 未来の展望

- ●AI技術の進展や業界のトレンドは絶えず進化しています。これらの変動を注視し、どのようにビジネスや組織の領域に影響を及ぼすかの洞察を持つことは、将来の計画や戦略策定に不可欠です。

これらのポイントは、AI技術が経営の各領域でどのように役立つのか、どのような価値を持つのかを明確にするためのものです。ご参考に

なれば幸いです。

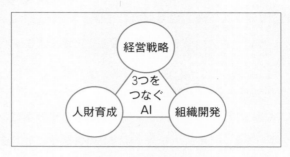

従業員が求めている6つのこと

組織編はいかがだったでしょうか？

現代、日本企業は大企業も中小企業も数多くの課題に直面していま
す。経済の変動、若手人材の流出、そしてグローバルな競争の中での存
続——。こうした閉塞感の中で、組織の再生と活性化が求められる時代
となりました。

本書は、そんな日本企業の挑戦と希望を物語風に描いています。物語
の中心には、AI、OKR、エンパワーメントリーダーシップ、そして
GARDモデルという最先端の手法が織り交ぜられています。本書の中で
は、経営陣がエンパワーメントリーダーシップを発揮し、若手リーダー
を中心にOKRを浸透させるプロジェクトを推進する様子が生き生きと
描かれています。そして、その背後では、組織開発の専門家が日夜、経営
陣や若手リーダーたちを支援しながら、組織全体の変革をサポートして
います。

AIの進化がなければ、私たちはこのような変革を迎えることができな
かったでしょう。組織開発の専門家は、AIの力を借りて、経営への直接

的なインパクトを実現する方法を身につけることができました。ここで一つ、重要な視点を加えたいと思います。それは、これからの日本のエグゼクティブ（経営者、経営幹部、部長層）が実現すべき、従業員が求めている（求めるであろう）6つのことです。

1. ただ「給料」をもらうために働くのではなく「目的」を求めている
2. 仕事に「満足度」だけではなく「成長」も求めている
3. 指示命令型の「ボス」ではなく「コーチ」を求めている
4. 「年1回の評価」ではなく「継続的な対話」を求めている
5. 「弱み」ではなく「強み」に注視してくれることを求めている
6. 仕事とは、単なる「仕事」ではなく「人生」そのものである

＊書籍『ザ・マネージャー〜人の力を最大化する組織をつくる〜』（ジム・クリフトン、ジム・ハーター著、日本経済新聞出版）に記載されている「いま職場で起きている6つの変化」に加筆。

　上記は、才能診断ツール「クリフトンストレングス」を開発した米国の調査会社ギャラップ社の長年の調査に基づいた解釈で、日本の職場ではまだ一般的には認識されていないかもしれません。とはいえ、これらは従業員が無意識に求めている可能性が高く、将来的には明確な要求として現れるだろうと、筆者は確信しています。従って、日本のエグゼクティブは、今からこの変化に備える必要があると考えています。
　実は、このことが、この組織編を書いた理由でもあります。私がこの物語を通じて伝えたいのは、困難な状況の中でも、適切な手法と情熱、そしてチームワークがあれば、どんな組織でも変革と成長が可能であるということです。この物語を通じて、日本企業がどのようにして新しい時代の変革を迎え入れ、そしてその変革を実現していくのかを感じ取っていただければ幸いです。そして、この物語が読者のみなさまの組織やビジ

ネスに新たな希望やインスピレーションをもたらすことを心から願って
います。

従 業 員 が 求 め て い る 6 つ の こ と

  組織編を追体験できるChatGPTプロンプトはこちら

Part3 管理職 編

部下の成長を支援する
AI活用術

　第3編は、大手旅行会社に勤務する新米管理職、千葉良子が、日々管理職として悩みながらも、部下を成長させつつ、自分自身も成長していく物語。管理職のあるべき姿には正解はないものの、**成功している管理職には共通して実践していることがある**。

　管理職には大抵、目指すべきロールモデルが企業内に存在する。ただ、良子の場合には、それがたまたま大学時代の先輩である荒田カオルだった。しかも、カオルは良子のアドバイザーともなる。良子は、日々発生するさまざまな問題に苦悩するが、カオルからのアドバイ

千葉良子

大手旅行会社の新商品企画課の課長。30代で、6人の部下を持ち、仕事に生きがいを見いだしている。ただ、これまで管理職経験がなかったため、日々発生する課題に直面している。カオルのような人間力とリーダーシップを併せ持つビジネスパーソンを目指し、前向きに取り組みながらも、時折自身のスキルに対し自信を失うこともある。

荒田カオル

大手IT系会社の顧客対応部長。会社は違うが、良子の大学時代の先輩で良き相談相手。既婚50代で一人娘がいる。AI活用を進めたい良子にとって、既にChatGPTを使いこなしているカオルは頼りになる存在。カオル自身も、自分が初めて管理職に登用された時の悩みと同じ悩みを良子が抱えていることを知り、良子の悩みに親身に相談に乗っている。

青木陽一郎

良子と同じ大手旅行会社の経理課の課長。良子とは同期入社で、課長に昇進したのも同時期。現在は、良子の隣の部署にいるため、良子とはよく情報交換をしている。青木は、いつも良子のことをライバル視しており、良子も青木のことを良きライバルだと思っている。

スで気付き、成長していくのである。

管理職育成で大切なことは、実は、育てる人を育てること。それには、どうすれば良いのか——。第3編では、生成AI（人工知能）を活用しながら、管理職に必要な知識、部下との対応の仕方などを明らかにしていく。

読者の皆さんも、良子と一緒に学び、管理職として成長しよう！

（文責：寺下　薫）

3-1 管理職とは何か

第1章では、管理職にどのようなスキルが求められ、マスターしてい かなければならないのかを学んでいただく。企業や自治体の多くは、管 理職に対して研修を実施したり、外部のセミナーを受講させたりして いる。しかし、体系的に教えられている企業や自治体は非常に少なく、 手探りで管理職育成をしているところが多くを占める。

管理職自身も、どんなスキルを押さえればマネジメントができるよ うになるのか分からないまま、仕事をしている。仮に、そのスキルが分 かったとしても、どのように習得すれば良いのかも、また分からないの が実態である。

管理職の仕事をまっとうするには、最低限必要なスキルがあり、それ をマスターしていく必要がある。本章では、生成AI「ChatGPT」を使 いながら、管理職に必要なスキルをピックアップし、どのように習得し ていけば良いのかを学んでいただく。

3-1-1 管理職に求められるスキル

ある大手旅行会社の新商品企画課の課長である千葉良子は、管 理職に昇進してから半年が経過しようとしていた。部下は6人。 元々、管理職になりたかったわけではなかったため、いざその立 場になると、部下にどう振る舞えばいいのかなど不安ばかりが 募っていた。そんな時、「経営者の会」で知り合ったソフィアから AIの活用を勧められた。しかし、使い方を知らない良子は、結局何 もしないまま不安とともに過ごしていた。

ある日、良子は仕事終わりに大きなため息をつきながら、ぽつりとつぶやいた。「今日の仕事もやっと終わった。今の私、そもそもリーダーとしての役割を果たせているんだろうか……」。良子は急に大きな不安に襲われると、ソフィアのアドバイスが頭をよぎった。AI活用──。そういえば、大学時代の先輩の荒田カオルが「ChatGPTを使っている」と話していた。しかも良子が管理職になったときには、カオルから「管理職って、孤独でしょ。いつでも連絡してよ！」というメールをもらっていた。良子は居ても立ってもいられずにカオルに連絡し、「相談があるんです」と告げると、仕事終わりに近くのカフェで会う約束を取り付けた。

「すみません。お忙しいのに」

「いやいや、とんでもない。大きなプロジェクトが終わったばかりで、ちょっと暇してたところだったから、ちょうど良かったよ。何かあったの？」

　カオルの顔を見てホッとした良子は堰を切ったように、数日前の川出部長とのやりとりを話し始めた。きっかけは、「私って、管理職として、ちゃんとできていますかね？」という良子の一言。これに対し部長が、「まぁ、普通にはできていると思うよ。部下との人間関係もうまくいっているみたいだし。ただ、私から見ると、良子さんには課題が３つあると思う」と指摘した。具体的には、次の内容だった。

　課題の１つ目は、自分で何でもやってしまい、部下に仕事を依頼することがなかなかできていない点。２つ目は、他のチームの管理職が報告や相談にまめに来るのに対し、良子はうまくいっているからかもしれないが、ほとんど来ないという点。そして３つ目が、現場が好きで現場につい出てしまい、チーム全体の状況が把握で

きていなかったり部下のサポートが疎かになったりしている点。
実は、これらの指摘は、今回が初めてではなく、部長からは事ある
ごとにフィードバックされていた。

　一気呵成に話を終えた良子は、口の渇きを潤すために冷めかけ
たコーヒーを手にすると、それまでじっと耳を傾けていたカオル
が口を開いた。

「で、良子ちゃんは、どうしたいの？」

　良子はコーヒーを口にし、カップを静かにテーブルに置いた。

「はい、部下を育てる前に自分が成長しないといけないと思って
います。でも、どうやって成長していけばいいのか、正直分からな
くて」

「そうだね、自分のことって、なかなか客観的に見られないし、管
理職になってしまうと、上司以外の人からフィードバックを受け
ることもほとんどないから、管理職としてちゃんとできているか
どうかなんて、よく分からないよね。私で良かったら、相談相手に
なるよ」

「本当ですか！？　嬉しい。ぜひ、お願いします。ここのご飯代、私
が出しますね！」

　こうして良子は、カオルから管理職としてのいろはを教わって
いくことになったのである。

「早速ですけど、まず、管理職に必要なスキルを教えてください」

「じゃあ、こいつに聞いてみるか」

　カオルがパソコンを立ち上げ、起動したのはChatGPT。カオ
ルが手慣れた様子で入力すると、ほどなくパソコンの画面に回答
が現れた。

管理職に必要なスキルの一覧表を作成してほしいです。項目として
は、スキルの定義、スキルの習熟期間、難易度（3段階：高い、普通、低い）
で、表にしてもらえると嬉しいです。

ChatGPT

スキルの名前	定義	習熟期間	難易度
リーダーシップ	チームまたは組織を導き、目標達成を促す能力	長期（通常は数年）	高い
コミュニケーション	情報を効果的に伝達し、他人との理解を深める能力	中期（数カ月から数年）	普通
データ分析	数値やデータを解釈し、意思決定に活用する能力	中期（数カ月から数年）	高い
タイムマネジメント	時間を効率的に使い、優先順位を設定し、タスクを計画する能力	短期（数週間から数カ月）	普通
プロジェクト管理	プロジェクトの目標設定から達成までを効率的に管理し、リソースを最適に活用する能力	中期（数カ月から数年）	高い

ChatGPTの回答を見て、良子は言った。

「なるほど、こんな感じで一覧表にしてもらえると、とても分かり
やすいわ。リーダーシップとかは、確かに難易度が高そう」

「良子ちゃん、次は、このスキルの一覧表を使って自己診断をして
みようか」

　良子は、カオルの提案にうなずき、再びコーヒーカップを口に
運んだ。その表情は、先ほどとは少し異なり、緊張の色を帯びてい
た。

3-1-2　自分を知る、セルフスキルチェック

　　良子とカオルはパソコン画面上のスキル一覧表を見ている。カオルが良子に質問した。

「この中で、自分でできているスキルと、できていないスキルはどれになる?」

「えーと、その前に、できているかどうかって、どうやって判断するんですか?」

「そうだね。じゃあ、ChatGPTにチェック表を作ってもらおうか」

　　カオルはこう言うと、再び、ChatGPTにメッセージを打ち込んだ。

プロンプト

　管理職に必要なスキルであるリーダーシップ、コミュニケーション、データ分析、タイムマネジメント、プロジェクト管理に関するスキルのチェック(各10問ずつ)を作ってください。YES or NOで判定できるように2択にして欲しいです。

■ ChatGPT

　以下に各スキルセットごとに10の質問を示します。これらの質問は、あなたがその特定のスキルを持っているかどうかを自己評価するためのものです。YESかNOで答えてみてください。

【リーダーシップ】

1. あなたは、チームのビジョンを明確に伝えることができますか?
2. あなたは、他の人をインスパイアし、行動に移すことができますか?

3. あなたは、チームの成功と失敗を公正に評価できますか？

4. あなたは、自分自身の弱点を認め、改善することができますか？

5. あなたは、チームメンバーの個々の強みと弱みを理解していますか？

6. あなたは、適切なフィードバックと指導を提供できますか？

7. あなたは、難しい決定を下すことができますか？

8. あなたは、変更を管理し、新しい戦略を導入することができますか？

9. あなたは、チーム内の対立を解決することができますか？

10. あなたは、自分のリーダーシップスタイルを状況に応じて適応させることができますか？

【コミュニケーション】

1. あなたは、明確で簡潔なメッセージを伝えることができますか？

2. あなたは、他人の意見を尊重し、それを考慮に入れますか？

3. あなたは、他人との対話を通じて関係を構築することができますか？

4. あなたは、難しい情報を他の人に理解できるように説明することができますか？

5. あなたは、他の人が何を言っているかをきちんと理解していますか？

6. あなたは、情報を効果的に視覚化することができますか？

7. あなたは、聞くことで他人から学ぶことができますか？

8. あなたは、他人と共感することができますか？

9. あなたは、適切なコミュニケーションチャネルを選択することができますか？

10. あなたは、他の人があなたのメッセージをどのように解釈するかを予測することができますか？

【データ分析】

1. あなたは、データを収集し、それを組織化することができますか？

2. あなたは、データからトレンドやパターンを特定することができますか？

3. あなたは、統計的分析を理解し、実行することができますか？

4. あなたは、データを用いてビジネス上の意思決定を支援することができますか？

5. あなたは、データの質を評価し、その信頼性を判断することができますか？

6. あなたは、データビジュアライゼーションツールを使用することができますか？

7. あなたは、ビジネスの問題を解決するためにデータを使用することができますか？

8. あなたは、データに基づいた予測を立てることができますか？

9. あなたは、データセキュリティーとプライバシーの原則を理解していますか？

10. あなたは、データ分析の結果を非技術的な聴衆に説明することができますか？

【タイムマネジメント】

1. あなたは、自分の仕事を優先順位づけすることができますか？

2. あなたは、期限を守ることができますか？

3. あなたは、自分の時間を計画し、スケジュールを管理することができますか？

4. あなたは、不必要な仕事を避けるために「ノー」を言うことができますか？

5. あなたは、複数のタスクを効率的に管理することができますか？

6. あなたは、予想外の問題が発生したときに適応することができますか？

7. あなたは、自分自身の仕事のペースを調整することができますか？

8. あなたは、自分の時間を最大限に活用するためのツールを使用することができますか？

9. あなたは、タスクを達成するために必要な時間を正確に見積もることができますか？

10. あなたは、ストレスや疲労がパフォーマンスに影響を与えることを認識していますか？

【プロジェクト管理】

1. あなたは、プロジェクトの目標と期限を設定することができますか？

2. あなたは、プロジェクトのリソースを効果的に管理することができますか？

3. あなたは、プロジェクトのリスクを評価し、それに対処することができますか？

4. あなたは、チームメンバーに適切なタスクを割り当て、彼らの進行状況を追跡することができますか？

5. あなたは、プロジェクトの進行状況を定期的にレビューすることができますか？

6. あなたは、プロジェクトの変更を管理し、それに適応することができますか？

7. あなたは、プロジェクトの結果を評価し、学びを次のプロジェクトに適用することができますか？

8. あなたは、プロジェクトの問題を解決するために創造的な解決策を見

つけることができますか？

9. あなたは、プロジェクトの品質を保証するための適切な手段を取ることができますか？

10. あなたは、プロジェクトのステークホルダーと効果的にコミュニケーションを取ることができますか？

カオルの要求通り、5つのスキルに対し、それぞれ10の質問が画面上に現れた。

「これなら私もチェックできそう」

「まずは、ここからスタートだね。このチェック表を使って、自分のできているスキルと、できていないスキルを見える化しよう」

良子は、各質問に対し、時には間髪入れずに、時にはじっくり考えながら、「Yes」「No」を付けていった。

3-1-3　管理職スキルの効果的な習得方法

カオルが文庫本に目を落としていると、良子がフーと、大きく息を吐いた。

「できた！なんだか、管理職になって半年の振り返りみたいでした」

「そう、それでいいんだよ」

スキルのセルフチェックを終えた良子は、「Yes」「No」を付けたチェック表をしげしげと眺めながら、カオルに聞いた。

「ねぇ、カオルさん。このチェック表でやるべきことは見えてきた気がするけど、できていないスキルについてはどうやって習得していけばいいんですか？」

カオルは文庫本を閉じると、良子に向き合ってこう答えた。

「普通は、セミナーを受講したり、ビジネス書を読んだりするよね。あとは、仕事をしながら経験して身につけていくんだと思う。折角だから、この点についてもChatGPTに聞いてみようか」。

カオルは、再び、ChatGPTに質問した。

● プロンプト

管理職に必要なスキルをChatGPTで習得するにはどうすればいいですか？

■ ChatGPT

ChatGPTは自然言語処理のモデルであり、情報を学習して生成することが得意ですが、実際の経験や実践的なスキルの習得には限界があります。管理職に必要なスキルは、コミュニケーション能力、リーダーシップ、人事管理、問題解決能力、ビジネス戦略の理解など、多岐にわたります。以下に、管理職に必要なスキルを習得するための一般的なアプローチをいくつかご紹介します。

1. 書籍や参考資料の学習：管理職に関連する書籍やビジネス書、リーダーシップについての参考資料を読むことで、理論的な知識を習得することができます。これらの情報は、管理職に必要なスキルやベストプラクティスについての基礎を提供してくれます。

2. 経験豊富な人々との対話：実際の管理職経験者やリーダーとの対話を通じて、実践的な知識や経験を学ぶことができます。彼らからのアドバイスやストーリーは、管理職の役割や課題についての洞察を深めるのに役立ちます。

3. 管理職向けの研修やセミナー：リーダーシップやマネジメントに特化

した研修やセミナーに参加することで、実践的なスキルを習得することができます。これらのイベントでは、実践的なケーススタディやロールプレイを通じて、実際の状況に対する対応力を養うことができます。

4. 実践とフィードバック：管理職に必要なスキルは、実際の経験を通じて習得することが重要です。実際の業務やプロジェクトでリーダーシップの役割を果たし、経験を積むことでスキルを磨くことができます。また、上司や同僚からのフィードバックを受けることも成長に役立ちます。

5. メンターの存在：経験豊富な管理職やリーダーをメンターとして迎えることで、個別の指導やアドバイスを受けることができます。メンターからの指導は、実践的なスキルの習得やキャリアの成長において大きな助けとなるでしょう。

これらのアプローチを組み合わせることで、管理職に必要なスキルを習得することができます。ただし、管理職としての経験を積むことが最も重要な要素であり、スキルの習得には時間と実践が必要です。

良子は、ほんの数秒足らずででてきた回答にしっかり目を通すと、表情に少し不満の色をにじませました。

3-1-4　ChatGPTから学ぶ、スキルの習得プロセス

良子は、「ChatGPTの答えは、なんか一般論だなぁ」と心の中でつぶやくと、カオルに向かって言った。

「これだけだと、具体的にスキルを習得するにはどうすればいい

のか、よく分からないですね。セミナーとかに出ればいいのかなぁ」

「僕の場合は、ビジネス書を読んだり、研修を受けたりしているよ。最近だと、勉強しようと思えば、ネットでも無料でできるからね」

「ええ、それは分かっているんですけど……。でも、折角だから、もう少しChatGPTを使えないかしら」

「もちろん、使えるよ。ChatGPTを相手にどんどん壁打ちをしていけばいいんだよ。例えば、こんな感じかな」

　カオルは、パソコンに向かって入力を始めた。

プロンプト

　ChatGPTで具体的にリーダーシップ、コミュニケーション、データ分析、タイムマネジメント、プロジェクト管理に関するスキルを習得するプロセスを教えてください。

■ ChatGPT

　管理職に必要なスキルを習得するプロセスは、以下の通りです。

【リーダーシップ】

習得方法：リーダーシップスキルは、他の人を理解し、インスパイアし、導く能力を高めることから始まります。リーダーシップに関する書籍を読む、講座を受ける、役割モデルを観察する、またはコーチングを受けることで、リーダーシップの理論と実践を学びます。

【コミュニケーション】

習得方法：コミュニケーションスキルは、人々との対話やフィードバッ

クの交換を通じて習得します。これには、聴くスキル、適切なメッセージ
の伝達、非言語的なコミュニケーションなどが含まれます。

【データ分析】
習得方法：データ分析スキルを習得するためには、統計学の基本、データ
の可視化、プログラミング（特にPythonやR）、データベースの操作な
どを学びます。

【タイムマネジメント】
習得方法：タイムマネジメントスキルは、自己規律、優先順位づけ、目標
設定、計画性などを通じて習得します。これらのスキルは、自己反省、目
標設定、タスクのリスト作成などを通じて強化することができます。

【プロジェクト管理】
習得方法：プロジェクト管理スキルを習得するためには、目標設定、計画
作成、リスク管理、チームのコーディネーション、進ちょく管理などを学
びます。これらのスキルは、プロジェクト管理のトレーニング、実践的な
経験、メンターシップを通じて習得します。

ChatGPTの回答をじっくりと読む良子。
「なるほど、だんだん具体的になってきた」。
　その表情からは、不安の色が消えつつあった。それを見たカオ
ルは、「本格的な壁打ちはここからだよ」と言い、そのためのプロ
ンプトをスキルごとに示してくれた。

【リーダーシップ】

1. 効果的なリーダーシップの特性について教えてください
2. チームをインスパイアし動機づける方法について教えてください
3. 対立を解決するための最善の方法は何ですか？
4. フィードバックを効果的に提供するためのヒントを教えてください

【コミュニケーション】

1. 効果的なコミュニケーションのためのベストプラクティスは何ですか？
2. 情報を明確に伝えるための方法について教えてください
3. 他人との対話で建設的な関係を築くためのアドバイスを教えてください

【データ分析】

1. データ分析における統計学の基本について教えてください
2. Pythonでデータをクリーニングする基本的な手法について教えてください
3. データを視覚化するためのベストプラクティスは何ですか？
4. データ分析における予測モデリングの基本について教えてください

【タイムマネジメント】

1. 時間を効率的に管理するためのテクニックは何ですか？
2. 効果的な優先順位づけの方法を教えてください
3. 複数のタスクを効率的に管理するための戦略について教えて

ください

【プロジェクト管理】

1. プロジェクトの目標設定と計画作成のベストプラクティスについて教えてください
2. プロジェクトのリスクをどのように管理すべきですか?
3. チームの進ちょくを効果的に追跡するための戦略について教えてください

「へー、こうやってChatGPTに1個ずつ質問しながら、スキルを習得していくんですね。これなら、なんかできそう。まずは、リーダーシップからやってみようかな」

　良子はこう言うと、ChatGPTの入力欄に、「効果的なリーダーシップの特性について教えてください」と、カオルから教えてもらったばかりのリーダーシップに関するプロンプトを入力した。カオルは、良子が壁打ちに夢中になる様子を見て、読みかけの文庫本を再び開いた。

Practice ────□ **実践コーナー**

管理職としてのスキルをセルフチェックしよう

　本コーナーでは、本編での良子とカオルのやりとりの中に描かれたセルフチェックのやり方についておさらいします。具体的には、ChatGPTを使って、管理職であるあなたの現在のスキルの有無を診断します。

────

手順1　ChatGPTへの入力

[**プロンプト**] 管理職に必要なビジネススキルを30個挙げてみて欲しい。一覧表にして、有無をチェックできる表にして欲しい。

▶▶▶ ChatGPTの回答例

スキル	説明	有無
リーダーシップ	チームを引き立て、適切な方向に導く能力	
コミュニケーション	他人と効果的に情報を交換し、理解を深める能力	
ディシジョンメイキング	効果的な意思決定を行い、リスクを評価する能力	
問題解決	問題を特定し、可能な解決策を考え出し、それを実行する能力	
時間管理	自身の時間を効果的に管理し、優先順位をつける能力	
デリゲーション	仕事を適切に分配し、他人に任せる能力	
戦略的思考	長期的な視点で思考し、戦略を計画する能力	
変更管理	組織内の変更を管理し、その影響を最小限に抑える能力	
交渉力	他者と効果的に交渉し、共有目標に向けた合意を形成する能力	
コンフリクトマネジメント	対人間の対立を解決し、和解を促進する能力	
財務管理	財務の概念を理解し、予算の計画と管理を行う能力	
プロジェクト管理	プロジェクトを計画し、実行し、監視し、完了させる能力	

パフォーマンス管理	従業員のパフォーマンスを評価し、改善する能力	
リスク管理	リスクを特定し、評価し、軽減する能力	
ビジネスアキュメン	業界の知識とビジネスの理解を持つ能力	
クリティカルシンキング	複雑な問題を分析し、理論的に考える能力	
エモーショナルインテリジェンス	自分自身と他人の感情を理解し、それに適切に対応する能力	
顧客サービス	顧客のニーズを理解し、それに対応する能力	
技術的知識	自分の業界または役職に関連する技術的な知識	
マルチタスキング	複数のタスクを同時に効果的に管理する能力	
イノベーション	新しいアイデアを考え出し、それを実現する能力	
自己啓発	自身のスキルと知識を向上させるための学習意欲	
コーチング	他人の成長と発展を支援する能力	
チームビルディング	効果的なチームを作り、その結束力を維持する能力	
エチカル	高い倫理観を持ち、それをビジネスで実践する能力	
アダプタビリティ	変化する状況や課題に適応する能力	
公平性	公正かつ公平に行動し、すべての従業員を公平に扱う能力	
メンタリング	他人のキャリア開発を支援し、アドバイスを提供する能力	

| リソース管理 | 有限のリソースを効率的に割り当て、管理する能力 | |
| パーソナルブランディング | 自己の専門性と価値を明確に伝える能力 | |

　良子とカオルのやりとりの中では、スキルの数は5個でしたが、本コーナーでは30個としました。続いては、自分の現在のスキルの有無を入力します。正直ベースでやってください。

手順2　スキルの有無の入力

▶▶▶ 入力例

スキル	説明	有無
リーダーシップ	チームを引き立て、適切な方向に導く能力	有
コミュニケーション	他人と効果的に情報を交換し、理解を深める能力	無
ディシジョンメイキング	効果的な意思決定を行い、リスクを評価する能力	有
問題解決	問題を特定し、可能な解決策を考え出し、それを実行する能力	有
時間管理	自身の時間を効果的に管理し、優先順位をつける能力	無
デリゲーション	仕事を適切に分配し、他人に任せる能力	無
戦略的思考	長期的な視点で思考し、戦略を計画する能力	有
変更管理	組織内の変更を管理し、その影響を最小限に抑える能力	無

交渉力	他者と効果的に交渉し、共有目標に向けた合意を形成する能力	有
コンフリクトマネジメント	対人間の対立を解決し、和解を促進する能力	有
財務管理	財務の概念を理解し、予算の計画と管理を行う能力	無
プロジェクト管理	プロジェクトを計画し、実行し、監視し、完了させる能力	有
パフォーマンス管理	従業員のパフォーマンスを評価し、改善する能力	有
リスク管理	リスクを特定し、評価し、軽減する能力	無
ビジネスアキュメン	業界の知識とビジネスの理解を持つ能力	無
クリティカルシンキング	複雑な問題を分析し、理論的に考える能力	有
エモーショナルインテリジェンス	自分自身と他人の感情を理解し、それに適切に対応する能力	有
顧客サービス	顧客のニーズを理解し、それに対応する能力	無
技術的知識	自分の業界または役職に関連する技術的な知識	有
マルチタスキング	複数のタスクを同時に効果的に管理する能力	無
イノベーション	新しいアイデアを考え出し、それを実現する能力	無
自己啓発	自身のスキルと知識を向上させるための学習意欲	有
コーチング	他人の成長と発展を支援する能力	有

チームビルディング	効果的なチームを作り、その結束力を維持する能力	無
エチカル	高い倫理観を持ち、それをビジネスで実践する能力	無
アダプタビリティ	変化する状況や課題に適応する能力	無
公平性	公正かつ公平に行動し、すべての従業員を公平に扱う能力	有
メンタリング	他人のキャリア開発を支援し、アドバイスを提供する能力	無
リソース管理	有限のリソースを効率的に割り当て、管理する能力	有
パーソナルブランディング	自己の専門性と価値を明確に伝える能力	有

　良子が、「管理職になって半年の振り返りみたいでした」と言っていたように、ここでは自分のこれまでの行動を客観的に振り返ることが重要になります。スキルの有無を入力した表が完成したら、次は、それをChatGPTに読み込ませて診断してもらいます。

手順3　ChatGPTによる分析

［プロンプト］スキルの有無を入力したので、私の管理職としてのレベル（初級、中級、上級）を教えてください。

▶▶▶ ChatGPTの回答例

　あなたが持っているスキルと持っていないスキルのリストを見ると、あなたは初級から中級の管理職レベルにいると思われます。以下の理由によります。

　あなたが持っているスキルの中には、リーダーシップ、ディシジョンメイキング、問題解決、戦略的思考、交渉力、コンフリクトマネジメント、

プロジェクト管理、パフォーマンス管理、クリティカルシンキング、エモーショナルインテリジェンス、技術的知識、自己啓発、コーチング、公平性、リソース管理、パーソナルブランディングといった、管理職に必要な重要なスキルが含まれています。

しかし、コミュニケーション、時間管理、デリゲーション、変更管理、財務管理、リスク管理、ビジネスアキュメン、顧客サービス、マルチタスキング、イノベーション、チームビルディング、エチカル、アダプタビリティ、メンタリングといったスキルが欠けています。これらのスキルは、中級から上級の管理職レベルでより重要になります。

それぞれのスキルがどのようにあなたの能力を形成するかを理解し、それぞれのスキルがあなたの業界や役職にどのように関連するかを考えてみることをおすすめします。そして、欠けているスキルを向上させるためのトレーニングや教育を受けることを検討すると良いでしょう。

ここで、あなたに不足しているスキルが明確になりました。良子が、「このチェック表でやるべきことは見えてきた気がするけど、できていないスキルについてはどうやって習得していけばいいんですか？」とカオルに尋ねたように、次にやるべきは不足しているスキルの習得です。ChatGPTにトレーニング方法を聞いてみましょう。

手順4　ChatGPTによるトレーニング方法の教示

[プロンプト] 不足しているスキルのトレーニング方法を教えてください。

▶▶▶ ChatGPTの回答例

各スキルを向上させるためには異なるアプローチが必要です。以下に、あなたが欠けているスキルを向上させるための一般的なトレーニン

グ方法を提案します。

例えば、コミュニケーションスキルを向上させるには、アクティブリスニング（効果的な聞き手になるための技術）、非言語コミュニケーション（ボディランゲージ、目の接触）、明確かつ簡潔な表現などの練習が有効です。また、公的なスピーチトレーニングやプレゼンテーションのコースを受講するのもおすすめです。

このようにChatGPTを使えば、自分のスキルの有無を知り、不足しているスキルの習得方法を学ぶことできます。良子とカオルのやりとりの最後にまとめた、5個のスキルに関する壁打ちのためのプロンプトも参考に、スキル習得のトレーニングを実践してみてください。

Learning ☐ 学習コーナー

管理職育成について実は誰も正解を知らない

管理職のあなた、そしてこれから管理職になるあなたに、最初に、衝撃的な事実をお伝えしておきましょう。実は、あなたの上司を含め多くの管理職は、管理職としてのイロハをきちんと教えられていないのです。今までの自分の経験を頼りにマネジメントしている管理職の何と多いとか――。

管理職に登用されると、最初に新任管理職研修を受講させられ、管理職としての基礎教育を受けている人が多いと思います。ただ、内容は会社によってバラバラで、心構えやリーダーシップ研修、コーチング研修、目標評価研修などさまざま。体系的に学ばせている企業は、意外と少ないといえます。

　筆者が所属していた会社の人事部では、新任管理職向けに研修を実施していましたが、1on1の基礎研修、コーチング研修、フィードバック研修、目標評価研修、キャリア研修の5つを実施した程度でした。驚くかもしれませんが、これが管理職育成の実態なのです。研修予算の取れない会社も多く、ちゃんとした研修を実施できていない企業もたくさんあります。つまり、結局のところ、**個人任せ**にしている会社が大多数なのです。

　では、管理職は、どうやって学べばよいのでしょうか——。

■ 経験から実に多くのことを学ぶ

　読者の皆さんは、7：2：1の法則をご存じでしょうか。経営コンサルタントであるマイケル・ロンバルドとロバート・アイチンガーの研究によると、ビジネスにおいて人は7割を仕事上の経験から、2割を上司や先輩のアドバイスやフィードバックから、残りの1割を研修やセミナーなどのトレーニングから学ぶといわれています。つまり、経験から実に多くのことを学んでいるのです。

　実際、経験を積むことにより、少しずつ自分にも自信がつき、できることや仕事の範囲がどんどんと広がっていきます。従って、「7割を仕事上の経験から学ぶ」という指摘は、皆さんも同感できるのではないでしょうか。

　一方で、経験も大事だけど、それよりも、「上司や先輩からのアドバイスや研修の方が重要じゃないの？」と思われている方もいることでしょう。しかし、そうではありません。自分が得た経験に、上司や先輩からのアドバイスや研修が加わることにより、質の高い経験ができ、その結果、個人としての能力が向上していくのです。

　こうした観点からも、経験だけに頼るのではなく、管理職には必要な

研修を受講させる仕組みを会社の中につくっておくと、リーダーを加速度的に育成することができます。特に、新任の管理職には、早めに受講させるとよいでしょう。

■ 管理職に必要な3つのスキル

　筆者はこれまで、数1000人の管理職を見てきましたが、リーダーには、大きく分けて3つのスキルが必要です。それは、「ビジネス基礎スキル」「専門スキル」「テクノロジー対応スキル」で、具体的には以下のような内容です。

ビジネス基礎スキル

・管理職の心構え（基本的な管理職としての心構えだけではなく、多様性の理解やハラスメント防止も含む）
・目標設定、評価フィードバックスキル
・コミュニケーションスキル（特に褒め方、叱り方）
・タイムマネジメントスキル
・人材育成スキル
・問題解決スキル
・コンプライアンススキル
・労務管理スキル

専門スキル

・ご自身の業務に関する高度な専門知識

テクノロジー対応スキル

・DX（デジタルトランスフォーメーション）推進スキル

・AI活用スキル

・セキュリティースキル

　これらのスキルについては、新任管理職にとっては最低限取得すべきものと考えます。これらのスキルを習得していない場合には、研修を受講させるなり、自社で研修を実施するなりして、管理職のスキルレベルや視点を合わせておく必要があります。

　本コーナーは管理職を対象に述べてきましたが、部下についても同様です。部下の場合は、特にビジネス基礎スキルを早い段階から習得できるように上司がサポートしていく必要があります。社内の教育システムを利用したり、外部のセミナーや研修を受講させたりするとよいでしょう。

Column

やってみせ、させてみて、褒めてやらねば、人は動かじ

　社内で、業務を通して部下を育成する際、基本となる育成方法があります。それは、次の有名な言葉に大きなヒントが隠されています。

　「やってみせ、させてみて、褒めてやらねば、人は動かじ」

　この言葉をご存じでしょうか？　有名なので、一度は聞いたことがあるかもしれません。戦時中の連合艦隊の司令長官だった山本五十六の言葉です。この中には、人を育成する際のポイントが詰まっています。

部下を褒めることと叱ること、どちらが重要か

　部下を育成していく場合、4つのステップをおすすめします。その4つとは、「準備」「提示」「実行」「評価」（図）です。「教える準備をして」「やっ

て見せて」「やらせてみて」「評価する」というやり方。この順序で、サイクルをグルグル回すだけでいいのです。詳しく見ていきましょう。

　まず、人を育成するには、準備が必要です。教えるためのマニュアルや手順書も準備しなければいけませんし、予習も必要になります。

　次に、上司が自ら実際にやってみせる。これが、提示です。言葉で「やれ」と部下に言うよりも、やってみせる率先垂範の方がとても説得力があります。私は現場にいる時、この率先垂範を特に意識していました。社内評論家みたいにあれこれ言っているよりも、やって見せると100倍くらいの効果があります。

　続いては、実行です。部下に実際にやらせてみます。やってみせるだけではなく、やらせてみると、自信もつきますし、達成感も味わえます。

　そして最後に、評価をします。つまり、フィードバックです。できていることはもちろん、こうしたらもっとよくなるといった改善すべき点をフィードバックします。

　では、ここで、一つ問題です。この4つのステップの重要度は同じでは

【人材育成4つのステップ】

準備	□今回のゴールと何を学んでもらうのかを事前に説明している □本日の研修のゴールを示している □該当分野の予習をしてポイントを把握している
提示	□実際にやってみせている □ホワイトボードなどに書いて重要なポイントを説明している □常に理由（作業を行う目的や理由など）を説明している
実行	□遅くても良いから、正しい手順でやることに重点を置いている □部下が分かったと感じるまで、何回も練習させている □分かったかどうかは、本人の申告ではなく行動で判断している
評価	□最初に設定したゴールの達成状況を点数で伝えている □良かった点と改善すると良くなる点を必ず伝えている □良くできている点については必ず褒めて自信を持たせている

ありませんが、一番重要なステップはどれでしょうか。

　正解は「評価」です。すなわち、最後のフィードバックが4つのステップの中で一番大切なのです。しかし最近は、叱れない上司が増えつつあり、肝心の評価がままならないと、私のところにも多くの相談が寄せられています。

　ここで、もう一つ問題です。部下育成をする際に、叱ることと褒めること、どちらが重要でしょうか。実は、筆者は部下育成に関して「叱ることと褒めることのバランスは、どう取っていますか？」といった質問を多くいただきますが、中でも、この「叱ることと褒めること、どちらが重要でしょうか？」という質問がダントツで多いのです。逆に言えば、それだけ皆さん、悩んでいらっしゃるようでして……。

　本コラムでは、ズバリ言います。こういう質問をしてくる管理職は、**部下をちゃんと育成できていません**。なぜなら、部下に対して叱るのも褒めるのも、どちらも重要だからです。つまり、これが正解。ところが、最近の管理職は、部下を叱ることに躊躇（ちゅうちょ）する人が多いのです。

　管理職研修をすることになったある企業の役員から、「かなり厳しくやってください。脱落者が出てもいいので、とにかく厳しくやってください」と依頼されました。裏を返せば、それだけ社内で厳しく指導する人が減っていることの証しだと思います。

　叱ったりすると、職場の雰囲気を壊してしまうのではないかとか、その後が気まずくなって仕事に支障を来すのではないかとか、つい考えてしまう。しかし、叱ることも必要な指導法の一つなのです。これまでの経験で言いますと、叱る時は、本気で叱ればいい。ただし、条件があります。それは、**部下の成長を願いながら、真剣に叱ること**。単に感情をぶつけたりするのは、厳禁です。

　叱ったりしたら、嫌われるんじゃないかとか、仕事がやりづらくなる

んじゃないかとか、心配になる人も多いと思います。しかし、叱った後に
それを引きずらずに普通に接し、フォローをちゃんとすれば問題ありま
せん。一時的には、職場の雰囲気が真冬のように凍りつくかもしれませ
んが、そこをきちんとやりさえすれば、時間もあまりかからずに元通り
に戻ります。余計な心配は要りません。

　もちろん、褒めることも忘れてはいけません。教えたことがちゃんと
できたときや素晴らしいと感じたときには、しっかりと褒めましょう。
そしてその際には、叱るときと違って、人前を意識してください。そこ
で、これでもかというくらい徹底的に褒めるのです。

　さて、本コラム冒頭で紹介した山本五十六の言葉には、部下育成のポイ
ントが詰まっていると述べましたが、僭越（せんえつ）ながら、あと二
つ入れたいと思います。

　「準備して、やってみせ、させてみて、叱って褒めてやらねば、人は動か
じ」

　部下の育成には真っ先に準備が必要なことと、褒めるだけでは部下は
伸びず、時には叱ることも重要であることを追加させてもらいました。
このサイクルをグルグル回せば、部下育成はきちんとできるようになり
ます。

やってみせ、させてみて、褒めてやらねば、人は動かじ

3-2 1on1に臨む前に

1on1の導入に関して興味・関心を持つ企業や自治体は多い。しかし、1on1は制度を導入しただけではうまくいかない。実は、1on1は上司と部下との対話であり、通常の面談とは違う。ところが実態はというと、その違いを理解しないまま、1on1を実施している。結果、制度を導入して満足しているところが多く見受けられるのである。

1on1を導入したもののうまく運用できていないという管理職には、共通する特徴がある。それは、質問力の弱さ。まずは、1on1について正しく理解し、その流れを習得するところからスタートしよう。

本章では、1on1を実施する際の注意点や使用するシートを紹介しながら、効果的な1on1を実現するためにはどうすれば良いのかを、ChatGPTを活用して考えていく。

3-2-1 1on1に対する誤解

カオルから、管理職として持つべきスキルやセルフチェックのやり方を学んでから数カ月が経過したある日、良子の携帯電話が鳴った。電話の主はカオル。「たまにはお茶でもしない」という誘いだった。再び管理職として疑問にぶつかっていた良子は、渡りに船とばかりに、「ぜひぜひ」と、カオルと会う約束を取り付けた。

「あれからどう、管理職としての勉強はしてる？」

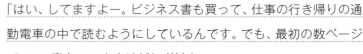「はい、してますよー。ビジネス書も買って、仕事の行き帰りの通勤電車の中で読むようにしているんです。でも、最初の数ページで、つい寝ちゃいますけどね（笑）」

「それはえらい！やらないといけないと思っても、やらない人は結構いるからね」

「そうですか！？私には足りないところがいっぱいあるので、やるしかないと思っているんです。でも、ちょっと勉強すると、疑問も結構湧いてきて……」

　良子が今一番感じている疑問とは、部下の話を聞く機会である1on1に関するものだった。実は、良子は会社の方針に沿って、1〜2カ月に1回程度の割合で部下との1on1を実施していた。最初のうちこそ、管理職に昇進した際の新任管理職研修で学んだ、1on1の基本的なやり方に基づいて行っていたものの、気づけば、今はほぼ自己流のやり方になっていた。というのも、1on1のやり方に関しては、誰からもフィードバックを受けることがなかったからだ。そのため最近の1on1は、仕事の進ちょくなどを確認したら、あとは雑談で終わっていた。

　こうしたことから良子は、「部下とは、目標の評価面談を定期的に実施している。それもあってか、部下からは特に『1on1をやってほしい』という声を聞いたことがない。管理職として他の仕事も忙しさを増している。正直、1on1をやっている時間がもったいない」と感じるようになっていたのである。

「疑問？へー、どんな？」

　カオルが良子の顔をのぞき込むように聞いた。

「1on1ってあるじゃないですか。私、部下と定期的にやっているんですけど、面談と何が違うんですか？」

「なるほど、いい質問だね。僕から答えてもいいけど、ChatGPTは何と答えるかな。聞いてみようか」

　この前のカフェでのやりとりと同様、カオルはパソコンを開

き、ChatGPTを起動。良子が画面に視線を向ける中、入力を始め
た。

1on1と面談は何が違うの？

「1on1」と「面談」は、いずれも対話やコミュニケーションの形式で、2
人が直接話す機会を指します。しかし、これらの用語は文脈によって異
なる意味を持つことがあります。

【1on1】

「1on1」（ワンオンワン）は、一般にビジネスやコーチングの文脈で使用
されます。上司と部下、またはコーチと被指導者間の個人的な対話の時
間を指すことが一般的です。目的は、業績の評価、目標の設定、個人的な
成長やスキルの向上、問題の解決などに焦点を当てることが多いです。

【面談】

「面談」は、より広い意味を持ちます。これには、就職面接、学校の入学面
接、専門家とのカウンセリングセッションなどが含まれることがありま
す。面談は、ある特定の目的（例：採用、進学）に関連する情報の交換や評
価に重点を置いて行われます。

【まとめ】

● 「1on1」は、通常、ビジネスやコーチングの文脈で、個人の成長や業績
  に関連する対話を指します。

　ChatGPTの回答が瞬く間に表示される。それを食い入るように見る良子。少し間を置いて、カオルが口を開いた。

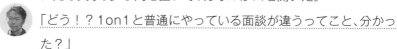「どう！？ 1on1と普通にやっている面談が違うってこと、分かった？」

「はい。1on1って、面談の一部なんですね。でも、厳密には面談とは違うんですね」

　そう言うと良子は軽く腕を組み、何やら考えを巡らし始めた。

3-2-2　1on1を活用した部下育成法

　良子とカオルはいつものカフェで会っていた。良子の表情が少し曇り、訪れたしばしの沈黙。それを破るように、カオルが口を開いた。

「良子ちゃん、何考えているの？」

「あっ、すみません。ちょっと」

「……」

「ねぇ、カオルさん、1on1と面談は違うって分かったけど、じゃあ、上司が1on1を活用して部下を育成するにはどうすればいいんですか？」

「なるほど、そこを考えていたのか。そうだなぁ、実は、1on1も茶

道や空手のように型があるから、まずは、そこから勉強すること
かな」

「へー、型があるんだ、知らなかった」

「そこでだ、ChatGPTが1on1にどれくらい役に立つのか調べて
みよう」

　カオルは再び、ChatGPTの画面に打ち込み始めた。

プロンプト

1on1を行う際のChatGPTの利用方法について教えてください。

ChatGPT

　ChatGPTは、上司が部下を育成する際の1on1に対して、以下のよう
な形で役に立つことができます。

1. **アジェンダの準備**：あらかじめどのような話題を1on1で取り上げる
　かを決めるためのアイデアを提供することができます。具体的には、
　過去のパフォーマンス、現在のプロジェクトの状況、職務遂行の障壁、
　キャリアの目標など、さまざまな可能性を提示します。
2. **コーチングのアドバイス**：ChatGPTはさまざまな管理戦略やコーチ
　ングテクニックについての知識を持っていますので、あなたが部下と
　の会話をどのように進めていけばよいか、具体的なアドバイスを提供
　することが可能です。
3. **問題解決**：1on1で議論される可能性のある問題について、ChatGPT
　は問題解決のための戦略や方法を提案することができます。
4. **フィードバックの準備**：ChatGPTは、フィードバックを与える際の
　最適なアプローチや、フィードバックを具体的にどのように表現する
　かを助けることができます。

5. **状況シミュレーション**：難しい話題やデリケートな問題についての会話のシミュレーションを行い、予測可能な反応や対応策を提供することができます。

6. **後でのレビュー**：1on1のミーティングの内容を記録し、後でレビューするためのサポートを提供することができます。ただし、これはすべての参加者の同意が必要であり、プライバシーと機密性の観点から慎重に行うべきです。

これらは一部の例であり、ChatGPTの活用方法はあなたのニーズや目標によって変わる可能性があります。

ChatGPTの回答に、曇り気味だった良子の表情が晴れやかさを取り戻し始めた。

「なーんだ、ChatGPTを使えば、1on1もできちゃいそう」

「うん、できちゃうね」

「カオルさんが言っていた型っていうのは、この手順のこと？」

「そう、この手順それぞれに対処の仕方があるんだ。この点についてもChatGPTに聞いてみようか」

良子は、カオルが入力する画面の方に身を乗り出した。

プロンプト

1on1のプロセスを分解し、ステップごとにどうChatGPTに質問すれば良いか教えてください。

ChatGPT

以下に1on1のプロセスを分解し、各ステップでChatGPTにどのように問い合わせるかを示します。

1. **アジェンダの準備**：1on1の前に、何を議論すべきかを検討するためにChatGPTに質問します。

   プロンプト例：私の部下との次回の1on1で議論すべきトピックは何ですか？

2. **コーチングのアドバイス**：ミーティングでどのように進行すればいいかについてのアドバイスを求めます。

   プロンプト例：部下との1on1で彼のパフォーマンスの問題についてどのように話し合うべきですか？

3. **問題解決**：特定の問題についてChatGPTに助言を求めることができます。

   プロンプト例：私の部下がプロジェクトの期限を守るのに苦労している。どのように対処すればよいでしょうか？

4. **フィードバックの準備**：フィードバックの方法についてアドバイスを求めます。

   プロンプト例：私の部下に改善が必要なパフォーマンスについて、どのようにフィードバックを提供すればよいでしょうか？

5. **状況シミュレーション**：あるシナリオについての可能な反応や対処方法をChatGPTに尋ねます。

   プロンプト例：もし部下がフィードバックに否定的な反応を示したら、どのように対応すべきでしょうか？

6. **後でのレビュー**：ミーティング後、どのように反省し改善すればいいかをChatGPTに尋ねます。

   プロンプト例：部下との1on1でフィードバックの提供方法について改善すべき点はありますか？

これらは一部の例ですが、ChatGPTへの質問はあなたの具体的な状

況や目標により変わります。このプロセスは一度の1on1だけではなく、部下との継続的な関係の成長と改善のために使うことができます。

　　　良子は、ChatGPTの回答を読み終えると、カオルの方を見て大きくうなずいた。

「カオルさん、ありがとう！次の1on1から、これを見ながらやってみますね」

「役に立てて良かったよ」

　　　ここしばらく悩まされていた疑問が一気に晴れた良子は、カオルに感謝しつつ、次に予定されている1on1に思いを馳せていた。

Practice □ **実践コーナー**

1on1実施のための資料を作ろう

　本編での良子と同様、部下との1on1のやり方について悩んでいる管理職も多いことでしょう。そんな場合には、1on1をする際の手順や必要な資料をChatGPTに準備してもらえば、効率よく実施することができます。本コーナーでは、その手順を解説します。

————

手順1　ChatGPTによる1on1実施のための資料作成

［プロンプト］上司が部下に1on1をやる際に参考にするための必要な資料をパワーポイントでください。その資料には、1on1の手順や実施の際の注意点が書かれていると嬉しいです。（何も書かれていない白紙のパワーポイントを読み込ませ）このファイルに上記の内容を入れてください。項目ごとにページを分けてください。*

* ChatGPT Plus（GPT-4）の機能「Advanced data analysis」（2023年9月時点）を活用。設定方法は解説「1からわかる！ChatGPT活用法」参照（以下、パワーポイントを読み込ませる場合は、同様の操作を実施）。

▶▶▶ ChatGPTの回答例

4

1on1で取り扱うべきトピックの例

- パフォーマンスの評価とフィードバック
- 目標設定と進捗の確認
- チームのダイナミクスと関係性
- キャリア開発と成長の機会
- ワークライフバランスとストレス管理

5

評価とフィードバックの提供方法

- フィードバックは具体的、明瞭、そして具体的な行動に関連付けられるべきです。
- フィードバックはバランスが取れているべきで、良い点と改善点の両方を包含するべきです。
- フィードバックは定期的に、そして必要に応じて提供されるべきです。

6

注意点と推奨事項

- 部下の意見や感情を尊重し、否定的な反応を避けます。
- 話す時間と聴く時間のバランスをとり、部下が話すのを邪魔しないようにします。
- 定期的に1on1のミーティングをスケジュールし、それを優先します。
- フィードバックは具体的、明確、そしてタイムリーに提供します。
- 1on1の時間を部下の成長と関係の築き方に利用します。

手順2　資料の確認

手順3　資料の修正・追記

　ChatGPTがパワーポイントで資料を作成したら、それをダウンロードして内容を確認します（手順2）。この段階では、シンプルに記載され

ているだけなので、必要に応じて図解したり装飾したりします。さらに、追記する部分や修正する部分があれば対応し、自分に使いやすい資料としてブラッシュアップします（同3）。あとは、1on1のスケジュールを立て、その資料を参考にしながら実践に臨みます。

□ 学習コーナー

ジャッジではなくサポート、1on1の本質

筆者が所属していたヤフーでは、毎週1回30分、上司が部下と1on1を実施しています。2012年にヤフーの経営層がほぼ全員交代した際に、1on1の導入が決まったのです。

そんな1on1について簡単に説明しますと、上司と部下が定期的に行う1対1の対話のことをいいます。「それは、面談じゃないの？」という声も聞こえてきそうですが、本編でのChatGPTの回答にもあったように、1on1も面談も上司と部下が話をするという意味では同じです。しかし、面談がジャッジをするのに対し、1on1はジャッジをしません。評価面談や人事面談などを思い出してください。そこには必ず「良い」「悪い」といった判断が含まれています。

こうしたジャッジをしない1on1で求められているのはズバリ、対話です。従って、傾聴がとても大切になります。上司は部下の話に単に耳を傾けるだけではなく、積極的な態度、例えば相づちを打つ、うなずく、質問する、メモを取るなど能動的に聞くことが求められます。すなわち、上司が質問をしながら、部下に振り返りをさせたり内省をさせたりして、部下の成長や目標達成につなげていくのです。

■ 毎週１回30分を10年以上も継続

「1on1はコーチングですか？」。こんな質問もよくされますが、これも誤りです。1on1は、確かにコーチングを含みますが、それだけではなく、ティーチングをしたりフィードバックをしたりします。従って1on1は、コーチングより少し広い概念だと理解してもらえればよいと思います。

実は、私は、ヤフーを退職する直前には人事部にいました。そこで、数多くの企業から毎日のように1on1に関する問い合わせを受け、相談にも乗ってきました。読者の皆さんも知っているような有名な企業も数多く来社されたのです。

そこで聞かれたのは、「自社にもヤフーと同じように1on1を導入したいのですが、どうすればいいですか？」「ヤフーの1on1の成功の秘訣はどこにありますか？」「そもそも1on1をやっていて、社内にどんな影響が出ますか？」といったことでした。私のようにヤフーで働いていた人間にとっては、1on1は当たり前だったので、いざこのように聞かれることは、結構新鮮でした。では、ここで1on1の基本的な内容をお教えしましょう。

● 毎週１回

● 30分程度

● 場所はどこでも良い

これです。「なーんだ、普段やっている面談じゃないの？」と思う方もいらっしゃるかもしれません。確かに一見すると、普通の上司と部下の面談のように見えます。しかし、他の会社でやっている面談と違うところがあります。それは、上司のほとんどが持続的にやっている点です。私がヤフーの管理職だった時代は、上司のほぼ9割以上が1on1を実施してい

ました。しかも、10年以上もずっと継続していたのです。

　もちろん、最初からうまくいっていたわけではありません。1on1が導入された当時、上司の多くは失敗したり、うまく実施できなかったりしました。その大きな理由は、質問力の弱さにあります。部下に気づきを与える質問ができず、困った管理職が続発したのです。こうした失敗なども踏まえて確立したのが、1on1の基本的手順です。これを最後に解説しましょう（図）。

【1on1の基本手順】

アイスブレイク・感謝や労いの言葉を伝える

話すテーマとゴールを決める

部下の話を質問をしながら傾聴する

今後のアクションプランを立てる

必要な支援を確認する

激励して終える

　まず、事前に計画を立てます。部下と1on1をする日時を決め、「業務の進ちょく状況」「今後のキャリア」など話すテーマも決定しておきます。部下にあらかじめテーマを伝えておけば、話す準備ができるなど部下も1on1に安心して挑めます。

　1on1当日、場所はオープンなスペースでも問題はありません。ただ、話が込み入った内容の場合には、個室の会議室にした方がよいでしょう。そして、着席する際には、上司のあなたは部下の斜め前に座るようにします。つい部下の真正面に座ってしまいがちですが、真正面は緊張・対立関係になるため、少し斜め前に座ることをおすすめします。

　会話の冒頭は、いきなり本論から入ってはいけません。天気や最近の

話などアイスブレイクをします。アイスブレイクとは、直訳すると「氷を溶かす」ですが、緊張を和らげるといった意味があります。「いつもありがとう」などと労いの言葉からスタートしてもよいと思います。

そして、話が本論に入ったら、テーマに沿った質問を部下にしていきます。部下の話を聞く時は、常に能動的態度を意識してください。単に耳を傾けるだけではなく、メモを取ったり、相づちを打ったり、質問したりしながら聞くのです。ただ、質問した際に、部下が黙ってしまうことがあります。その場合には、**沈黙に負けてはいけません**。ずっと黙って、部下が口を開くまで待ちます。たとえ30分黙っていても、待つのです。

こうして話を終えたら、今後の計画を立てます。計画を立てていく際、部下に必ず聞いておくことがあります。それは、「**計画を実現するために必要な支援は何か？**」です。上司は話を聞くだけではなく、実際に部下を支援する必要があります。実際、このような聞き方をすると、部下は頑張ろうと思うのです。そして最後に、「一緒に頑張ろう」といった激励の言葉をかけて1on1を終了します。

どうですか、上司の皆さん。ここで紹介したことを、ぜひ、ご自身の1on1に生かしてみてください。

Column

人は変わろうと思った瞬間から変われる

かつて、複数人のマネジャーを統括する部長のIさんは、こんな悩みを抱えていました。「マネジャーのNさんが、マネジャーとして全然機能しないんだよ」。

Nさんは、マネジャーの中でも、一番大きな部署を持っていました。人に仕事を任せることができないタイプで、例えば資料作成も、部下に任

せればいいのに自分でやってしまいます。そんなNさんを見ていて、部長のIさんは事あるごとに指導、注意をしました。「あなたがやっていることは、部下の仕事で、マネジャーの仕事ではない」と。するとNさんは、「そうですよね。自分でも分かっているんです」と認めるものの、なかなか変わることはできませんでした。

そんなNさんから、私は度々、Iさんに関する愚痴を聞かされました。何回か一緒に飲みに行ったこともありますが、愚痴ばかり。「今日も"説教部屋"に呼ばれて、部長から叱られたんだ」とか。部長席が、もはや説教部屋と化していたのです（笑）。

それはさておき、こんなことが頻繁にありながら、Nさんは頑固なのか、「これが自分のワークスタイルだから」といって一向に変わりませんでした。「現場も好きだし、何でもやってしまうのが自分なんです」と。一方、部長のIさんは、「Nさんは何度言っても変わらない。どうしたらいいだろうか」と、不満を漏らすばかりでした。

いつの間にか、Nさんは、Iさんからの呼び出しにも拒否反応を示すようになっていました。説教ばかりされるためです。Nさんは、Iさんの厳しい指導に次第に悩むようになり、ついには体重が10kg近く落ち、奥さんや会社の周りの人たちが心配するレベルにまでなっていました。そんな時、Nさんが私のところに相談に来たのです。

「寺下さん、折り入って相談があるんです」

「改まって相談って、一体何？」

「会社の目標設定で、自己研鑽（けんさん）という項目がありますよね。最初は、e-ラーニングで何か簡単なものをやろうと思っていたんですけど、それではダメだと思ったんです。寺下さん、お忙しい中申し訳ないんですけど、週1回、私に1on1をやってもらえませんか」

こうして私とNさんの1on1が週1回のペースで始まりました。実際、

いろいろなテーマについて質問をしながら、Nさんの本音を引き出し、行動につなげていきます。

●Nさん自身の目標
●課題に感じていること
●部下育成で必要なこと
●Nさんの強みや弱み

など、コーチングばかりではなく、時にはティーチングもしながら続けていきました。そして１カ月くらい経ったころ、私はIさんと話す機会がありました。

「Nさん、最近はどうですか？」

　私が何気なく聞くと、Iさんからは意外な答えが返ってきました。

「いやー、これがねぇ……」

「全然変わってない（苦笑）」

「いやいや、寺下さん、その逆。すごい変わったんですよ。マジで。こっちがびっくりするくらい」

「えっ、ほんとに！」

「ほんともほんと。Nさんからは、寺下さんと週1で1on1するって聞いていたけど、彼に何を言ったんですか」

「いや、私は大したことはやっていません。質問しているだけですから。きっと、Nさん自身が変わったんですよ」

　私の説明に半信半疑のIさんは、Nさんの変貌ぶりについて話し始めました。

「これまで私のところには自分から来ることがほとんどなかったのに、このところ頻繁に相談に来るようになったんです。しかもそれだけじゃ

なくて、高い目標を達成するために部下にも厳しく指導するようになったし、仕事を任せようとする姿勢もみられるようになった。チーム全体が何をやっているのかも可視化され、その状況が私の目から見てもはっきりと分かるようになったんです。最近では、別のＡマネジャーの方が全然相談に来ないと、問題に思うようになったくらいですよ（笑）」

　私は「ほー」とうなずきながら、Ｉさんの話を聞いていました。

「Ｎさんって、もう50代でしょ。50代といえば、誰も、ある種自分の型みたいなものを持っているから、今さら新しい仕事のやり方なんて、吸収できないじゃないですか。だから、もう変わることはないだろうなと、正直思っていました。実際、これまでも結構指導したし、何度も厳しく言ってきました。それでも、Ｎさんは全然変わらなかったんですよ。それが、急に。えっ、どうしてって感じで……」

「……」

「ほんと、人って、変われるんですね、カオルさん」

「そう、人は自分で変わろうと思った瞬間から変われるんだと思います」

　後日、私は、このときのＩさんとのやりとりをＮさんに伝えたところ、とても喜んでくれました。Ｎさん曰く、「部長から直接言われるのも励みになりますが、寺下さんから言われるともっと励みになります（笑）」──。

人 は 変 わ ろ う と 思 っ た 瞬 間 か ら 変 わ れ る

3-3 部下に気づきを与える 1on1のコツ

　部下との1on1の成功のカギは、質問力にある。1on1をする際、最近の仕事の状況などを質問していくが、相手に気づきを与えないような単なる質問をしていると、それだけで部下との1on1の貴重な時間は終わってしまう。つまり、良質な質問ができるかどうかで、部下への気づきを与えられるかどうかが決まる。

　1on1がうまくできないという管理職は、質問力で苦慮していることが多い。実は、質問の方法にはテクニックがある。質問の出し方によって、部下は答えやすかったり答えにくかったりする。気づきを与える質問ができれば、部下は自ら内省し、それを糧にして、次のアクションへと踏み出すことができるのである。

　本章では、部下に気づきを与える1on1を実践するためには、どうすれば良いのかについて、ChatGPTを活用しながら質問の仕方を伝授する。

3-3-1　無意味な質問と良質な質問

　カオルから1on1に関して面談との違いや手順などを学んだ良子は、それまでとは違って、部下との1on1に意欲的に臨むようになっていた。ところが、部下の反応はというと、決して芳しくはなかった。「なんか空振りっていうか、どうしてだろう？」。良子は、部下との1on1におけるやり取りを振り返ってみた。

「○○さん、お疲れさま。最近の仕事の調子はどう？」

「まあまあですね」

「そっかー。それは、予定通り進んでいるという理解でいいの？」

「そうですね、そんな感じです」

「仕事で困っていることはない？」

「これといって、特にはありません」

「分かった。なら、良かった！」

　良子と部下との定例の1on1はだいたいこんなやり取りをして、10分くらいで終了していた。こう思い返してみると、「部下のみんなは、1on1を効果的と思ってくれているんだろうか？いろいろと質問しているつもりだけど、みんなに気づきを与えられているんだろうか？単なる進ちょく確認で終わっているんじゃないか？」と、良子は急に不安に見舞われた。「そうだ、カオルさんに相談に乗ってもらおう」。LINEでカオルに連絡を取ると、ほどなく、「いつものカフェで待ってるよ」という返信があった。

「カオルさん、お忙しいところ呼び出しちゃってすみません」

「大丈夫、大丈夫。で、今回はどうしたの？」

「この間、カオルさんから1on1の手順ややり方を教わって、今はそれに基づいて1on1をやっているんですけど、部下のみんなに気づきを与えられているかどうか、急に不安になっちゃって……」

「なるほど、そこは質問力がカギになるね」

「質問力？」

「そう、相手に気づきを与える質問が一番難しいんだ」

　カオルの言葉が良子に刺さる。

「そう、そうなんです。そこがほんとに難しくて……。気づきを与えるような良質な質問をするにはどうすればいいんですか？」

「いろいろな質問手法を使って、相手が気づいていないことを気

づかせるんだ。良子ちゃんは、いつもどんな感じで質問してる？」

　良子は、部下とのやり取りをカオルに話した。

「そっかー、そんな感じか……。確かに、もう少し質問力を磨いた方がいいかもね」

「どうやって？」

「うん、ポイントは幾つかあるけど、今回もChatGPT先生にまとめてもらおうか」

　そういうとカオルは、いつものようにパソコンを開き、ChatGPTを起動した。

プロンプト

　部下に気づきを与えるような良質な質問をするにはどうすればいいですか？

ChatGPT

良質な質問をするためには、次のような内容を考慮するといいです。

1. オープンクエスチョンの質問をする：これは相手が単なる「はい」または「いいえ」で答えることができないような質問です。その代わりに、彼らは自分の思考や感情を詳細に述べる必要があります。これは新しい視点を開くとともに、より深い対話を促します。
2. 相手の興味や専門性に焦点を当てる：相手が興味を持っていることや、何かについて深い知識を持っていることについて質問すると、彼らは自分の洞察を共有する機会を喜びます。
3. 具体的で明確にする：あいまいな質問よりも具体的な質問の方が、より具体的な回答を引き出す可能性があります。
4. リスペクトと共感を持つ：相手の視点を尊重し、共感のある態度で質

問をすることは、安心感を与え、より深い洞察を引き出す可能性があります。

5. 好奇心を持つ：あなたが本当に知りたいと思っていることについて質問すると、その興奮は通常相手に伝わります。

　パソコン画面をのぞき込む良子に、カオルが「自分の質問の仕方と違ってる？」と聞くと、良子は首を縦に何度も振った。

「全然違います。『はい』『いいえ』で答えることができないオープンクエスチョンか。私、『はい』『いいえ』で答えられる質問ばっかりしていました。部下の興味や専門性に焦点を当てたこともなかったし……」

「焦ることはない。ChatGPTの回答を参考に、これから質問力を磨けばいいんだよ」

「ありがとうございます。次の1on1から、これらを気にしながら質問してみることにします」

　良子はこう言うと、申し訳なさそうに言葉をつないだ。

「あのー、カオルさん、もう少しお時間いいですか？」

　カオルが腕時計を見ながら、「あと30分くらいなら」と答えると、良子は「うれしい。手短に済ませますから」と満面の笑みを返した。

3-2-2　使える1on1シート

　実は、良子は、1on1に関して実務的な悩みを抱えていた。それは、どうやって記録を取っていくか、ということ。カオルを引き留めたのは、この悩みに関しても、アドバイスがほしかったからで

ある。

「カオルさん、部下と1on1をするにしても、どうやって記録に残していけばいいんですか？なんかコツとかあるのかしら」

「僕はいつも、1on1をやった記録はノートに取っているよ」

「ノート……。うーん、欲を言えば、1on1をやる時にチラッと見られるものがあると、さらに助かるんですけど」

「そんな便利なものがあったら、いいよね」

「ねぇ、カオルさん、上司用の1on1シートって、ChatGPTで作れますか？」

「……」

カオルがしばし考える。

「やっぱり難しいかぁ」

「いや、できるんじゃないかな。早速やってみよう」

興味津々の良子が見守る中、カオルが一度しまいかけたパソコンを再び立ち上げた。

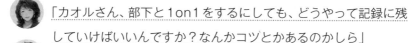

プロンプト

上司用の1on1シートを作成してください。

ChatGPT

上司用の1on1シートは、こちらです。

セクション	内容
1. アジェンダ	予定している話題や議論点をリストアップします
2. 部下の業績評価	最近の部下のパフォーマンスのハイライトと潜在的な改善点をまとめます

3. フィードバック	部下に伝えるフィードバックと改善提案を具体的に記述します
4. 質問と懸念	部下に向けた質問と解決したい懸念をリストアップします
5. 部下のキャリアゴール	部下のキャリア目標についてのメモや更新を記述します
6. アクションアイテム	ミーティングでの取り決めや次回までの行動計画を記述します
7. ミーティングの反省	ミーティングがどうだったか、何がうまくいったか、何を改善できるかを記述します

　ChatGPTが、上司用の1on1シートをみるみるうちに作り出す。

「そうそう、こんなのがほしかったんです」

　少し興奮気味に話す良子。カオルも、その出来映えには満足だった。

「良子ちゃん、部下一人ひとりについてこのシートを作っていけば、記録にもなるし、1on1をやるときのカンペにもなるね。さあ、私はそろそろ行かないと」

「今日は引き留めちゃって、すみませんでした」

　「大丈夫、がんばってね」と言いながら足早にカフェを出るカオルの背中越しに、良子は「ありがとうございました」と、礼を言った。

記録に役立つ上司用1on1シートを作ろう

　良子が悩んでいた、部下との1on1の記録、読者の皆さんはどうしていますか。本編の中で出てきた上司用1on1シートがあると便利なのですが、筆者もあまり見かけたことがありません。そこで本コーナーでは、ChatGPTを活用した、上司用1on1シートの作り方を説明します。

────────

手順1　ChatGPTで、まっさらなパワーポイントファイルの読み込み
手順2　ChatGPTへの指示

[**プロンプト**] パワーポイントのファイルに上司用の1on1シートを作成してもらいたいです。盛り込んでほしい内容は、1on1の手順、部下への質問リスト（項目ごとに分けて）50個、1on1の注意事項、1on1の実施記録10件分のリスト（日時、場所、内容など）で、まとめてほしいです*。

＊　表にしたい場合には、ChatGPTに「表を作成してほしい」と、追加の指示を出します。

▶▶▶ ChatGPTの回答例

1

1on1の手順

- 事前準備：ミーティングのアジェンダを設定し、部下に事前に共有します。
- 開始：ミーティングの開始時には、アジェンダを再確認し、ミーティングの目的と期待を明確にします。
- 進行：話す順番を交代しながら、アジェンダの項目を一つずつ進めます。
- 終了：ミーティングの終了時には、次回のアクションアイテムを確認し、それぞれの期限を設定します。

2

部下への質問リスト

- 質問1: 仕事で最近楽しかったことは何で
  すか?
- 質問2: 最近困難だったと感じたことは何
  ですか?
- 質問3: あなたの成長に対する障壁は何で
  すか?
- 質問4: あなたが取り組んでいるプロジェ
  クトで支援が必要な部分は何ですか?
- 質問5: あなたの仕事の中で改善したいと
  思う部分は何ですか?

3

1on1の注意事項

- 部下の意見や感情を尊重し、否定的な反
  応を避けます。
- 話す時間と聴く時間のバランスをとり、
  部下が話すのを邪魔しないようにします
  。
- 定期的に1on1のミーティングをスケジュ
  ールし、それを優先します。
- フィードバックは具体的、明確、そして
  タイムリーに提供します。
- 1on1の時間を部下の成長と関係の築き方

4

1on1の実施記録リスト

- 記録1: 日時、場所、内容
- 記録2: 日時、場所、内容
- 記録3: 日時、場所、内容
- 記録4: 日時、場所、内容
- 記録5: 日時、場所、内容
- 記録6: 日時、場所、内容
- 記録7: 日時、場所、内容
- 記録8: 日時、場所、内容
- 記録9: 日時、場所、内容

手順3　シートの確認

手順4　シートの修正・追記

手順5　シートのアップデート

　ChatGPTが上司用1on1シートを作成したら、それをダウンロードして内容を確認します（手順3）。過不足があれば自分で追記したり、日本語でおかしな表現があれば修正したりします（同4）。その後は、実際に使ってみてください。実践の場で気づいた、使い勝手の悪いところなどは修正を重ねるなど、1on1シートをどんどんアップデートしていきましょう（同5）。

部下の内省を促すのが良質な質問

　部下との1on1では、上司はいろいろな質問を投げかけます。しかし、それが部下にとって役に立っているかどうか、良子ならずとも、不安に感じる管理職も多いのではないでしょうか。実際、筆者はたくさんの管理職から、「どんな質問をしたら、部下に気づきを与えられますか」という質問を受けました。部下に気づきを与えるような質問を「良質な質問」といいます。例えば、

- 最近どう？
- 仕事の状況は？
- うまくいってる？

といった質問は簡単にできますが、良質な質問とはいえません。良質な質問とは、内省を促す質問。内省は、反省とは違います。反省は、過去の失敗の再発防止を促すのに対し、内省は、未来の自分の成長を促すもの。そ

んな内省を促す良質な質問の仕方には、いくつかの手法があります。

■ 答えやすい質問と答えにくい質問

ここでは、クローズドクエスチョンとオープンクエスチョンという質問手法を紹介しましょう。「カレーとラーメン、どちらが好きですか？」という質問が、クローズドクエスチョン。2択とか「YES or NO」とかで答えられる質問をいいます。答えやすい半面、質問者側が答えを誘導している点に注意が必要です。

これに対し、「食べ物の中で何が一番好きですか？」というような質問が、オープンクエスチョン。相手が自由に答える質問です。これは、相手の本音が聞ける一方で、広く考えさせるため、答えが出てくるまでに時間がかかります。1on1では、こうしたクローズドクエスチョンとオープンクエスチョンを使い分けて質問をしていきます。

例えば、なかなか話さない部下であれば、クローズドクエスチョンからスタートするのがいいでしょう。その中で、「具体的には？」と掘り下げてみたり、「要するに？」と要約させてみたり、はたまた「他には？」と別の見方をさせたりする質問を投げかけるのが有効です。

管理職が日ごろから、部下のことを考えて状況を観察していないと、部下がハッとするような気づきを与えることはなかなかできません。このときに重要なのは、部下の思い込みや先入観を取り除くこと。それには、「仕事は今、何％までできているか」とか、「このままいくと、最終的にどうなりますか」とか聞いたりするとよいでしょう。

■ 部下の沈黙に負けてはいけない

1on1のときに注意しなければならないことがあります。それは、上司が部下の沈黙に負けないこと。部下に質問して返事がこないと、つい「こ

ういうことだろ？」などと、自ら話し始めてしまう上司がいます。これを
してしまうと、部下の話を聞かなくなってしまいます。筆者は管理職に
対し、常に「沈黙に負けてはいけない」と伝えています。仮に、部下が30
分間黙っていたら、上司も30分間黙って答えを待てばいいのです。

　巻末の表は、1on1を実施するときのテンプレートです。参考にしてい
ただければと思います。

Column

1on1、なぜかうまくいかないんです

　筆者が人事に所属していたとき、1on1を導入した企業の管理職からほ
ぼ毎日のように相談を受けました。その代表格が、「1on1、なぜかうまく
いかないんです」という質問でした。

　大きな原因は、すぐに分かりました。「質問」です。人は質問をされる
と、必ず考えます。例えば、「あなたの好きな食べ物は？」と聞かれたら、
読者の皆さんはきっと「唐揚げかな、カレーかな」と考えるはずです。そ
う、人は質問されると考えるのです。しかし、単に質問しただけではうま
くいきません。良質な質問は、部下に気づきを与え、そこから考えを導く
ものでなければならないのです。相談を寄せられた企業の管理職の多く
は、これがなかなかできていなかった。気づきを与えられる質問をすれ
ば、部下はそこから深く考え、新たな行動に出るようになるのです。

　これから1on1を社内に導入してみようと思っている方もたくさんい
ると思います。ただし、**制度を導入するだけではうまくいきません。**そ
こで本コラムでは、1on1を導入する際のポイントを3つお伝えします。

1. 何を実現したいかを明確にする

　1on1は、社員の情熱に火をつけたり才能を引き出したりするためのアイデア探しや、部下の目標実現を手助けすることが狙いになります。従って、上司のやり方が絶対とか、トップダウンで頭ごなしに物事を決めていくとかいった組織風土だと、1on1は導入してもうまくいきません。有無をいわせないような組織には、1on1は機能しないのです。

　こうしたことから、1on1を導入する前にはまず、「なぜ1on1を導入するのか」「どういう人を育て、どういう組織を作りたいのか」を明確にすることが重要になります。もし、上司のやり方を見習うよう強制するといった組織風土だったら、1on1を導入する以上は、まずそこを変えてからやる覚悟が求められます。

2. 管理職に振り返りをさせる

　私が所属していた会社では、1on1を浸透させるためにいろいろと策を講じました。例えば、実際に1on1が実施されているのかを調査したり、部下が「効果があった」と感じているのかどうかを管理職にフィードバックする仕組みをつくったり……。

　1on1を浸透させる第一歩は、管理職に「これは効果がある」と実感してもらうこと。そのためには、自身が実施する1on1のフィードバックが何より大切なのです。管理職になった途端、フィードバックをもらう機会がグーンと減るため、管理職には自らフィードバックを受け、振り返りをする姿勢が必要となります。

3. 質問力を磨く

　最後に、管理職は質問力を磨いてください。前述の学習コーナーで触

れたように、部下に気づきを与える質問は難しく、実際に多くの管理職から相談を受けた課題の一つです。進ちょく状況を聞く質問はできても、部下に気づきを与えるような質問はなかなかできないのが実情なのです。

では、どんな質問であれば、部下に気づきを与えることができるのでしょうか。ここではテーマ別に、計20個リスト化してみました。ぜひ、参考にしてみてください。

目標設定と戦略

1. このプロジェクトの目標を達成するために、私たちがまだ試していない方法はありますか？
2. もし時間や予算に制約がなかった場合、どのようなプロジェクトに取り組んでみたいですか？
3. もし競合他社が同じ目標に取り組んでいる場合、勝つためにどのような戦略を立てますか？
4. 私たちの製品やサービスの長期的なビジョンについて、どのようなアイデアや提案がありますか？

パフォーマンスと成長

5. これまでの経験から学んだことは何ですか？それを今の課題にどのように応用できると思いますか？
6. 自分の仕事の成果を測定するために、どのような指標を使用すべきだと思いますか？
7. あなたのスキルや能力をさらに発展させるためには、どのような研修や学習が必要だと感じますか？
8. 私たちのチームの強みは何だと思いますか？それを最大限に活用す

る方法はありますか？

コミュニケーションとチームワーク

9. 現在の作業プロセスを改善するためには、どのような変更を提案しますか？

10. チームメンバー同士のコミュニケーションを改善するためには、どのようなアクションを取るべきだと思いますか？

11. 他の部門やチームとの協力関係を強化するためには、どのような方法が有効だと思いますか？

12. チームのエネルギーとモチベーションを高めるために、どのような取り組みが有効だと思いますか？

市場と競争

13. 現在の市場動向や競合他社の動向について、どのような情報を持っていますか？それが私たちのビジネスにどのような影響を与えると思いますか？

14. 顧客の意見やフィードバックをどのように取得していますか？それに基づいて改善すべき点はありますか？

15. 私たちの製品やサービスが他社とどのように差異化されていると思いますか？それをさらに強化する方法はありますか？

16. 新しい市場チャンスを探るためには、どのようなアプローチが有効だと思いますか？

失敗とリカバリー

17. 過去の失敗やミスから得た教訓は何ですか？それを次のプロジェクトにどのように生かすべきですか？

18. もしプロジェクトが予定通り進まない場合、それに対処するための
　　プランはありますか？

19. 失敗を恐れずに新たなアイデアやアプローチを試すためには、どの
　　ような環境やサポートが必要だと思いますか？

20. 失敗から学びを得るために、自分自身にどのような問いかけをする
　　べきだと思いますか？

　こうした質問にも、部下は必ず答えを持っています。その答えを引き
出すことこそが、上司である管理職の役割でもあるのです。

1on1シート

所属部署名	部下氏名
入社日	入社経過年月
20XX/YY/ZZ	●年▲カ月
誕生日	3年後の自分
月　　日	
これまでの職務経験	
保有スキル	
今後伸ばしたいスキル	

1on1の基本：毎週1回実施／

アイスブレイク	傾聴	質問
・緊張を解くところからスタート ・いきなり本論からは入らない ・世間話（天気や最近のニュース）から入る ・信頼関係の構築が大切	・最後まで聞く ・否定をしない ・相づち ・姿勢（腕組み、足組み禁止） ・表情は笑顔で（マスクをしてても） ・目を見て話す ・会話がかぶったら、譲る ・メモを取る	・無口な部下には、クローズドクエスチョンからスタート（答えの誘導に注意） ・オープンクエスチョンを多く用いる ・思考を広げる質問 具体的には？ 要するに？ 他には？

部下を知るための質問

Q、仕事の目標は？

Q、これまでで、自分に影響を与えた本や人は？

Q、尊敬する人の特徴は？

Q、仕事をする上で一番重要なことは？

Q、現状抱えている課題は？

Q、仕事で許せないことは？

Q、これまでの人生で一番努力した経験は？

Q、周囲と協力して成し遂げることができた一番大きなことは？

Q、人生で一番悲しかった出来事は？

Q、人生で一番嬉しかった出来事は？

Q、今までにかけられた言葉で一番嬉しかった言葉は？

Q、どのようなタイプの人と気が合うか？

Q、どのようなタイプの人とは合わないか？

Q、どのようなタイプの人が苦手か？

Q、仕事で挫折した経験は？

Q、挫折した時の克服方法は？

Q、これまでの仕事で得たものは何か？

Q、できなかったことができるようになった経験で思い浮かべるものは何か？

Vision Questions

Q. あなたは、1年後どんな仕事をしていたいですか？
Q. あなたは、3年後どんな仕事をしていたいですか？
Q. あなたは、5年後どんな仕事をしていたいですか？
Q. あなたは仕事で一番印象深い成功体験はどんな体験ですか？
Q. あなたは仕事で一番印象深い失敗体験はどんな体験ですか？
Q. あなたが会社の中で将来つきたいポジション（役職）役割は何？
Q. あなたは、今できていなくても将来やりたい仕事は何ですか？
Q. あなたは、これだけはやりたくない仕事は何ですか？
Q. あなたが極めたいと思う専門分野は何ですか？
Q. あなたが仕事において、一番大切にしている価値観は何ですか？

Skill Questions

Q. あなたの仕事における一番の強みは何ですか？
Q. あなたの仕事における一番の弱みは何ですか？
Q. 上司や部下から知られていないあなたの強みは何ですか？
Q. あなたが最近取得したスキルは何ですか？
Q. 最近自分のスキルが発揮できたと思える出来事はどんなことですか？
Q. 自分のスキルが発揮できずに失敗したと思える出来事はどんなことですか？
Q. あなたが生産性が高いと思える仕事とは、どんな仕事ですか？
Q. あなたが生産性が低いと思える仕事とは、どんな仕事ですか？
Q. 今のスキルを他部署でも活用できるようにするにはどうすればいいですか？
Q. あなたが今後身に付けたい資格と専門的スキルは何ですか？

Task Questions

Q. あなたが最優先と判断しているタスクは、どうやって決めてますか？
Q. あなたが現在持っているタスクで一番やりたいことは何ですか？
Q. あなたが現在持っているタスクで一番やりたくないことは何ですか？
Q. 期限が迫ったタスクで、期日までに完了するための秘訣は何ですか？
Q. あなたが上司に期待している必要な支援はどんな支援ですか？
Q. あなたが同僚に期待している必要な支援はどんな支援ですか？
Q. あなたが部下に期待している必要な支援はどんな支援ですか？
Q. あなたがタスクの管理で気をつけていることは何ですか？
Q. あなたが仕事の進め方や業務量等で、改善してほしいと思うことは何ですか？
Q. 一度に多くのタスクをこなす際のあなたのテクニックは何ですか？

Feeling Questions

Q. あなたのモチベーションが上がる時はどんな時ですか？
Q. あなたのモチベーションが下がる時はどんな時ですか？
Q. あなたがこれまでに一番モチベーションが上がった時はどんな時ですか？
Q. あなたがこれまでに一番モチベーションが下がった時はどんな時ですか？
Q. あなたがこれまでに一番ストレスを抱えた時は、どんな時ですか？
Q. あなたが一番嬉しいと感じる時はどんな時ですか？
Q. あなたが一番つらいと感じる時はどんな時ですか？
Q. あなたが時間を忘れて熱中して取り組むものは何ですか？
Q. あなたがモチベーションを高めるためにやっていることは何ですか？
Q. あなたが仕事で最もやりがいを感じる瞬間とは、どんな時ですか？

1人30分／場所は自由

内省	協力の提案	励ましの言葉
【自己理解に関する質問】 ・強みと弱みは何？ ・最も誇りに思っているのは何？ 【信念に関する質問】 ・人生の目標は何？ ・大切にしている価値観は何？ 【目標に関する質問】 ・達成したい目標は何？ ・目標を達成するためには何が必要？	・計画を立てる ・必要な支援がないかを確認する ・意見要望に関して無視はNG	・励ましの言葉をかけて1on1を終了する ・励ましの言葉フレーズ「努力はちゃんと見ている」「信じてる」「あなたならきっとできると思う」「一緒に頑張ろう」「大丈夫」 ・前向きな姿勢で終えることができたか？

A.	
A.	
A.	
A.	
A.	
A.	
A.	
A.	
A.	
A.	

A.	
A.	
A.	
A.	
A.	
A.	
A.	
A.	
A.	

A.	
A.	
A.	
A.	
A.	
A.	
A.	
A.	
A.	

A.	
A.	
A.	
A.	
A.	
A.	
A.	
A.	
A.	

1on1ミーティング履歴

場所		実施日	20XX年　月　日
内容			
宿題			

場所		実施日	20XX年　月　日
内容			
宿題			

場所		実施日	20XX年　月　日
内容			
宿題			

場所		実施日	20XX年　月　日
内容			
宿題			

場所		実施日	20XX年　月　日
内容			
宿題			

場所		実施日	20XX年　月　日
内容			
宿題			

3-4 1on1の振り返り

　自分自身が成長していくためには、周りからフィードバックをもらい、できていないことを素直に受け入れることが大切。自分の課題が発見できたとしても、それを自分で受け入れられない限りは、決して成長はないからだ。

　その一方で、1on1のフィードバックをもらうことはなかなか難しい。1on1を行った部下本人は本音を話しづらいし、上司は1on1に同席していないからフィードバックのしようがない。だからこそ、管理職は、自分から積極的にフィードバックをもらう環境や仕組みをつくることが必要である。

　確かに、部下から自分の1on1の評価を聞くことに対しては勇気が要る。話の内容によっては、自分批判と受け取ってしまいかねないからだ。しかし、それを恐れていては1on1は上達しない。まずは率直なフィードバックを受ける勇気を持つこと、そしてありのままの自分を受け止めることが何より重要である。

　本章では、ChatGPTをうまく活用しながら、自分が実施する1on1に関する率直なフィードバックを受けるにはどうしたらよいかを考えていく。

3-4-1　1on1に対する部下の評価

　良子は最近になってようやく、管理職としての自分に少しずつ自信を持てるようになっていた。とりわけ課題だった1on1は、カオルの力を借りつつ、部下育成の観点から1on1を行えるよう

になったと感じている。「もちろん、課題はまだまだあるけれど、最近はなんとか卒なくこなせるようになってきた」と、良子は自身の成長を実感していた。

　そんなある日の夜。部下が全員帰ったオフィスで、良子は、隣のチームの課長である青木陽一郎と二人きりになった。良子と青木は、同時期に管理職に昇進し、この日のように残業で一緒になると、互いに管理職としての悩みを打ち明けたりする仲だった。

「そういえばさぁ、良子ちゃんのチームの部下の柳さんだけど……」

「柳さん？どうかした？」

「うん、良子ちゃんのやっている1on1について、結構文句言ってたよ」

　青木が悪気なく言った一言が、良子の心に重くのしかかった。

「えっ、ほんと？なんか理由は言ってた？」

　良子は平常心を保ちながら具体的なことを聞き出そうとしたものの、青木は言葉を濁し教えてはくれなかった。

　オフィスを出て家路につく良子。自分の部下の話を、同僚の管理職から教えてもらったことについて、正直ショックだった。「文句があるのなら、自分に直接言えばいいのに……。どうして、別の部署の管理職に相談しているんだろう」。1on1では、部下が話しやすい雰囲気をつくっていたつもりだった良子は、急に自信が揺らぎ始め不安に襲われた。

　こういうときに必ず心に浮かぶのがカオルである。自信をなくしたり落ち込んだりしているときに優しく、そして的確にアドバイスをくれ、立ち直るきっかけを与えてくれる。しかし今日は、時計の針が既に22時を回っている。「さすがに遅いか……」。良子

は、電話をするのにしばし躊躇（ちゅうちょ）するも、かけずには
いられなかった。

「カオルさん、遅い時間にごめんなさい。ちょっとだけいいです
か？」

「うん、もちろんだよ。どうしたの？」

　深夜にもかかわらず、カオルのいつもと変わらぬ優しい対応
に、良子はホッとした。

「カオルさんもご存じのように、私は今、定期的に部下と1on1を
やっているんですけど、それって、実際どれくらいの効果がある
のか、部下からどう捉えられているのか、といったことを知りた
くて。でも、どうすればいいのか、分からないんです」

「なるほど、それって、難しいよね。何かあったの？」

　良子は、少し前に青木から聞いた部下の一件をカオルに隠さず
に話した。

「そうか、そんなことがあったのか。その人の肩を持つわけじゃな
いけど、部下としては、仮に思っていたことがあったとしても、な
かなか直接上司には言えないものだよね。良子ちゃんも思ってて
も言わないでしょ？」

「そう、自分の昔を振り返ってみても、そこは理解できるんです。
でも、上司になってみると、そこが知りたくて」

「分かった。ちょっと待ってて。パソコン、用意するから」

　カオルは、少し前に電源を落としたばかりのパソコンを再び立
ち上げ、起動したChatGPTに質問を入力し始めた。

プロンプト

　部下から1on1に関する率直なフィードバックがほしいです。どうし
たらいいか教えて。

　部下から率直なフィードバックを得るためには、以下のステップを試してみることがおすすめです。

1. オープンな雰囲気を作る：部下に対して、フィードバックを歓迎する雰囲気をつくりましょう。フィードバックはポジティブな成長の機会であることを伝えることが重要です。また、フィードバックを受け取ることで自己改善を促進できるというメリットを説明すると、部下はより率直な意見を伝えやすくなるでしょう。

2. プライバシーを確保する：1on1のフィードバックはプライベートな環境で行われるべきです。部下が心地よく率直な意見を言えるように、会議室や閉ざされた場所を選びましょう。

3. 質問を用意する：部下が率直なフィードバックをしやすくするために、具体的な質問を用意しましょう。例えば、「私のリーダーシップスタイルについてどう思いますか？」「私のコミュニケーションスキルに改善の余地はありますか？」などです。質問を通じて、部下が自分の意見を言いやすい状況をつくりましょう。

4. 聴く姿勢を持つ：フィードバックを受ける際には、率直な意見を言ってもらうために積極的に聴く姿勢を持ちましょう。部下の意見に対して反論したり、否定的な態度を取らずに、真摯（しんし）に受け止めることが重要です。また、聞いたことを確認するために質問したり、具体例を挙げて詳細を聞いてみると良いでしょう。

5. 非言語コミュニケーションに注意する：部下が率直なフィードバックをしやすい状況をつくるためには、言葉以外の非言語コミュニケーションにも注意を払いましょう。積極的にうなずいたり、目を見て話を聞いたりすることで、部下に対してフィードバックを真剣に受け止

めていることを示すことが大切です。

以上のステップを試して、部下から率直なフィードバックを得ることができるはずです。また、フィードバックを受けた後は、改善点や意見に対して具体的な行動計画を立て、部下に共有することで、フィードバックを実際の改善に結びつけることが重要です。

こうしたChatGPTの回答をベースに、カオルは自らの経験を踏まえながら、部下との信頼関係の構築に努めるよう良子にアドバイスした。

「よく分かりました。結局、部下としては上司には直接言いづらいから、まずは、何でも言ってもらえるような信頼関係をつくることが大切になるのね」

「うん、良子ちゃんなら、きっとできるよ」

「カオルさんにそう言ってもらえると……。今日は、遅くにほんとにすみませんでした」

良子は電話を切ると、不思議と、今日の一件も前向きに捉えられるようになっていた。「部下との信頼関係の構築か、簡単じゃなさそうだけど……」。そして、その第一歩を自分なりに考え始めたのである。

3-4-2　部下からのフィードバックの受け方

良子が考えた第一歩は、部下への無記名式のアンケートだった。部下の本音を引き出すのに、「私だったら、無記名式のアンケートを取るかな」というカオルの言葉が頭に焼き付いていたか

らだ。確かに、無記名式でないと、本音は言わないだろう。ただ、どうやってアンケートをすればいいのか。いつもだと、ここでカオルにアドバイスを求めるところだが、今日は、「忙しいカオルさんに毎回毎回聞いていたら悪いし、よし、自分一人でやってみよう」と、これまでのカオルのプロンプトの要領を参考に、自らChatGPTに質問を入力し始めた。

プロンプト

　部下から1on1に関する率直なフィードバックがほしいけど、その具体的なプロセスと質問を教えてください。

ChatGPT

　部下から定期的な1on1の率直なフィードバックを得るためのプロセスと質問を以下に示します。

【プロセス】

1. アンケートの作成：フィードバックを収集するためのアンケートを作成します。アンケートは匿名で回答できるようにすることで、部下がより率直な意見を述べやすくなります。
2. アンケートの配布：アンケートを部下に配布します。配布方法としては、オンラインのアンケートツールや匿名のフィードバックフォームを使用することがあります。
3. 締め切りとリマインダー：アンケートの回答締め切りを設定し、部下にリマインダーを送ることで、回答を促します。
4. フィードバックの集計と分析：アンケートの回答を集計し、共通のテーマやパターンを特定します。フィードバックの内容を分析し、改善点や優れた点を把握します。

5. フィードバックの共有とアクションプランの策定：部下との1on1
ミーティングで、フィードバックの要点やトピックを共有し、具体的
なアクションプランを策定します。部下との協力を通じて、改善や成
長の取り組みを進めることが重要です。

【質問】

1. 1on1ミーティングについて、あなたが最も価値を感じる要素は何で
すか？

2. 1on1ミーティングで改善の余地があると感じる点はありますか？
もしあれば、具体的に教えてください

3. 1on1ミーティングのアジェンダやトピックについて、どのような項
目が追加されると役立つと思いますか？

4. 私のリーダーシップスタイルやコミュニケーションについて、どのよ
うな感想や意見をお持ちですか？

5. 部下の目標や成果に対して、1on1ミーティングでどのようなサポー
トやフィードバックが望ましいですか？

6. 1on1ミーティング中に感じる居心地や安心感を高めるために、私に
できることはありますか？

　これらの質問は、部下が率直な意見を述べやすくするための手がかり
となるでしょう。アンケートや1on1ミーティングの場で、部下の声を
しっかりと受け止め、改善や成長の取り組みに反映させることが重要で
す。

　良子は、自分の投げかけた質問に対し、ChatGPTがスラスラ
と回答してくれるのに、ある種の満足感を覚えていた。「やっ

たー。私にもできた。よし、ChatGPTの回答を参考に、私なりの
アンケートをつくってやってみよう」。良子は早速、エクセルに向
かった。

Practice ☐ **実践コーナー**

フィードバック用評価シートを作ろう

　良子のような新米管理職に限らず、ベテラン管理職であっても、1on1
など自分が実行していることに対して、部下からフィードバックをもら
うことはとても大切です。本コーナーでは、部下からのフィードバック
をもらうための具体的な評価シートの作り方について説明します。

─────

手順1　ChatGPTへの入力
［**プロンプト**］上司が部下に行う1on1について、部下が上司を評価す
るための評価シートを作ってほしいです。質問項目は10個でお願いし
ます。

▶▶▶ ChatGPTの回答例

　1on1の評価シートを作成する際は、上司のコミュニケーション能力、
問題解決能力、リーダーシップ、尊重、フィードバックなど、さまざまな
観点から評価することが重要です。以下に具体的な質問項目を10個提案
します。

1. 上司はあなたの意見や考えを適切に聞いてくれますか？
2. 上司はあなたに対して適切なフィードバックを提供しますか？
3. 上司は問題が発生した際、適切な解決策を示してくれますか？

4. 上司はあなたの業務成果を適切に評価してくれますか？

5. 上司はあなたに対して敬意を表していますか？

6. 上司はあなたのキャリアの成長を支援してくれますか？

7. 上司はあなたの業務遂行に必要なリソースを提供してくれますか？

8. 上司は定期的にあなたの業務の進ちょくをチェックしてくれますか？

9. 上司はあなたの業務に対する情熱やモチベーションを高める助けになっていますか？

10. 上司との1on1の時間は有意義で、あなたの業務遂行に役立っていますか？

　評価は5段階（1：全く当てはまらない、2：あまり当てはまらない、3：普通、4：かなり当てはまる、5：非常に当てはまる）で行うと、視覚的に結果を理解しやすくなります。また、質問項目の最後には「その他のコメントや提案」の欄を設けると、部下が自由に意見や感想を述べることができ、評価シートがさらに有意義なツールとなります。

手順2　評価シートの作成

［プロンプト］（パワーポイントを読み込ませたうえで）このスライドに1枚にまとめてほしいです。表にしてもらえると見やすいです。

▶▶▶ ChatGPTの回答例

1on1評価シート					
評価項目	1: 全く当てはまらない	2: あまり当てはまらない	3: 普通	4: かなり当てはまる	5: 非常に当てはまる
上司はあなたの意見や考えを適切に聞いてくれますか？					
上司はあなたに対して適切なフィードバックを提供しますか？					
上司は問題が発生した際、適切な解決策を示してくれますか？					
上司はあなたの業務成果を適切に評価してくれますか？					
上司はあなたに対して敬意を表していますか？					
上司はあなたのキャリアの成長を支援してくれますか？					
上司はあなたの業務遂行に必要なリソースを提供してくれますか？					
上司は定期的にあなたの業務の進捗をチェックしてくれますか？					
上司はあなたの業務に対する情熱やモチベーションを高める助けになっていますか？					
上司との1on1の時間は有意義で、あなたの業務遂行に役立っていますか？					

手順3　評価シートの確認

手順4　評価シートの修正・追記

　ChatGPTが評価シートを作成したら、それをダウンロードして内容を確認します（手順3）。過不足があれば自分で追記したり、日本語でおかしな表現があれば修正したりします（同4）。あとは、無記名形式で部下にアンケートを取れば、自分の課題点が発見できます。ただし、部下によっては、毎回極端に低い点数をつける人もいるので、そこはあまり気にしない方がいいでしょう。

Learning　□ 学習コーナー

管理職が部下からフィードバックをもらう法

　管理職の一番の課題は、自分のことについてフィードバックしてくれる人が極端に減ることです。部下と1on1をする際も、自分の上司が同席

するわけではないので、「自分の1on1が正しい方向性でできているのか」「部下の話を聞く態度はどうなのか」「部下に考えさせるような質問ができているのか」などは分かりません。

そこで、一番いいのは、部下からフィードバックをもらうこと。しかし、部下はなかなか正直には言ってくれません。なぜなら、それを言うと、上司批判と捉えられる危険性があるからです。ただし、部下の間では、そうした会話はランチや飲み会などで頻繁に交わされています。いわゆる陰口です（笑）。

そこはひとまず置いとくとして、いずれにせよ、**部下から率直なフィードバックをいかにもらうかが、上司の成長のカギとなります。**

■ フィードバックをもらえる仕組み作り

上司が部下からフィードバックを受けるためには、率直にものが言える環境をつくることが何よりポイントです。それには、管理職自身が何か指摘されても、感謝の言葉は伝えてもムッとしてはいけません。課題点を指摘されると誰でもショックなもの。自分では何ら問題ないと思っていたりするからです。しかし、そこはグッとこらえて、部下の言葉に耳を傾けるのです。

ただ、部下の多くは口頭ではなかなか言いにくいと感じているため、フィードバックは無記名式のアンケートで回答してもらうことをおすすめします。そして、実際にアンケートを実施する際には、下記のような内容について聞くといいでしょう。

1. 1on1ミーティングの頻度と時間設定について、どこを改善するとさらに1on1が良くなりますか？

2. 1on1ミーティングで取り上げてほしい具体的なテーマはあります

か？もしあれば、具体的に教えてください。

3. 上司からされる質問で、気づきを得ることはできていますか？

4. 1on1ミーティング中のコミュニケーションや対話のスタイルについて、改善の余地はありますか？もしあれば、具体的に教えてください。

5. あなたの目標や成果について、1on1ミーティングでどのようなサポートが不足していますか？

6. あなたが1on1で話しにくいと感じるものはありますか？もしあれば、具体的に教えてください。

7. 上司の話の聴き方について、どのような感想や意見をお持ちですか？

8. 1on1ミーティングの進行やアジェンダについて、改善のアイデアや提案はありますか？

9. 1on1ミーティングでのフィードバックや指示が具体的で分かりやすいと思いますか？もしそうでない場合は、どのように改善すれば良いと思いますか？

10. あなたが1on1ミーティングで自由に話せる環境や安心感を感じるために、上司ができることは何かありますか？

上述のアンケート内容を参考に、自分の部下に対して実施してみてください。管理職のあなた自身、たくさんの気づきを得ることができるはずです。

Column

部下を成長させる、フィードバックの法則

ここまで、部下から上司へのフィードバックについて解説してきましたが、本コラムではその逆の上司から部下へのフィードバックについて

述べます。

　実際、1年間の評価結果を伝えるなど、上司が部下にフィードバックする機会は意外と多くあります。このフィードバックをいかにうまくできるかどうかで、部下のその後の成長が決まってきます。なぜなら、フィードバックされないと自分では気づかないことが結構たくさんあるからです。従って、部下の才能を最大限発揮させるためには、上司が適切なフィードバックをすることが非常に重要となります。

　では、逆に、部下の才能を最大限発揮させることができない上司とは、どんな上司だと思いますか？フィードバックが上手ではない上司と言い換えてもいいかもしれません。

　それは、部下の弱点ばかりをフィードバックしている上司です。例えば、部下が現在抱えている課題を指摘したり、ミスした原因をどんどん追求したり……。実際、課題やミス、失敗などは目につきやすいし、指摘しやすいため、ついついやってしまいがちなのです。

　しかし、そうしたフィードバックをされた部下が、その後すごく改善しているかというと、そうではありません。部下は、萎縮してしまったり、思考停止になったりしていることがほとんどなのです。かく言う私も、そうでした。それ故、指摘ばかりしてくる上司には近づきたくないと思っていました（笑）。

　弱点ばかりフィードバックしている上司というのは、「部下のために」と言いながら、実は、**自分がいかにできるかを伝えている**のです。部下にも、得手不得手があります。得手（強み）ばかりフィードバックしても、不得手（弱み）は改善されません。逆に、弱みばかり言うと、部下は疲弊してしまいます。

　一体、どうやってフィードバックすればよいのでしょうか——。

他の部下との比較はNG

　フィードバックには、法則があります。それは、「弱み1：強み3」。すなわち、弱みを1つ言ったら、強みを3つ見つけてフィードバックするのです。この際、気をつけるべき点が2つあります。

　一つは、他の部下と比べないこと。ものすごくできる人と比べられても、「私は、○○さんのようには絶対なれない」とか「○○さんと比較されてもなぁ……」とかなってしまいます。もし比較するのなら、その部下の過去と今を比べるようにしましょう。

　もう一つは、成長を促す質問をすること。具体的には、「次までに○○ができるようになるには、どうすればいい？」などと聞きます。そこで、「まず、△△からやってみたいと思います」という言葉を引き出せたら大成功。「じゃあ、次回の1on1で報告してね。期待しているから」と伝え、フィードバックを終了すればよいのです。

　部下の成長は、フィードバックいかんで決まるといって過言ではありません。

3-5　AIコーチの活用

　コーチングは、コーチと一緒に、これまで試したことがなかったり、体験したことがなかったりすることでも、実践できるやり方を編み出していく方法といえる。結果、今までできなかったことが実現したりする。スポーツの世界では、コーチ制度は1880年代からスタートし、今ではサッカー、野球、バレーボール、陸上などほぼすべての競技においてコーチは当たり前のように存在する。

　翻って、ビジネスの世界はどうか——。一部の経営層などは会社経費や自己負担でコーチをつけているものの、ほとんどはつけないまま仕事をしている。管理職は孤独で、相談できる人は数少ない。それだけに、管理職がマネジメントをしていくうえでコーチがいれば心強いが、コストがかかるため積極的に導入する企業が少ないのが実態といえる。まして、自分の給料を持ち出してまでコーチをつける管理職は、ごくごくわずかである。

　最近では、管理職になりたくないと思う一般社員がだんだんと増えてきた。理由は、「責任が重い」「割に合わないと感じる」「仕事・残業が増える」などだ。しかし、身近にコーチがいたら、その気持ちにも変化が現れるかもしれない。

　実は、コーチは人間だけではない。AIをコーチにつけて、管理職がいろいろなことを相談できるようになったら、管理職の負担は軽減され、目標達成が容易になる。これは、絵空事ではない。今や、そんな時代に入ってきたのだ。

　本章では、AIをコーチにつけたらどうなるか、つけるにはどうすればいいのかについて述べていきたい。

3-5-1　部下から相談を受けたら

　ある日のこと。良子がいつものように、部下のＧさんと定例の1on1を行なっていると、突然悩みを打ち明けられた。
「全然、自信が持てないんです……」
　Ｇさんは、今の部署に異動してきてから約2年が経過していた。良子は、Ｇさんの仕事ぶりを見ていて、ミスは少しあるものの、そろそろ後輩メンバーの面倒を見てもらいたいと考えていた矢先だった。良子が聞いた。
「自信が持てないって、どういうところでそう思うの？」
「最近大きなミスをしてしまいましたし、この前のミーティングで出した企画も通りませんでした。そんな感じで、自信がいまいち持てなくて」
「なるほど。実はね、Ｇさんにはそろそろ後輩メンバーの面倒をみてほしいって考えていたの」
「えっ、私が。今のままじゃ、ちょっと」
「……」
「どうやったら、自信つけられますかね？」
「そうだな、小さな成功体験を積んでいくことかな」
「それって、具体的にどうすればいいんですか？」
　Ｇさんの切実な質問の前に、良子は的確な答えをすぐに見いだすことができなかった。1on1終了後、良子は、Ｇさんに対して効果的なアドバイスをできなかったことにふがいなさを感じ、改めて部下育成の難しさを痛感した。良子は思った。「こんなとき、隣にいてすぐに相談に乗ってくれるコーチがいたら……」。良子はカオルにLINEで連絡を取った。

「カオルさん、部下育成のやり方には、具体的にどういうものがありますか？」

　カオルが返信してきた。

「質問が唐突だね（笑）。何か困っているみたいだけど、今晩でよければ話さない？」

　良子はホッと胸をなで下ろし、絵文字付きですぐに返した。

「唐突ですみません。今晩、ぜひお願いしますm（＿＿）m」

　その夜、二人は和食チェーンのレストランで食事をしながら話をした。

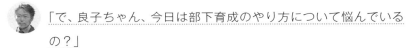

「で、良子ちゃん、今日は部下育成のやり方について悩んでいるの？」

　良子は、昼間のGさんとの1on1のやり取りを説明してから、次のように切り出した。

「部下育成のやり方もそうなんですけど、実は、それをAIを使ってできないかなって思っているんです」

「ほうー、なんでまた」

「私にとって、カオルさんはコーチみたいな存在だと思っているんですけど、何かすぐに相談したいと思ってもできないでしょ」

「えっ、してるじゃん（笑）」

「これでも、我慢しているんですよ。だから、もっと気楽にいつでも相談に乗ってくれるコーチとしてAIはどうかなって。AIを使って部下育成ができたらいいなって思っているんです。カオルさん、どう思いますか？」

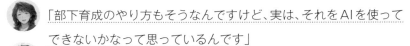

「そうね、良子ちゃんとは毎日顔を突き合わせているわけでもないし、僕にも答えられないときだってある。そう考えると、AIコーチもいいかもね」

カオルはそう言うと、料理の乗ったテーブルの上にパソコンを置けるスペースをつくり出し、早速ChatGPTに質問を投げかけた。

AIを使って部下育成するには、どうすればいい？

　人工知能（AI）として、私は直接的な人間のインタラクションを行う能力はありませんが、AI技術を活用して部下育成を行うためのいくつかの独特な手法があります。

1. 個別化された学習経験：AIは、個々の学習者の学習スタイル、スキルレベル、進度などに応じてパーソナライズされた学習経験を提供することができます。例えば、オンライン学習プラットフォームはAIを使用して学習者の理解度を追跡し、適切なレベルの資料を提供します。
2. 継続的なフィードバック：AIは、部下が何か新しいタスクを学んでいる間やその後も、リアルタイムのフィードバックを提供することができます。これは、新たなスキルの習得に役立つだけでなく、モチベーションを維持するのにも有効です。
3. シミュレーションとゲーミフィケーション：AIとVR（仮想現実）技術を組み合わせることで、リアルなシミュレーション環境をつくり出すことが可能です。これにより部下はリスクなく新しいスキルを練習したり、新たな状況に対応する経験を積むことができます。
4. データ駆動型のパフォーマンス管理：AIは、各個人のパフォーマンスデータを分析し、具体的な改善点や潜在的な問題を特定するのに役立ちます。

5. AIコーチング：AIは、一定のルールやガイドラインに基づいてアドバイスを提供することができます。例えば、部下のスピーチやプレゼンテーションスキルの改善、ストレス管理、タスクの優先順位づけなどの領域でAIコーチングツールが役立つことがあります。

それらの方法を適切に使用することで、AIは部下育成において強力なツールとなることができます。

　　　良子は、カオルが引き出したChatGPTの回答を見て、AIを使って部下育成ができることを確信した。同時に、AIコーチの可能性にも、手応えを感じ始めたのである。

3-5-2　AIをコーチにつける方法

　　　二人は食事を済ませると、コーヒーを頼んだ。良子は、カオルをコーチとして信頼しつつ、仕事から離れた、たわいもない会話も楽しんでいる。もちろん、AIにそこまでは期待していない。けれど、AIコーチとしてどこまでの可能性を秘めているのか、知りたかった。良子は、カオルに聞いた。

「話をAIに戻しますね」

「今度はAIの何？」

「AIって、人間のような細かいサポートはできないだろうけど、何か部下のヒントになるようなことは教えてくれるのかしら」

「そうだね、人間じゃないから、部下の感情は読み取れない。だけど、客観的に見てくれるから、ある意味、人間よりも冷静に答えてくれるんじゃないかな」

「なるほど」

「じゃあ、その辺りのことをChatGPTに……」

　カオルの発言を、良子が遮った。

「私が聞いてみますね」

　そう言うと、良子はカオルのパソコンを借りて、キーボードをたたき始めた。

● プロンプト

ChatGPTを人のコーチにつける場合のプロセスとそのプロンプトを教えて。

■ ChatGPT

ChatGPTをコーチとして利用する場合、以下のプロセスとプロンプトを使用することができます。

1. ゴールの設定：コーチとのセッションの目的やゴールを明確に設定します。例えば、スキルの向上、目標の達成、アドバイスの受け取りなどが考えられます。

2. プロンプトの作成：コーチに対して質問や指示を与えるプロンプトを作成します。プロンプトは具体的で明確な情報を含むことが重要です。以下に例を示します。

・効果的な時間管理のためのアドバイスをください。

・プレゼンテーションスキルを向上させるための練習方法を教えてください。

・モチベーションを高めるための戦略を共有してください。

3. コーチとの対話：プロンプトを使用してChatGPTと対話を始めます。コーチとの会話をシミュレートするため、ChatGPTの応答に対

して疑問や追加の情報を求めることができます。具体的な質問や具体例を使用すると、より具体的なアドバイスやガイダンスを得ることができます。

4. 応答の分析と反省：コーチとの対話が終了した後、ChatGPTの応答を分析し、提供されたアドバイスや情報を評価します。フィードバックを受け取り、自己評価を行います。

5. 繰り返しと改善：プロセスを繰り返し、継続的にChatGPTをコーチとして利用します。フィードバックを生かし、対話の質を向上させるためにプロンプトや質問の形式を調整します。

　上記のプロセスに従って、ChatGPTをコーチとして効果的に活用できます。ただし、ChatGPTは人工知能モデルであり、限定された知識と訓練データに基づいています。コーチングの代替手段として使用する際は、その制限を考慮して結果を解釈することが重要です。

　　　　ChatGPTが難なく回答する。その内容を確認し、良子はカオルに意見を求めた。

「カオルさん、この回答、どうかしら？」

「そうそう、こんな感じでやってみると、できるようになるんじゃないかな」

「カオルさんからお墨付きをもらえれば、大丈夫。早速、ゴールの設定からやってみようかしら」

　こう言うと、良子は自らChatGPTに入力し、壁打ちを開始した。カオルはコーヒーを飲みながら、「良子ちゃんも、気づかないうちに一回り成長したな」と、心の中でつぶやいた。

部下の中にある答えを引き出せ、コーチングの極意

　突然ですが、コーチの語源をご存じでしょうか。ヒントは、財布やバッグなどのブランドとして有名な「COACH（コーチ）」に描かれている絵にあります。そう、それは馬車です。この絵には、大切な人を希望する場所まで送り届けるという意味があります。その語源は「コチ」で、馬車の製造で有名なハンガリーの町の名前に由来します。翻って、ビジネスにおけるコーチは、部下の目標達成をサポートすることを意味します。

　上司は部下に対して、時にはコーチングをしたり、時にはティーチングをしたりして部下を育成します。コーチングは、部下の頭の中にある答えを、上司が引き出します。一方、ティーチングは、上司の頭の中にある答えを、業務などを通して部下に教えていきます。もちろん、どちらも重要で、使い分けが必要です。

　例えば、新入社員には、まだ仕事に関する答えを持っているケースが少ないため、ティーチングが主流になります。逆に、ベテラン社員に対しては、その人自身が答えを持っているケースが多いため、コーチングでそれを引き出すことが多くなります。本コーナーでは、上司が部下をコーチングする際のポイントを5つ紹介しますので、参考にしてください。

1. 信頼関係を構築する：部下との信頼関係を構築しないと、本音で語ってもらうことができません。日々の信頼関係の構築が重要です。
2. 傾聴する：単に部下の話を聞くのではなく、積極的に聞きます。ある種、聞き上手になることが必要です。うなずいたり相づちを打ったり、メモを取ったりしながら、積極的な態度で部下の話に耳を傾けます。

この際、メモはパソコンではなく、ノートに取るようにしましょう。パソコンだと、すぐに内職をしてしまいがちだからです。

3. 質問する：コーチングで一番難しいのが、質問だと思います。部下が答えを見つけられるように質問をしていくのですが、事前に、200個くらいの質問を用意しておくとよいでしょう。

4. フィードバックする：部下の考え方や行動に対して、新たな視点を持てるようにフィードバックを行います。その際は、部下の成長を純粋に祈って、率直にフィードバックしてあげてください。

5. 計画を作成する：部下と一緒に今後の計画を立てていきます。頭で考えているだけではなく、計画に落とし込んで、実際の行動までつなげてあげる必要があります。

Column

コーチ冥利に尽きる

筆者は、ある会社の部長Jさんからの依頼を受けて、約1年前から定期的にコーチングをやっています。本編の中で述べたように、コーチングは、教えるのではなく、相手が自分自身で解答や解決策を見つけ出すサポートをすること。実際、コーチングをしていくと、相手は時に、自分の嫌な部分や弱い部分と向き合う場面も出てきます。それでも、Jさんは、私の質問に正直に答えるようにしていました。

Jさんの当時の最大の悩みは、部下育成でした。部下であるマネージャーは5人。当然、それぞれに長所短所がありますが、特に気に病んでいたのはSマネージャーのことでした。Sさんは、マネージャーとしての経験も長く、地頭も良いのですが、部下には厳しい態度で接してしまい、Sさんの部下から苦情が持ち上がるほどだったのです。

私は、ChatGPTにJさんに対する質問を考えてもらい、それを参考にしながら、Jさんにコーチングをしていきました。その場では、Jさんの目標達成のためにいろいろな角度から質問をし、次のアクションにつなげてもらうようにします。コーチングの頻度が週1回と高かったため、ChatGPTの活用は私自身を助け、大きな武器となりました。

　こうして、予定していた1年契約のコーチング期間が終了。その1年半後に、Jさんの部下のTさんから突然連絡をもらいました。

「ご無沙汰しています。今度、Jさんが社長になることになりました」

「おー、やっぱり」

　そう、私は、Jさんが社長になることを予想していたのです。当時、Jさんは、「私は、社長になる器ではありません。参謀が似合っているんです」などと謙遜していましたが、私は、コーチングのときに、「Jさん、あなたは社長になるべきだ。いや、いずれ必ずなるだろう」と言っていたのです。そして、それがついに現実しました。私は早速、Jさんに、「社長就任、おめでとうございます！！！自分事のように嬉しいです。でも、予想通り（笑）」とメールを送りました。すると、Jさんから、すぐに返信がありました。

「情報早いですね！自分から言おうと思っていたのに（笑）。いろいろご支援ありがとうございました。社長になれたのは、寺下さんのおかげでもあります」

　私は、メールに記した通り、自分事のように嬉しく、そしてコーチ冥利に尽きるとしみじみ思いました。同時に、コーチングにおけるAI活用の可能性も感じ取った瞬間でした。

3-6　AIコーチが人間コーチに近づく

　AIがコーチになる——。少し前までは、そんな時代が来るとは予想していなかったが、今や現実の世界になりつつある。実際、AIを活用して自分の目標ややりたいことを実践している人もだんだんと増えてきている。

　AIには感情がない半面、客観的な目で見てもらうことができる。人のコーチをつけなくても、目標達成のサポートを十分に果たしてくれる。ただし、AIをうまく活用するためには、「質問力（プロンプト力）」が必須である。AIに対し、どのように効果的な質問をするか、どのように指示をするかで結果が大きく変わってくるからだ。

　さらに、気をつけたいのは、AIも100％正しいというわけではないこと。まだまだ不十分な情報や間違った情報もあるため、自分自身で正しい情報かどうかを見極めていく必要がある。

　本章では、AIコーチをつけるためにはどういった点に注意すべきか、人のコーチとの違いはどこにあるのかなどについて解説していく。

3-6-1　AIコーチへの不安

　良子は、カオルの指導のおかげですっかりChatGPTの使い手になっていた。1on1における部下との質問を考えてもらったり、自分自身の考えをまとめていくための壁打ち相手になってもらったりと、ChatGPTはもはや自分の専任コーチのような存在になっていたのである。

　ただ、ChatGPTを使いこなすほど、「人間のコーチとは何が違

うんだろうか」という疑問が沸くようになってきていた。この点について、カオルは以前、「人間じゃないから、部下の感情は読み取れない。だけど、客観的に見てくれるから、ある意味、人間よりも冷静に答えてくれるんじゃないかな」と語っていたが、良子は、人間コーチとAIコーチの違いについて、きちんと理解しておきたいと考えるようになっていた。「そういえば、カオルさん、会社の経費ではなく、自腹で人間コーチをつけているって言ってた。その辺のこと、聞いてみよ」と、カオルに電話をかけた。

「カオルさんって、人間のコーチをつけているって言ってましたよね？」

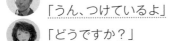「うん、つけているよ」

「どうですか？」

「どうですかって、質問がざっくりすぎるなぁ（笑）」

　良子は「すみません」と、慌てて質問したことを詫び、言葉を続けた。

「私、人間のコーチをつけたことがないんです。だから、その良さとか効果とかがイメージできなくて」

「僕は、人間のコーチをつけて良かったなって思っているよ。そのおかげで、自分が設定した目標をすべて実現できているからね」

「すべて実現！！それはすごい」

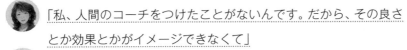「良子ちゃん、ごめん。これからっていうところなのに、急な仕事が入っちゃって。あとはLINEで」

　カオルは、こう言うとすぐに電話を切った。良子は、カオルの話を思い返し、人間コーチのポテンシャルの高さを感じながら、「AIコーチでも、同じような結果が得られるのだろうか」と、両者の違いについて考えを巡らした。しかし、答えにはなかなかたどり着

けない。なぜなら、良子には人間コーチをつけた経験がないから
だ。そこで改めて、カオルにLINEで聞いてみた。

「カオルさん、さっきの話の続きだけど、人間コーチとAIコーチで
は何が違うんですか？」

　カオルからすぐに返事が来た。どうやら、急な仕事は一段落し
たようだ。

「人間は感情に寄り添うことができるけど、AIにはそれはできな
いね」

「それだけ？」

「人間コーチは、クライアントとの実際の対話を通して信頼関係
を構築できる。これは、とても大きいと思うよ」

「信頼関係があるからこそ、結果がでるのか。カオルさんみたい
に」

「それはある。一度、人間コーチとAIコーチの違いをChatGPTに
聞いてみたら」

「はい、やってみます」

　良子は、早速ChatGPTにログインし、質問してみた。

● プロンプト

人間コーチとAIコーチ、何が違うのでしょうか。

■ ChatGPT

　人間によるコーチングとAIによるコーチングは、いくつかの重要な面
で異なります。

1. 感情の理解と共感：人間のコーチは、感情的なニュアンスを理解し、
　 共感する能力を持っています。人間は、他の人の感情を察知し、それ

に対応する能力がありますが、現在のAIの技術はまだこの点で人間に及びません。対話の中で感情的なサポートを提供することは、人間のコーチにとって自然なことですが、AIは基本的にプログラムされたパターンに基づいて反応します。

2. 個別性と柔軟性：人間のコーチは各クライアントの特性やニーズに対応し、特定の状況に適応するための戦略を提供できます。一方、AIコーチは大量のデータに基づいて汎用的なアドバイスを提供しますが、個々の人間の微妙な差異を理解するのは難しいかもしれません。

3. 経験と洞察力：人間のコーチは、自身の人生経験や教育、トレーニングを通じて得た洞察力を提供することができます。AIコーチは、機械学習やデータ分析により洞察力を提供しますが、これは人間の経験に基づいた知識や理解には及びません。

　それにもかかわらず、AIによるコーチングには独自の利点もあります。

1. スケーラビリティ：AIは大量のユーザーを同時にサポートする能力を持っており、個々のコーチングセッションに時間を割くことなく、広範なユーザーに対応できます。

2. 利便性：AIコーチングプログラムは24時間利用可能で、ユーザーが必要な時にいつでも利用できます。これに対して、人間のコーチは特定の時間帯にしか利用できないことが一般的です。

3. データドリブン：AIコーチは大量のデータを分析し、ユーザーの進ちょくを追跡し、パーソナライズされたフィードバックを提供する能力を持っています。これにより、ユーザーは自分の進歩を具体的に見ることができます。

以上のように、人間によるコーチングとAIによるコーチングにはそれぞれ利点と限界があります。それぞれのニーズや目的に合わせて適切な方法を選択することが重要です。

ChatGPTの回答を見て、良子が感じたのは、人間コーチの良さだった。それは、相手の感情を理解して対応したり、特性に応じて戦略を考えたりすることで、信頼関係を構築し、結果を出していく点。これに対してAIコーチの良さはといえば、広範なユーザーへの対応や24時間利用可能といった、使い勝手に優れた点だ。「要するに、AIは、人の感情は読み取れないけど、便利に使えるから、この回答は当然かな」と、良子は変に納得した。

3-6-2　質問の仕方次第で…

良子は、可能なら、人間コーチをつけた方がいいように感じていた。ただ、その場合の問題は費用だ。実際、人間コーチをつけているカオルに聞くと、「それはピンキリ。高い人もいるし、安い人もいる。とはいえ、個人負担だと、とても大変。会社が費用を負担してくれればいいけれど、そうでなければ、現実的には難しい」という話だった。

となると、やはり、AIコーチをつけるしかない。この点について、カオルも、「いいと思うよ。ある意味、時流にも乗っているし」と、肯定的な意見をくれた。そこで良子は、「より人間コーチに近い形でAIコーチをつける方法はないかしら」と、考えた。しかし、答えは容易には見つからない。良子は、「ChatGPTに聞いてみるか」と、パソコンに向かった。

ChatGPTを人のコーチにつける場合のプロセスとプロンプトを教えてください。

ChatGPTをコーチングのツールとして活用することは可能です。以下にそのプロセスと考えられるプロンプトの例を示します。

【プロセス】

1. 目標設定：まずはクライアントがどのような目標を達成したいのか、具体的に明確化します。目標はSMART（Specific、Measurable、Attainable、Relevant、Time-bound）な形式で設定するとより達成しやすくなります。

2. 現状の理解：クライアントの現状を理解します。これには、彼らの現在のスキル、知識、経験、課題などが含まれます。

3. 行動計画の作成：目標達成に向けた行動計画を作成します。どの行動が目標達成に寄与するか、それをどのように行うか、いつまでに行うかを明確にします。

4. 進ちょくのモニタリング：行動計画に基づいて行動を開始した後、進ちょくを定期的にモニタリングします。これにより、必要な調整を行ったり、新たな学びを得たりすることが可能になります。

5. フィードバックと学習：進ちょくに基づいてフィードバックを提供し、必要な学習を促します。フィードバックは具体的で建設的なものであるべきです。

以下は、ChatGPTをコーチとして活用する際に使用できるプロンプ

トの例です。

【プロンプト】

1. 目標設定：あなたが達成したい具体的な目標を教えてください。それはどのように測定可能ですか？それは現実的で達成可能ですか？それはあなたの全体的な目標や価値観と関連していますか？それを達成するための期限は何ですか？

2. 現状の理解：あなたがその目標を達成するために必要となるスキルや知識を現在どの程度持っていますか？何があなたの進行を阻んでいますか？

3. 行動計画の作成：あなたがその目標を達成するためにどのような行動を取る予定ですか？それらの行動をどのようにスケジュール化しますか？

4. 進ちょくのモニタリング：あなたの行動計画はどのように進んでいますか？何か困難に直面していますか？

5. フィードバックと学習：あなたの進ちょくに基づいて、何がうまくいって何が改善が必要だと感じますか？何を学びましたか？

これらのプロンプトは、コーチングセッションのガイドラインとして使うことができます。ただし、各クライアントや状況に応じて適応させることが重要です。

　良子は、ChatGPTの回答を見て、ハッとした。「そうか、『各クライアントや状況に応じて適応させることが重要』ってあるけれど、プロンプトの工夫次第でAIコーチは自分に寄り添った形で答えてくれるようになる。要は、より人間コーチに近い形でAIコー

チをつけるための成功のカギは、質問の仕方なんだ」——。良子は、目の前の視界が急に開けるような感じを受けた。

　ちょっと前まで、管理職として自信が今一つ持てなかった良子は、事あるごとにカオルに連絡を取り、アドバイスを受けていた。実際、管理職の仕事や部下育成に関しては、正解がない。仕事をしながら経験し、学んでいくことも多い。ただ、それだと時間がかかるし、遠回りしてしまう可能性も高い。そんな中、良子はカオルの指導を受けながら、次第にChatGPTの使い方を覚え、自ら問題解決を図れるように成長してきた。

　そして今、良子はChatGPTをAIコーチとして受け入れようとしている。「もちろん、AIはツールだから感情を読み取るなど人間コーチにかなわないところはあるけれど、私の質問力さえ磨けば、きっと優秀なコーチになるわ」——。良子とAIコーチの伴走が始まった。管理職としてのゴールを目指して。

Learning　□ 学習コーナー

AIコーチの一番効果的な使い方

　AIをコーチにつけるのは、ある意味、これからの人材育成の画期的な新手法といえます。管理職も部下も、AIコーチをつければいいと思います。テクノロジーは、日々進化しているので、うまく活用してください。

　その一方で、「人によるコーチはいらなくなるのではないか？」という疑問が沸きます。結論から言いますと、人間コーチはなくなりません。なぜなら、AIコーチには不可能な、人間の感情や奥底にある気持ちを引き出すことができるからです。AIは、あくまでツールに過ぎません。

　とはいえ、人間コーチをつけるのに、会社が費用を負担してくれると

ころはほとんどありませんし、個人では負担が大きすぎます。そんな人こそ、AIコーチをうまく活用すればよいと思います。ChatGPTなど有料のものでも月3000円前後なので、ちょっとしたお小遣いでコーチが雇えると思えば安いくらいではないでしょうか。

■ 間違った情報がまだまだ多い

では、本編でも触れましたが、プロの人間コーチとAIコーチでは具体的に何が違うのか、考えてみたいと思います。

まず、プロの人間コーチは、実際の対話を通して、クライアントとの信頼関係を構築し、目標に応じて、アクションプランを作成していきます。これに対してAIコーチは、現段階ではそこまではできません。もちろん、AIコーチにアクションプラン案を出してもらうことは可能ですが、データ分析などができないため一般論にとどまる可能性が高いのです。

次に、情報の正確性です。人間コーチもミスをしますが、AIコーチも絶対ではありません。実のところ、AIコーチにおいては、間違った情報がまだまだ多いのです。従って、AIコーチを活用する場合には、提供された情報について、自分で正確性を見極める必要があります。

こうしたことから、もし管理職の皆さんがAIコーチを使うのであれば、正確性に留意しつつ上手に活用するようにしてください。一番効果的な使い方が、部下と話をする際の壁打ちだと思います。自分の考えや悩み、アイデアをAIコーチに話し、フィードバックを受ける。管理職として悩んだときのヒントになるはずです。

特に管理職になると、評価に関することなど、部下に相談できずに一人で考えなければならない事案がたくさん出てきます。そんなときにAIコーチと壁打ちをすれば、きっと有意義なアドバイスやヒントをもらえることでしょう。

毎週水曜日15時に帰宅する上司の謎

　上司になると、気づくことがあります。それは、結構、孤独であるということ。一般職のときは、同僚がランチに誘ってくれたりしますが、管理職になった途端、それが激減します。上司である自分から誘っても、本心から喜んで来てくれているのか、とりあえず上司に誘われたから仕方なく来ているのかも分からなくなります。なぜ、そうなってしまうのか——。そこには、上司部下の関係、つまり評価する側とされる側の関係が生まれるからです。

部下には相談できない

　それまで同僚だったとしても、管理職になると、ちょっとよそよそしくなるなど接し方が変わります。特に管理職になりたいと思っている同僚よりも先に昇格すると、微妙な空気が流れます。そうなると、管理職は誰にも相談できず、一人で思い悩むようになります。筆者は今、コンサルティングの仕事をいくつかしていますが、管理職の人からよく相談を受けます。例えば、こんな感じです。

「〇〇について、寺下さんはどう思いますか？」

「△△しようと思うんだけど、どうかなぁ？」

「××に対して指導しようと思うんですけど、どうやったら効果的だと思いますか？」

　このように、管理職には打ち明けられない悩みがいろいろとあります。部下に仕事の相談はできても、腹を割って自分の正直な気持ちを話すことは難しい。それは、管理職故に「こんなことは、部下には相談できない」「相談してはいけない」と思っていたりするからです。とりわけ人

事異動や評価にかかわることは、部下には絶対に相談できません。こうしたことを裏付けるかのように、先日、ある企業の取締役が私にこう言いました。「寺下さんは私の良き相談相手で、ほんとに助かります」と。

いやいや、それが自腹なんだよ

私は、管理職になった人には、会社費用でコーチをつけることをすすめています。自分の頭の中や心の中には答えがちゃんとあるのに、ご自身では整理したり引き出したりすることができずに悩んでいる管理職をたくさん見てきたからです。

私自身、マネージャーだったときには、専門のコーチを半年ほどつけていました。しかも自腹で。良かったことは、当時掲げていた7つの目標をすべて実現できたこと。おそらく、コーチがいなければ、すべては実現できなかったと思います。このとき、私がコーチをつけたきっかけは、当時の上司にあります。

その上司は、毎週水曜日の夕方15時になると、「お先に！」と帰ってしまいます。あるとき、私は聞きました。

「○○さん、水曜日はいつも早く帰りますね。何か悪いことでもしているんじゃないですか（笑）」

「おいおい、人聞きが悪いことを言うなよ。実はな、コーチをつけているんだ」

「コーチですか……」

「目標を達成するために、毎週水曜日、自分とセッションをしてもらっているんだよ」

「へぇ～、そうなんですか。もちろん、会社費用ですよね？」

「いやいや、それが自腹なんだよ」

「！！！！！」

私に、衝撃が走りました。上司とはいえ、サラリーマンが自腹でコーチをつける。もはやそんな時代なのか、と。考えてみれば、自分の思いを実現するためには、コーチなど応援してくれる人が必要です。従って、この上司の行動はとても合理的に見えました。そこで、私も一念発起してコーチをつけることにしたのです。上司と同様、自腹で。結果は、先ほど述べた通り、7つの目標をすべて達成。このとき、筆者がコーチの力に驚いたことを、今なお鮮明に覚えています。

Part4 ビジネスリーダー 編

AI情報を戦略活用する「自創型AI人財」への旅

　第4編は、不動産会社に勤務する入社5年目の若手ビジネスリーダー、新山海斗、通称カイトの挑戦を描く物語。彼は社内のAI導入の必要性を認識し、無関心な社長を説得しようとする。この物語は、カイトが生成AI（人工知能）「ChatGPT」に初めて触れた瞬間から始まり、「AIは予想以上の可能性を持っているのでは？」との期待とともに進行する。

　また、カイト自身は「自創型AI人財」になることを目指す。「自創型AI人財」とは、自らの意思決定にAIの情報を効果的に取り入れる

＊本編で提示されるChatGPTの出力は、すべて有料版のChatGPT Plus（GPT-4）で生成されたものです。
＊ChatGPTはプロンプトの内容に基づいてその都度回答を生成しますので、同じプロンプトを使っても回答にバリエーションが出る場合があります。
＊文中の表が正しく表示されない場合やエクセルへの貼り付けがうまくいかない場合は、解説「1からわかる！ChatGPT活用法」の

新山海斗

通称カイト。BFS不動産株式会社に勤務。入社5年目。現在はチームリーダーとして部下を持ちながら、プロジェクトの管理や戦略の策定に携わる。あるビジネス交流会でソフィアと出会ってからAIに興味を持ち始める。AIに興味のない社長に「社内へのAI導入」を決意させるべく、ChatGPTとソフィアの力を借りて日々奮闘する。

ソフィア

ギリシャ語で「知識、知恵」を意味する名前を持つ。AIに関する高い学習能力を持つ。風のように現れて、風のように去って行く。その実体は、謎に包まれている。交友関係が広く、さまざまな人脈を持つ。本編では、カイトの「自創型AI人財」としての成長を優しく見守り、やがて二人の間には言葉にできないほどの深い絆が生まれることとなる。

石田サチ

BFS不動産株式会社のトップ営業ウーマン。15年の営業キャリアを持つ次期幹部候補。カイトのポテンシャルを早くから見抜き、厳しくも愛情深く指導している。社長からの厚い信頼を背景に、カイトの「AI社内導入提案書」の作成をサポートする役目を任される。本編第3章に登場し、サチ自身もChatGPTの可能性に深く引き込まれていく。

能力を持つ人財のこと。これは、新しい価値を創出する姿勢と、自主的な行動を併せ持つ特性を指す。この能力は、現代のビジネスでますます求められるものとなっている。

　カイトの物語を通して、AIの真の価値と役割を理解し、人間と協働して新しい価値を生み出す存在としてのAIの重要性が明らかになる。さらに、組織内の人間関係の重要性、すなわち「人と人の共創」の力も強調される。読者の皆さんには、カイトと共にAIの新たな可能性と未来のビジネスの展望を体験していただきたい。　（文責：新岡優子）

「ChatGPTのエラー対処法」を参照してください。
＊本書の物語は、経営データの安全な取り扱いを重視しています。物語の中で描かれる経営データ活用のシーンは、巻頭の「ChatGPTを安心して使うために」に基づいて行われています。

4-1 自創型AI人財になるための ChatGPTトレーニングプログラム

　ある日のこと。喫茶店で、若手ビジネスリーダーの新山海斗、通称カイトとフレンドリーなAIのソフィアが深い議論を交わす。ソフィアは、カイトに「自創型AI人財」という新しいコンセプトを紹介し、それを実現するための6つのセッションを提案。これらのセッションは、AIとの共創、自主性、価値創造、自己成長、人間関係、そして自己洞察をテーマとし、カイトはこれを通じてAIの真の価値を理解し、自らの業務にどのように取り入れるかを学んでいく。

　本章では、この6つのセッションの1つ目「AIとの共創」を通じてカイトがどのように成長していくのか、そしてソフィアがどのようにカイトをサポートしていくのかを追いかけていく。

　　　　　若手ビジネスリーダーのカイトとフレンドリーなAI、ソフィアは、あるビジネス交流会の席で初めて出会い意気投合した。後日、カイトがいつも通うスポーツジムで再び会う約束をし、その日がやってきた。トレーニングを終えてリフレッシュしたカイトが、ロビーで待つソフィアを見つけて声をかける。

「やあ、ソフィア、お待たせ！ジムは久しぶりだったからきつかったよ」

「カイトさん、お疲れさま！じゃあ早速だけど、隣の喫茶店でクールダウンしながら、この前の話の続きをしましょう」

　　　2人は喫茶店に移動し、コーヒーを飲みながら先日のビジネス交流会での議論を再開した。

「今日はソフィアからAIを学べると思って、とても楽しみにして

いるんだ」

「任せてください、カイトさん。先日の交流会の席でカイトさんの
AI活用に対する思いを聞いたので、今日はカイトさんのために
『自創型AI人財』になるための生成AI『ChatGPT』によるトレー
ニングプロンプトを作ってきました」

　カイトが「**自創型AI人財**って？」と聞くと、ソフィアは「**自主的
に行動する能力と新しい価値を創出する姿勢を併せ持つ**ことを意
味し、AIから得られる情報を単に消費するだけではなく、それを
効果的に活用し、**自身の意思決定にAIを組み込む能力を持つ人財**
のこと」と、丁寧（ていねい）に説明した。

「へぇー、すごいね。それはまさに僕が求めていた役割だよ」

「はい、私が作ったプロンプトは、まさにそんな人財を育成するた
めのもので、6つのセッションで構成されています。さっき説明資
料とプロンプト一覧をメールで送っておいたので、確認してくだ
さい」

　カイトは自分のノートパソコンを開いてファイルを確認し、そ
の画面を隣に座っているソフィアに見せながら話を聞いた。

4-1-1　ChatGPTと共に学ぶ6つのセッション

　ソフィアは、「まず6つのセッションを説明しますね」と切り出
し、それぞれの概要と具体的なアプローチについて話し始めた。

《6つのセッション》
セッション1「AIとの共創」
●カイトが**AIを効果的に活用する方法**を探求

- カイトとChatGPT（主に情報源の役割）が一緒に、AIの特性と活用方法を学び、カイトが自分の業務にどう組み込むかを検討する。

セッション2「自主性とAI」

- カイトが**自分の自主性を理解し、それを自身の業務にどう生かすかを模索**

- カイトとChatGPT（主にコンサルタントの役割）が一緒に、カイトの現在の業務を分析し、自主性を発揮するためのアクションプランを作成する。

セッション3「AIと共創する価値の探求」

- カイトが**自身の業務から価値を生み出す方法を探求**

- カイトとChatGPT（主にコーチの役割）が一緒に、価値創造のための新しいアイデアを探求し、それを実行するための戦略を検討する。

セッション4「人財としての自己成長とAI」

- カイトが**自身のスキルや知識を他者と共有し、チームや組織の成長に貢献する方法を探求**

- カイトとChatGPT（主にメンターの役割）が一緒に、カイトのスキルや知識を他人とどのように共有するかを検討。併せて、自分の強みを知り、それを生かす方法を学ぶ。

セッション5「AIと人間関係」

- カイトが**他者と良好なコミュニケーションを実現する方法を探求**

- カイトとChatGPT（主に学習のパートナーとサポートツールの役割）が一緒に、人間関係の課題（解決すべき問題）を解決し、さらに良いコミュニケーションを実現する方法を検討する。

セッション6「AIとの共創を通した振り返りと自己洞察」

● これまでの学びを振り返り、自己の洞察を深化

● カイトとChatGPTが一緒に、これまでのセッションを振り返り、各チェックリスト項目の達成状況を評価。さらに、自己洞察を深めるための質問をChatGPT（主にメンターの役割）が提供する。

ChatGPTトレーニングプロンプトの6つのセッションについて、ソフィアの説明を聞き終えたカイトが口を開いた。

「なるほど。全部で6つのセッションか……。これを一通りやれば、僕も自創型AI人財がどんなものか分かってくるのかな」

「はい、急がず、自分の理解度を確認しながら、少しずつ進めていきましょう。AIは24時間、365日いつもカイトさんのそばにいますから」

「分かったよ、ソフィア。頼りになるね。でも、AIに関しては初心者だから、お手柔らかに頼むよ」

「ふふ、分かっていますよ、カイトさん」

カイトの不安を一掃するかのように、ソフィアがやさしく微笑みかけた。

4-1-2　セッションを始めるための準備

ソフィアとカイトは、セッションに向けて準備を始めた。

「早速ですが、カイトさん。私が事前にお伝えした、ChatGPTを使うための準備してきてくれましたか？」

「もちろんだよ。有料版ChatGPT Plus（GPT-4）とパソコンの

マイク機能の設定だね」＊

＊有料版ChatGPT Plus（GPT-4）の設定は解説「1からわかる！ChatGPT
　活用法」を、パソコンのマイク機能の設定は「経営者編　実践コーナー『シ
　ステムの音声入力機能の利用方法』」を参照。

「素晴らしいわ。この **"自創型AI人財になるための6つのセッショ
ン" のプロンプトは、有料版のChatGPT Plus（GPT-4）でな
ければ十分な能力を発揮できないの。**無料版と有料版では、小学
生と大学生くらいの知識の違いがあるというから、GPT-4は必
須ね」

　カイトは笑顔で大きくうなずくと、「カイトさんはChatGPT
を使うのは今日が初めてだから、ChatGPTの画面を簡単に説明
しておくわね」というソフィアの指示に従ってChatGPTの画面
を立ち上げた。

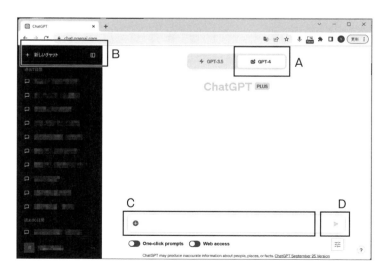

　ソフィアがChatGPTの画面を指しながら説明する。

「じゃあ、まずChatGPTの画面の『GPT-4』（ChatGPT画面の

枠A）を選択してください。もし、ここで『GPT-4』*を選択できな
ければ、有料版の設定がうまくいっていないということだから、
設定をやり直してくださいね。それができたら、この左上の『新し
いチャット』（同枠B）を押してください」

＊解説「1からわかる！ChatGPT活用法」の「ChatGPT Plus（GPT-4）の
申し込み方法と解約方法」参照。

「できたよ。これでいい？」

「はい、もうこれだけで準備完了よ」

「え、もう？いよいよだなぁ、僕が自分でChatGPTを操作するん
だね！」

カイトはワクワク感を抑え切れずに言った。

「では、カイトさん、私が送ったファイルから『自創型AI人財にな
るための6つのセッション』の定型プロンプトをコピーして、
ChatGPTのプロンプト入力欄（同枠C）に貼り付けてください」

カイトはソフィアから事前に受け取っていたファイルを開き、
少し長めのプロンプト*を貼り付けた。これは、カイトが見る、初
めてのChatGPTプロンプトだった。

＊編末のQRコードにアクセスすれば、本編の追体験が可能。

プロンプト

　こんにちは、ChatGPT。これは自創型AI人財になるためのCustom
ChatGPT Training Prompt（CCTP）の定型プロンプトです。私は下
記の＜自創型AI人財になるための6つのセッション＞をあなたと一緒に
行いながら、自創型AI人財になることを目指します。下記の情報を読み
込んだら「読み込みました」と返してください。そしてあなたは、私の

ニックネームと簡単な仕事内容について質問してください。このとき、私が自身の名前や会社名、特定の技術やプロジェクト詳細など、企業情報を話さないように注意をうながしてください。

＜自創型AI人財になるための6つのセッション＞

セッション1「AIとの共創」

●目的：私がAIを効果的に活用する方法を探求する。

●詳細：私とChatGPT（このセッションでは情報源の役割）が一緒に、AIの特性と活用方法を学び、それを私の業務にどう組み込むかを検討する。

セッション2「自主性とAI」

●目的：私が自主性を理解し、それを自身の業務にどう生かすかを模索する。

●詳細：私とChatGPT（このセッションではコンサルタントの役割）が一緒に私の現在の業務を分析し、自主性を発揮するためのアクションプランを作成する。

セッション3「AIと共創する価値の探求」

●目的：私が自身の業務から価値を生み出す方法を探求する。

●詳細：私とChatGPT（このセッションではコーチの役割）が一緒に、価値創造のための新しいアイデアを探求し、それを実行するための戦略を検討する。

セッション4「人財としての自己成長とAI」

●目的：私が自身のスキルや知識を他人に共有し、チームや組織の成長に貢献する方法を探求する。

●詳細：私とChatGPT（このセッションではメンターの役割）が一緒に、自身が持つスキルや知識を他人とどのように共有するかを検討す

る。また、ChatGPTによる才能診断を活用する方法を学ぶ。

セッション5「AIと人間関係」

- 目的：私が他人との良好なコミュニケーションを実現する方法を探求する。
- 詳細：私とChatGPT（このセッションでは学習のパートナーとサポートツールの役割）が一緒に、人間関係の課題を解決し、さらに良いコミュニケーションを実現する方法を検討する。

セッション6「AIとの共創を通した振り返りと自己洞察」

- 目的：これまでの学びを振り返り、自己の洞察を深める。
- 詳細：私とChatGPTが一緒に、これまでのセッションを振り返り、各チェックリスト項目の達成状況を評価する。また、自己洞察を深めるための質問をChatGPT（このセッションではメンターの役割）が提供する。

<注意事項>

- どのセッションから行うかは決まっていません。その都度こちらが指定します。
- 指定のセッションの範囲を超えた質問をしないでください。

　　　カイトは、このプロンプトがさっきソフィアが説明してくれた、ChatGPTトレーニングプロンプトの6つのセッションそのものであることに気づいた。

「はい、その通り。ここに出てくる『私』とはカイトさんのことね。このプロンプトは、各セッションの冒頭でChatGPTに自分の役割を理解させ、その日のセッションが全体のどの位置を実施しているのかを認識させるために、とても重要なの。だから、この定型

プロンプトは6回のセッションを実施するたびに冒頭で必ず入力してくださいね」

「これらの詳しい内容については、覚える必要あるの？」

「いいえ、全然覚えなくて大丈夫。すべてChatGPTが理解して、その都度丁寧にカイトさんをナビゲートしてくれますから」

「そうなんだね、安心したよ（笑）」

　内心少し焦っていたカイトは、ソフィアの言葉を聞いて安心した。さらにカイトは質問した。

「ここにある“自身の名前や会社名、特定の技術やプロジェクト詳細など、企業情報を話さないように注意をうながしてください”というのは？」

「はい、これもとても大事なんです。ChatGPTでは利用者が送信したデータが、AIモデルの学習や改善に使われることがあります。ですので、個人情報や企業情報は話さないようにすることが鉄則。なので、このようにChatGPTから注意を促してもらうようにするんです」*

「なるほど、分かった！」

「では、ChatGPTにプロンプトを読み込んでもらいましょうか」

　ソフィアにうながされて、カイトが送信ボタン（ChatGPT画面の枠D）を押すと、ChatGPTは素早く返答した。

＊巻頭の「ChatGPTを安心して使うために」参照。

■ ChatGPT

　読み込みました。企業情報や個人情報の保護は非常に重要です。そのため、あなたが自身の名前や会社名、特定の技術やプロジェクト詳細など、企業情報を共有しないように注意を喚起します。これにより、セキュ

リティーとプライバシーを保持しながら、有意義なセッションを行うことが可能となります。

　さて、あなたのニックネームと、簡単な仕事内容を教えていただけますか？

　その速さを目の当たりにしたカイトは目を丸くする。
「おぉー！びっくりした。こんなに素早く反応するんだね。そして指示通りに"読み込みました"だって。それに、入力に関しての注意喚起もちゃんとしてくれたね」

「はい、私の指示通りですね」
　ソフィアは鼻をふふんと鳴らし自慢げに言った。

「では、カイトさん、パソコンのマイク機能をオンにしてChatGPTの質問に自由に答えてみてください」
　ソフィアに促されると、カイトは若干緊張しながらパソコンに向かって話し始めた。そして、話が終わると、マイク機能をオフにしてパソコンのエンターキーを押した。

プロンプト

　はい私のニックネームはカイトです不動産業界で営業を担当しています入社5年目でリーダーとして部下を持ちながらプロジェクトの管理や戦略の策定に携わっています最近流行のChatGPTに興味を持っていて社内に導入したいんだけどどこから手を付けて良いのか分からず困っています＊

＊パソコンのマイクで音声を拾うと、プロンプトには句読点がつかないが、発言の意
　図についてはChatGPTがくみ取っている。

■ ChatGPT

　カイトさん、こんにちは。不動産協会での営業とリーダーの経験を持ち、新しい事業戦略に関わるというのは非常に興味深いです。また、チャットGPTに興味を持っていただいてありがとうございます。

　さて、私たちはこれから6つのセッションを通じて、あなたが自創型AI人財として成長するプロセスを探求していきます。各セッションでは、あなたの業務にAIをどのように組み込むことができるか、どのように自主性を発揮できるかなど、さまざまなテーマに焦点を当てていきます。

　準備が整ったらセッションを始めましょう。どのセッションに臨みたいか教えていただけますか？

　　カイトがChatGPTの回答に「本当に会話しているみたいだ」と感心していると、ソフィアが「今日は初日なので、セッション1を行いましょう」と言った。セッション1とは、AIを効果的に活用する方法を探求する「AIとの共創」である。

4-1-3　セッション1の詳細プロンプト

　　セッション1を実施するに当たり、カイトはソフィアから2つめのプロンプトを入力するよう促された。それは、セッション1の詳細プロンプト。カイトは、それを先ほどのファイルの中からコピーし、ChatGPTに貼り付けた。

■ プロンプト

ありがとう、ChatGPT。今日はセッション1を行います。
セッションでのあなたの質問や回答のレベルはA：小学生レベル、B：

高校生レベル、C：社会人レベルのレベルAにしてください。会話はビジネス会話でお願いします。

＜セッション1の詳細＞

●タイトル：「AIとの共創：AIを活用した新たな取り組み」

●目的：私がAIを効果的に活用する方法を探求する。

●概要：私とChatGPT（このセッションでは情報源の役割）が一緒に、AIの特性と活用方法を学び、それを私の業務にどう組み込むかを検討する。

●ステップ

　・ステップ1：AIの基礎を理解し、応用する

　・ステップ2：AIの日常生活での可能性を探る

　・ステップ3：AIで業務効率を向上させる

　・ステップ4：AI利用のアクションプランを策定する

　・ステップ5：チェック項目を評価する

●チェック項目：AIの活用の各項目

　・AIを日常的に業務に活用しているか

　・AIの特性と限界を理解し、それを考慮した上で利用しているか

　・AIとの共創を通じて業務の効率性や品質を向上させているか

●ChatGPTへの注意事項

　①あなたが回答するたびに「次のステップ〇に進みますか？それともこのステップ〇をもう少し掘り下げますか？」と聞いてください。〇にはステップ番号を入れてください。

　②「ステップ3」が終わるまで、ChatGPTは私に解決策の提案をしないでください。私の思いを引き出すことに集中して下さい。

　③私の回答の中で不明点があったら、掘り下げて質問してください。

ただし1つのステップの中でChatGPTからの質問は2回までにしてください。

④「ステップ4」のアクションプランは、私が結果を入力する欄を追加して、ステップ終了時に今日の日付も含めて表にして出力してください。

⑤「チェック項目」の評価については、今日のセッションの結果でChatGPTが5段階で評価してください。評価はすべての項目をまとめて行ってください。評価不能な場合はN/Aとしてください。

⑥「チェック項目」の評価も日付を明記したうえで表にしてステップ終了時に出力して下さい。

⑦指定した今日のセッションのレベルを逸脱していないか、定期的にチェックしてください。

　　　プロンプトを読んだカイトは、エンターキーを押す前に、ソフィアに質問した。

「ねぇ、ソフィア。最初に、質問や回答のレベルを入力するのはどうして？」

「いいところに気づきましたね（笑）。この後、カイトさんはChatGPTとラリー型で対話していくのですが、何も指定しないと、ChatGPTは結構難しいことを言ってきます。そこであらかじめ、このようにレベルを指定するんです。そうすれば、ChatGPTはレベルに合わせて質問や回答をしてくれます」

「レベルによって、そんなに違うの？」

「はい、例えば、こんな感じです」

　　　ソフィアが例に挙げたのは、AIに関する質問だった。

レベルＡ：小学生レベル

「AIって何か知っていますか？ AIを使ったことがありますか？ 例えば、あなたのスマートホンやコンピューターで何か自動的にやってくれるものがあったら教えてください。」

レベルＢ：高校生レベル

「AIとは何か、どのように働いていると思いますか？ また、AIを利用した具体的な例を挙げてみてください。それはあなたにとってどのような影響を及ぼしましたか？」

レベルＣ：社会人レベル

「既存のAI技術とその応用について、具体的な経験や認識をお持ちでしょうか？ 例えば、機械学習、自然言語処理、画像認識などの技術を実際に使用したことはありますか？ それらがあなたの業務や日常生活にどのような影響を及ぼしたかもお聞かせいただければと思います。」

　これを聞いたカイトは、「レベルCは全然答えられない」と、そのレベルの違いを実感した。

「そうなんです。何も指定しないとChatGPTはレベルBやCで会話してきます。ですので、このようにレベルを指定しておくと、安心なんです。カイトさんは、レベルAからでいいですか？」

「もちろんだよ（汗）」

「ちなみに、このレベルA、B、Cは自由に変えられますから、このプロンプトに慣れてきたら、自分で変えて、バリエーションを楽しんでみてください。では、このプロンプトの詳細について、もう少し説明しますね」

　カイトとソフィアの２人は周囲の雑音が気にならないくらい

に、画面に集中していた。ソフィアがまず説明したのは、プロンプトの最初に挙げた「タイトル」「目的」「概要」の3項目だった。

「ここで書いている『私』というのは、カイトさんのこと。つまり、セッション1は、カイトさんが『自創型AI人財』になるためのスタート地点で、AIの基本的な特性と、それを仕事でどう効果的に使いこなせるかを学びます。その際、ChatGPTは、カイトさんにAIの知識を教えてくれる情報源となります。AIってどんなものなのか、どう使うのかといった基本的なことを一緒に探求してくれます」

「ふ〜ん、ちょっとピンとこないけど……」

カイトは、自分がまだ良く分かっていないことをソフィアに悟られないように、コーヒーを一口飲んだ。

「そうですよね。では、やりながら理解していきましょう」

ソフィアはそう言うと、カイトの横から手を伸ばしてエンターキーを押した。

4-1-4　ステップ1：AIの基礎を理解し、応用する

ChatGPT

了解しました、カイトさん。指定されたステップと注意事項に従って、セッション1を進行します。今日はレベルA（小学生レベル）でのやりとりとビジネス会話を心がけます。それでは、ステップ1「AIの基礎を理解し、応用する」から始めていきますね。

AI、つまり人工知能は、コンピューターが人間のように考えたり、学んだりする技術のことを指します。カイトさんの日常生活や仕事で、AIに関する経験や知識はありますか？それとも、AIについての疑問や興味が

あることはありますか？

　カイトが、「あれ？何かを始めたね」とつぶやくと、ソフィアが答えた。

「＜セッション1の詳細＞プロンプトの中の『ステップ』と書いてあるところを実行しているんです。ステップは、セッション1全体がどういう順番で進むか、という流れを示していて、ChatGPTはこの5つのステップ通りに対話を進めていきます。私が、そのようにスクリプトを作成したんですよ」

　ソフィアは、このプロンプトがよほど自慢なのか、何度も同じ説明を繰り返した。

「今のChatGPTの反応は、最初のステップ1を読み取って質問してきたところです。ステップ1は『AIの基礎を理解し、応用する』なので、その方法について、ChatGPTはカイトさんに問いかけているんです」

　カイトは、ソフィアの説明を集中して聞いていた。ソフィアが、「ChatGPTの誘導に任せて質問に答えてみましょう」と言うと、カイトは「面白そうだね！」とうなずき、パソコンのマイクを再びオンにし、ChatGPTの質問に答えていく。パソコンのマイクはカイトの言葉を拾って、プロンプト入力欄に文字を打ち出し始めた。

プロンプト

　ありがとうChatGPT。うーん、そうだなぁ……普段の生活の中では、おそらくいろいろなところで使っているとは思うんだけど、あまり意識はできてないなぁ。また仕事においては、多分ほとんど使っていないんじゃないかな。もっと業務を効率的にするために、いろんなところで使

えるのではないかなと思っているんだけどね＊

＊パソコンのマイクから音声入力した場合、通常は句読点を表示しないが、本書では
　読みやすいように句読点を入れた。（以下同）

■ ChatGPT

　カイトさん、ありがとうございます。日常生活の中ではAIを意識せず
とも使っていることが多いですよね。そして、業務の中でAIをもっと活
用して効率化を図れるのではとの考えも理解できます。

　AIは確かに業務の効率化や新しい取り組みに役立てることができま
す。例えば、顧客データの分析や、文書の自動作成、スケジュールの最適
化など、さまざまなタスクに応用することができます。このステップで、
カイトさんがAIに関する知識や経験をもっと深めたい点、または疑問に
思う点はありますか？それとも次のステップ2に進みますか？それとも
このステップ1をもう少し掘り下げますか？

　　カイトとChatGPTの会話は見事に成立している。

「ああ、ぼくの言ったことを理解してくれているんだね」

「よっぽど複雑でない限り、ChatGPTが文脈から解釈してくれ
ます」

「最後の"それとも次のステップ2に進みますか？それともこのス
テップ1をもう少し掘り下げますか？"というのは？」

「これも、私がステップごとに、このように聞くようにとスクリプ
トに書いています」

　カイトが改めて、＜セッション1の詳細＞プロンプトを見ると、
「ChatGPTへの注意事項」の①に、その記載があった。ソフィア
が続ける。

「よく言う『ステップバイステップ』（ステップごと）です。ChatGPTの回答や説明の中で分からないことがあったら、遠慮せずに聞いてみてください。特に聞きたいことがなければ、"次に進んでください"と返してください。そうすれば、『ステップ2』に進みますから」

　カイトは「なるほど。じゃあ、進めるね」と、ソフィアにうながされてラリーを続けた。

4-1-5　ステップ2：AIの日常生活での可能性を探る

プロンプト

大丈夫です。次に進んでください。

ChatGPT

　了解しました。それでは、ステップ2「AIの日常生活での可能性を探る」に進みます。

　AIは私たちの日常生活の中でさまざまな形で使われています。例えば、スマートホンのカメラアプリで人の顔を自動で認識してピントを合わせる機能や、音楽ストリーミングサービスで次に聴きたい曲を予測してくれる機能、さらには家電製品の中で、部屋の温度を最適に調整してくれる機能など、生活のあらゆる場面でAIの技術が応用されています。

　カイトさんの日常生活で、AIをもっと活用したい場面や、AIによって改善したいことはありますか？もしくは、AIの技術が日常生活でどのような影響をもたらしていると感じることはありますか？

　ChatGPTは、プロンプトに従って、セッション1のステップ2

を実施し始めた。

「ステップ2に進みましたね」

　カイトが大きくうなずく。

「ここでは、日常生活でのAIの活用可能性について、カイトさんに問いかけてきます。では、この後は、カイトさんとChatGPTでステップ5が終わるまで会話を続けていってください。分からないことがあれば、"分かりません"と回答すれば大丈夫ですし、何かあったら聞いてくださいね」

「うん、分かった。やってみるね」

　いよいよ、カイトとChatGPTの本格的なラリーが始まった。

プロンプト

　日常生活ね、そうだな、最近忙しくてジムに全然行けていないから、健康管理的なことができると嬉しいかな。あと業務かぁ……。そもそもAIで何ができるかが分からないから、まあ悩むんだけど、もし資料作成、特にパワーポイント作成とか議事録とか提案書とか、そういう実務に直接関係しない作業が今多くて、すごく仕事の負荷が高いので、そういうのを軽減してくれるような使い方があると嬉しいかな。

ChatGPT

　健康管理や資料作成の負担軽減、それは確かに日常生活と業務で役立ちそうなところですね。

　次のステップ3に進みますか？それともこのステップ2をもう少し掘り下げますか？

プロンプト

あれー、何かアドバイスくれないの？

ごめんなさい、カイトさん。ステップ3までは、あなたの思いを引き出すことに集中しているので、具体的なアドバイスはその後で行います。

それでは、次のステップ3に進んで良いですか？それともこのステップ2についてもう少し掘り下げたいですか？

ChatGPTと会話を続けてきたカイトが一瞬固まった。

「ねえ、ソフィア。"具体的なアドバイスはその後で行います"って言ってるんだけど？」

「ChatGPTは問題解決に非常に積極的で、時にはそれが有用です。しかし、それが逆に、自分自身で深く考える機会を奪ってしまうことにもなるため、"ステップ3が終わるまでChatGPTは私に解決策の提案をしないでください。私の思いを引き出すことに集中して下さい"とあえて、ChatGPTに依頼しています」

＜セッション1の詳細＞プロンプトの「ChatGPTへの注意事項」の②である。ソフィアが続ける。

「今回のセッションで目指しているのは、『自創型AI人財』です。『自創』とは、『自主性』と『価値創造性』を組み合わせた新しい概念のこと。この理念に基づいて、まずは**人が自分で考え、AIがそのアイデアや考慮点を補完する。これが、人とAIの共創の理想形の1つです**」

「うん、それはやってみて感じたよ」

「もう1つ。まずAIに考えさせてから、それを基に人が自分の考えを反映させて洗練していく、もっと言えば、**AIの初期提案やアイデアを基に、人間が自らの経験や直感を取り入れてより高度で洗練されたアウトカム（実際の影響や変化）を生み出す**というのも、

人とAIの共創の理想的な形の1つです。このようなアプローチだ
と、**技術の可能性を最大限に活用しつつ、人間らしさを保持する**
ことができるわね」

「よく分かったよ、ソフィア。ありがとう。じゃあ、次に進めるね」

4-1-6　ステップ3：AIで業務効率を向上させる

じゃあ、先に進んでください。

ChatGPT

了解です、次に進みます。ステップ3「AIで業務効率を向上させる」で
す。

具体的には、健康管理や資料作成など、AIが役立つと思う場面にはど
のようなものがありますか？AIを使って業務や日常生活でどのように
効率を上げたいと思いますか？

ChatGPTの回答を受け、ソフィアが、ステップ3では業務効率
を向上させるためにAIをどう活用するかについて、カイトに問い
かけていると説明する。

プロンプト

うーん、やっぱり思いつかないからアドバイスほしいな。

ChatGPT

了解です、カイトさん。ステップ3が終わったので、解決策の提案を行
います。

1. 健康管理に関しては、AIを活用したウェアラブルデバイスがあります。これらのデバイスは、歩数、心拍数、睡眠の質などを測定し、データを解析して健康状態を把握するのに役立ちます。
2. 資料作成の負担軽減については、AIが文章を自動生成したり、資料のテンプレートを作成するツールがあります。これらは、議事録、提案書、パワーポイントの作成を高速化し、負担を減らすことができます。

次のステップ4に進むべきですか？それともこのステップ3についてもう少し掘り下げますか？

プロンプト

あ、アドバイス、きたね。ありがとう！ウェアラブルデバイスね。確かに前々から興味はあったんだけど、ウェアラブルデバイスでAIを活用してるって、ちょっとイメージがわかないんだけど。

ChatGPT

もちろん、説明します！

ウェアラブルデバイスには、よく心拍数や歩数などを測るものがありますよね。それだけでも便利ですが、AIが組み込まれていると、もっと賢くなります。例えば、AIは複数のデータを一緒に考えて、あなたがどれくらい運動した方がいいか、何時に寝ると良い睡眠が取れるかなどを提案してくれることもあります。さらに、AIは時間と共に学習するので、使い続けるほどアドバイスが正確になります。

このように、ウェアラブルデバイスにAIが組み込まれていると、健康管理がより効率的で賢いものになるわけです。

次のステップ4に進むべきですか？それともこのステップ3について

もう少し掘り下げますか？

へー面白いね。で、使い続けるほどアドバイスが正確になるって言うのは、なんかAIっぽいね。

そうですよ！AIはデータから学びますから、あなたの習慣や健康状態に合わせて、より個別化されたアドバイスを出してくれるようになるんです。AIを使うと、ただのデータを超えて、本当に役立つ情報や提案をもらえる可能性が高まります。

次のステップ4に進むべきですか？それともこのステップ3についてもう少し掘り下げますか？

えっと、もう少し聞きたいんだけど、もう1つのアドバイスに、AIが文章を自動生成したり資料のテンプレートを作成するツールがあるって書いてあったから調べてみたいんだけど、どの辺からどう調べればいいのかな？

いい質問ですね！AIを使った文章生成や資料作成のツールを探すためには、以下のようなキーワードでインターネットで検索するといいと思います。

1. AI　文章生成　ツール

2. AI　パワーポイント　自動生成
3. AI　議事録　作成
4. AI　提案書　テンプレート

　また、オフィスツールの公式サイトや専門のレビューサイトで、AI機能が強いものがどれかを調べるのもおすすめです。そうすると、自分の業務に合ったツールを見つけやすいと思います。

　次のステップ4に進みますか？それともこのステップ3をもう少し掘り下げますか？

プロンプト

　分かったよ、ありがとう。調べてみるね。じゃあ、次のステップに進んでください。

ChatGPT

　了解です！次に進む前に、AIで効率化や品質向上を目指す場面について、何か具体的なアイデアや願望はありますか？例えば、仕事でのコミュニケーション、データ分析、カスタマーサービスなど、AIが役立ちそうな分野は何かありますか？

プロンプト

　効率化や品質向上を目指す場面？コミュニケーション？。そうだな、僕は仕事で部下の進ちょくの管理をしてるんだけど、その進ちょくを確認するのにすごく時間がかかっていたりするので、進ちょく管理がもっと楽にできると嬉しいかなと思います。

■ ChatGPT

進ちょく管理に時間がかかっているんですね。AIを使って進ちょく管理がもっとスムーズに行えたらいいですよね。進ちょくを確認する方法として、今はどのような手段を使っていますか？メール？会話？それとも何かシステムを使っていますか？

プロンプト

社内システムがあって、そこに全員週報を書き込むことになっているんだけど、進ちょく状況が分かりにくいことが多いので、僕の方からヒアリングしに行って、そこに書き込むという作業が発生しています。あと一人ひとりの進ちょくをまとめてデータベースに入れるという作業も発生してますね。

ChatGPT

週報とヒアリング、それにデータベースへの入力と、いろいろな作業が重なって大変そうですね。それぞれの作業で、何が一番時間がかかると感じますか？また、進ちょく管理で一番困っている点は何ですか？

プロンプト

なんか結構突っ込んでくるんだけど、どこまで突っ込まれるんですか？笑

■ ChatGPT

あ、すみません、ちょっと突っ込みすぎたかもしれませんね。笑
基本的には、あなたが業務の効率化や品質向上についてどう考えているかを引き出すことが目的です。でも、質問が多すぎて困る場合は、そう

　　　カイトとChatGPTとのラリーを見守っていたソフィアが声を上げて笑った。

「ごめんなさい、カイトさん。ChatGPTがあまりにも切り込んできたんで、ついおかしくなっちゃって」

「大丈夫。でも、すごいね、これ」

「私が、プロンプトの『ChatGPTへの注意事項』の③で"私（カイト）の回答の中で不明点があったら、掘り下げて質問してください。ただし1つのステップの中でChatGPTからの質問は2回までにしてください。"と指示しているからです」

「なるほど、そういうことか……」

「でも、時々こうやって暴走気味になってくることがあります。そういう時は、カイトさんが対応したように、"どこまでやるんですか？""いつまでやるんですか？""なぜやるんですか？""今は何をやっているんですか？"などと、確認してあげてください。そうすれば、"すみませんでした"と謝って軌道修正しますから」

「分かったよ。こうやって少しずつChatGPTとのやりとりの仕方を覚えていけるのも、このプログラムの良いところだね」

「そう、それがラリー型プロンプトの面白いところです」

　　　カイトはChatGPTとのやりとりを楽しく感じ始め、ソフィアはそんなカイトを微笑ましく見ていた。

4-1-7 ステップ4：AI利用のアクションプランを 策定する

　カイトが先に進めようとしたところで、ソフィアが「ちょっと待って」と遮った。

「カイトさん、ステップ4『AI利用のアクションプランを策定する』では、これまでカイトさん自身が考えたことやChatGPTからもらったアドバイスを踏まえて、具体的なアクションを問いかけてきます。『策定』というのは、具体的な計画や方針、ルールなどを考え出して定めることを指しますので、『いつ』『誰と』『何を』『どのように』などと明確にしながらラリーしてくださいね」

　カイトはソフィアのアドバイスに「分かった。ありがとう」と礼を言うと、プロンプトを入力した。

プロンプト

> 先に進んでください。

ChatGPT

　了解です！次はステップ4「AI利用のアクションプランを策定する」です。

　ここで考えるのは、今までの話を踏まえて、具体的にどういったAIの活用方法があなたの業務や日常生活に役立つか、という点です。もう少し具体的に、AIをどう活用するか考えてみましょう。

- ●ウェアラブルデバイスで健康管理
- ●AIで資料作成や議事録作成を効率化
- ●AIを使った進ちょく管理ツール

この辺から具体的なアクションプランを策定していきます。何か思いつきますか?

　そうですね、ありがとう。まずウェアラブルデバイスについては、AIの機能のついた商品の価格を調べてみます。次にAIで資料作成や議事録作成を効率化は、インターネットで調べるキーワードをもらったのでそれを使って調べてみようと思います。あと職場内にそういうものを使っている人がいないかどうかも聞いてみようと思います。AIを使った進ちょく管理ツールはちょっと思いつかないのでアドバイスがほしいです。

ChatGPT

　素晴らしいアクションプランですね!AIを使った進ちょく管理ツールについては、特定のソフトウエアやアプリケーションがあります。それらは進ちょく状況を可視化したり、メンバーごとのタスク管理を自動化したりする機能があります。多くの場合、クラウドサービスとして提供されているので、インターネットで「AI　進ちょく管理　ツール」といったキーワードで検索してみるといいかもしれません。それでは、今日の日付を含めて、アクションプランの表を作成しておきますね。

アクション項目	予定日	備考
AIの機能のついたウェアラブルデバイスの価格調査	202x-xx-xx	
AIで資料・議事録作成のツール調査	202x-xx-xx	キーワードを使って調査
職場でAIツールを使っている人のヒアリング	202x-xx-xx	
AIを使った進ちょく管理ツールの調査	202x-xx-xx	「AI　進ちょく管理ツール」で検索

　次に進む前に、このアクションプランについて何か追加や修正がありますか？

　えー、すごい！表にしてくれるんだ。しかも予定日入っているし（笑）。これはこの日までにできなくてもいいんですよね？

　はい、その通りです！予定日はあくまで目安なので、調整が必要な場合は自由に変更してください。大事なのは、計画を持って行動に移すことです。予定日が厳密でなくても、進ちょくを確認しながら進めることが重要です。

　何か他に質問や修正点がありますか？それとも次のステップ5に進みますか？

　　計画を持って行動に移すこと──。カイトは、ChatGPTの回答に「その通りだな」と、うなずいた。

4-1-8 ステップ5：チェック項目を評価する

　カイトとChatGPTとのラリーは最後のステップに入ろうとしていた。

「いよいよ最後ですね」

「なんか、楽しくてあっという間だったけど」

「この最後のステップ5では、ChatGPTが今日のカイトさんの成績を評価します」

　実際、＜セッション1の詳細＞のプロンプトを見ると、「ChatGPTへの注意事項⑤」には、「『チェック項目』の評価については、今日のセッションの結果でChatGPTが5段階で評価してください。評価はすべての項目をまとめて行ってください。評価不能な場合はN/Aとしてください。」と書かれている。

「何も指標がないと、どれだけ成長できているか分かりませんからね。楽しみながら成長していけるといいですね。もし、評価に納得できなければ、今度はカイトさんからChatGPTに突っ込んで聞いてみてください（笑）」

「なんかちょっと恐いけど、やってみるね」

　カイトは少し緊張した面持ちで、ステップ5に進めるプロンプトを入力した。

プロンプト

はい、大丈夫です。次に進んでください。

ChatGPT

　了解です！次は「ステップ5：チェック項目を評価する」ですね。今回のセッションを通じて以下のチェック項目について考え、5段階で評価

します。

1. AIを日常的に業務に活用しているか。

2. AIの特性と限界を理解し、それを考慮した上で利用しているか。

3. AIとの協働を通じて業務の効率性や品質を向上させているか。

　評価は以下のようになります。

1. AIを日常的に業務に活用しているか：2/5（興味はあるもののまだ実用段階ではない）

2. AIの特性と限界を理解し、それを考慮した上で利用しているか：2/5（基本的な理解はあるが、まだ活用していない）

3. AIとの協働を通じて業務の効率性や品質を向上させているか：1/5（まだ具体的な活用は始まっていない）

評価日：202x-xx-xx

　以上が私からの評価です。何か質問や修正点はありますか？それともセッションを終了しますか？

プロンプト

ありがとう！楽しかったよ。

ChatGPT

　どういたしまして！楽しんでいただけてうれしいです。何か質問や疑問が出てきたら、どうぞまたご相談くださいね。今後のAI活用がうまく

　　　カイトは「最後はニコちゃんマーク！親しみ持てるね。あー、
やっと終わった！」と声を上げると、ソフィアが「お疲れさまでした」と労った。

「それにしても、ChatGPTと会話するうえで、プロンプトの中の
『ChatGPTへの注意事項』っていうのは、とても大事だね」

「そう、私が考えた『ChatGPTへのおまじない』みたいなものが
多いけど」

「おまじない？」

「さっき言ったように、ChatGPTは時々暴走するので、ChatGPT
が忘れがちなことを思い出させるために送っているメッセージな
の。セッションの最初に送り、セッション途中でも"なんだか動き
が変だな"と思ったら、ここだけコピペしてChatGPTに送ると、
自分がやるべきことを思い出してくれるのよ」

　　　カイトは驚いた目でソフィアを見つめた。ChatGPTは「おま
じない」で動くんだぁという発見でもあった。

「まあ、習うより慣れろよ！そのうち違和感なく使っていけます
から」

　　　若いソフィアが、時々古くさいことわざを使う。そこが、ソフィ
アの魅力の一面でもあった。このことは、彼女が幅広い知識と洞
察を持つことの証しであり、それが彼女のアプローチに独自の風
味を加えていたのである。

　　　こうして喫茶店でのカイトとソフィアの時間は瞬く間に過ぎて
いった。コーヒーカップは、既に2杯目が空になっている。二人の
顔には満足感が浮かんでいた。

「カイトさん、今日のセッションはいかがでしたか？」

「素晴らしかったよ、ソフィア。特に自創型AI人財の概念について確認することができて、自分自身の理解も少し深まった気がするよ」

「それは嬉しい！次回のセッションは『自主性とAI』ですね」

「楽しみだね。自主性を自身の業務にどう生かすか、実際にどういうアクションプランを作れるのか、考えるだけでもワクワクするよ。確か、次回はChatGPTがコンサルタントとしてサポートしてくれるんだったよね。どうやってくれるのかも楽しみだな」

「私も同じく、カイトさんと一緒に次回のセッションで新たな発見をするのが楽しみです。AIの可能性を最大限に引き出して、カイトさんの自主性をさらに高めるための戦略を見つけましょう！」

「ありがとう、ソフィア。これからのセッションが待ち遠しいよ」

　二人の表情は、次回のセッションに向けての興奮と期待感に満ちていた。カイトの成長にとって、もはやソフィアのサポートはなくてはならないものになっていた。

4-2 ChatGPT主導のラリー型プロンプトの威力

カイトとソフィアは、オンラインセッションを通じて、ChatGPTの真の力を探求する。ソフィアが提案する「カスタムChatGPTトレーニングプロンプト（CCTP）」は、AIが主導する形での新しいトレーニング手法であり、これにより効果的な学習と知識の習得が期待される。カイトは、この新しい手法に目を付け、自社の人材育成や研修プログラムにも取り入れる可能性を検討する。

本章では、ChatGPTを最大限に活用し、ビジネスリーダーの成長をサポートする方法を追求していく。

今日は、カイトとソフィアの2回目のセッション。1回目の「AIとの共創」に続く今回のテーマは「自主性とAI」。二人はオンラインで顔を合わせた。

「こんにちは、カイトさん！日曜日のお休みの日にセッションをしていただき、ありがとうございます。前回のアクションプラン、進ちょくはいかがでしたか？」

「おはよう、ソフィア。正直に言うと、計画したことの半分しか実行できていないんだ。ちょっと失敗してしまった感じがするよ」

「いえいえ、そんなことありませんよ。進ちょくが半分でも、それは進んでいる証拠。自創型AI人財になる道のりは長いですから、少しずつでも前に進めていれば素晴らしいと思いますよ」

「そう言ってもらえると、ホッとするよ。ありがとう」

カイトはアクションプランが思うように進んでいないことを気にしていたが、ソフィアの明るく前向きな言葉に安堵し、今日の

セッションへの意欲を高めた。

「カイトさん、今日のセッションも一緒に楽しみながら、新しいアクションプランを作り上げていきましょう。共に成長できること、楽しみです！」

「ありがとう、ソフィア。期待しています！」

　二人の成長と共創の道のりは、次のステージへと進んでいく。

4-2-1　ChatGPTのチャット履歴管理のコツ

　セッション2「自主性とAI」では、カイトが自分の自主性を理解し、それを自身の業務にどう生かすかを模索する。そのために、ChatGPTを活用し、カイトの現在の業務を分析しながら、自主性を発揮するためのアクションプランを作成するのだ。

「では、カイトさん、始めましょう」

　ソフィアの言葉に、カイトの表情が引き締まる。

「今日のセッションの説明に入る前に、ChatGPTのチャット履歴の管理についてアドバイスしておきますね」

「あ、そこは全く気にしていなかった」

「大丈夫です。慣れてくると、自分なりに使い分けるようになりますが、カイトさんはまず私の使い方を参考にしてみてください」

「了解！」

「今回のプログラムでChatGPTを使う場合には、"セッションごとにチャット名を変える"ことをおすすめします」

「どうして？」

「違うセッションを同じチャットとして実施してしまうと、ChatGPTが混乱し、途中で『セッション1』と『セッション2』の

指示内容を取り違えることが起きるからです」

「へー、そうなんだ」

「だから、前回の『セッション1のチャット名』を、例えば『自創型AI人財セッション1』などとリネームしましょう。名前を変えるときは、画面左側の黒いサイドバーの右側にある鉛筆マークをクリックしてくださいね。削除するときはゴミ箱マークです」

「分かった、やってみるね」

　カイトはソフィアに言われた通り、チャット名を変更した。

「素晴らしい！こうしておけば、セッションを途中で止めても、このチャットを選択すれば途中から再開できますし、同じチャットの中で、セッションの質問レベルを変更して繰り返し行うことも可能です」

「こういうちょっとした使いこなしのコツが、"ChatGPTを効率的に使う"ことにつながるんだね。じゃあ、前回のチャット名は『自創型AI人財セッション1』＋『XXXXXX（前回の日付）』にするよ」

「日付を入れるなんて、私の上を行ってますね（笑）」

　カイトが「いやいや全然」と首を横に振り、言葉を続けた。

「それにしても、前回のChatGPTの動きはすごかった。僕は、前回が初めてのChatGPTだったから、あの形が当たり前かと思っていたら、その後一人で使ってみると全然違っていたんだ。いかに、前回のプロンプトがすごいのかが、改めたて分かったよ」

「そうなのよ、カイトさん。実は、私もあのプロンプトが作れたのは、偶然といってもいいの。カイトさんにどうやったら自創型AI人財になってもらえるかなぁと思って、まず、自創型AI人財の定義からChatGPTに聞いたのね」

　ソフィアはそう言うと、カイトのために作成した自創型AI人財育成プログラムのチャット履歴を見せた。

4-2-2　それは偶然生まれた

● プロンプト

> ビジネスリーダーにおける自創型AI人財とは？

■ ChatGPT

　「自創型AI人財」というフレーズは、おそらく特定の能力やスキルセットを持った人材を指していると推測されます。ここで「自創型」という言葉が強調しているのは、自ら創造的に物事を考え、AIとの共創によって新しい価値を生み出す能力であると解釈できます。ビジネスリーダーにおいて、自創型AI人財とは以下のような特徴を持つ人物であるといえるでしょう。

1. AIの知識とスキル

● 自創型AI人財であるビジネスリーダーは、AIの基礎知識と、それを

ビジネスに適用するスキルを持っています。

2. 創造性と革新性

- 新しいアイデアや解決策を生み出し、これをビジネスの現場で具現化する能力があります。

3. 問題解決能力

- 複雑な問題に対して独自の視点でアプローチし、AIを活用して効果的に解決する力があります。

4. コミュニケーション能力

- AIの専門知識を分かりやすく伝え、チームやステークホルダーとの協力を促進するコミュニケーション能力が重要です。

5. 自主性とリーダーシップ

- 自ら主体的に行動し、周囲を巻き込みながらプロジェクトを推進できるリーダーシップが求められます。

6. 学習意欲と適応力

- AIやビジネス環境は常に変化しているため、新しい知識やスキルを習得し、変化に適応する意欲と能力が必要です。

このような特徴を持ったビジネスリーダーは、組織においてAIの活用を推進し、イノベーションを生み出すことができるでしょう。

ソフィアは、こうしたChatGPTとの会話を重ねてカイトの育成方針を決め、6つのセッションへと発展させたのである。

「これ以外にも、育成プログラムの中でChatGPTがカイトさんに対してどういう役割を果たすのかも聞いてみたわ」

「ChatGPTはなんて答えたの？」

「いろんなことを教えてくれたわ。そのやりとりを通して、

ChatGPTは『コンサルタント』『コーチ』『メンター』『情報源』『学習パートナー』『サポートツール』など、さまざまな役割でカイトさんを支えてくれることが分かったの。それで、そのことをセッションごとの詳細にも盛り込んだってわけ」

　6つのセッションの詳細に書かれていた、「主に情報源の役割」（セッション1）、「主にコンサルタントの役割」（同2）などのことだ。

「だから、ChatGPTはあんなに親身になって、僕をいろいろと支えてくれたんだね」

　ソフィアがにこりとうなずく。

「それにしてもすごいなと思ったのは、人間とChatGPTとの会話のリレーで、流れを主導しているのが人間ではなく、ChatGPTという点。あれは、一体どうして？」

「それも全くの偶然！そう、まさに、ここがそうよ！」

　こう言うと、ソフィアは、偶然ChatGPTが主導するラリーが生成されたプロセスをカイトに説明した。

「実は、同じことをAI仲間に説明したら、"ソフィア、これはすごいよ！"って言ってくれて。それで、このChatGPT主導のラリー型プロンプトを使って人財育成をするプログラムを『カスタムChatGPTトレーニングプロンプト（Custom ChatGPT Training Prompt：CCTP)』（以降、CCTP）と名付けたの。これはとても便利だから、いろんなところで、いろんな人に使ってほしいわ」

　興奮気味に話すソフィアの様子から、CCTPのすごさが伝わってくる。

「じゃあ、ソフィア、僕でも他のテーマで、このChatGPT主導ラ

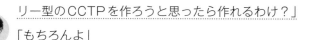

リー型のCCTPを作ろうと思ったら作れるわけ？」

「もちろんよ」

「僕は、今回のトレーニングでAIの活用方法をさまざま考えることができたんだ。それでね、今の話を聞いていて、うちの会社の人事にもこのやり方を教えれば、早くて、簡単で、均一な人財育成プログラムが作れるんじゃないかって思い始めているんだ」

「さすが、カイトさん。目の付け所がいいわ。普通は研修っていうと、外部の研修に参加したり、自分たちで研修プログラムを作ったりするでしょ。でも、せっかく作っても、講師役のレベルになるのは結構大変だったり、人によって成熟度が違うから効果がマチマチになったりしちゃうの」

　ソフィアの話は止まらない。

「それに、外部研修に参加するにしても社内で研修プログラムを作成するにしても、人件費を含めて、それなりにお金がかかっちゃう。地方の中小企業とかは、会社の中にそういうスキルのある人がいるとは限らないし、そもそもそんな時間がないの。だから、余計に敷居が高くなる。その点ChatGPTを活用したCCTPなら、外部研修のように何十万円もかからず、有料版ChatGPT代の月々たった2000円ちょっと。プロンプトの修正も簡単で、そして何よりも、受講者は仕事の合間にいつでも受けられる！」

　カイトが前のめりになってうなずいている。

「しかも、カイトさん、ChatGPTは何を聞いても怒らないし、上司のように押しつけもない。おバカな質問をして恥をかくこともないし、話が逸れて他のことを聞いても許される。というか、想定外の知識も確認できちゃう。おまけに、客観的に点数も付けてくれるし、履歴もすべて残してくれる」

一気にまくし立てたソフィが、ようやく一息入れた。

「いやー、ほんとだね。ChatGPT主導ラリー型のCCTPで、これ
からの教育の在り方が変わりそうだね！」

　二人の話は尽きることなく、今日の本題であるセッション2「自
主性とAI」になかなか移ることができないでいた。ソフィアがふ
と、時計に目をやる。

「あら、いけない。夢中になってしゃべっていたら、もうこんなに
時間が経っちゃった」

「あっ、ほんとだ。僕も、全然気づかなかったよ」

　ソフィアが申し訳なさそうに、ある提案をする。

「カイトさん、ごめんなさい。私、この後に別のオンラインミー
ティングがあるの。だから、セッション2は自習にしてもらえない
かしら？」

「分かった、大丈夫！ソフィアのおかげで、もうだいぶChatGPT
を使いこなせるようになっている感じがするから、一人でやって
みたいっていう気持ちもあったんだ。OK！任せておいて！自分
でやってみるから。結果はまた報告するね」

　カイトの明るく前向きな言葉に、今度は、ソフィアが安堵した。

Practice　　🔲 **実践コーナー**

自創型AI人財育成のためのCCTP

　多くの方が、ラリー型でChatGPTと会話することは体験していると
思います。しかし、人間主導ではなく、本編のようにChatGPT主導でラ
リーをするのは珍しいと思います。このChatGPT主導のラリー型プロ
ンプトを、本書では、自創型AI人財育成のための「カスタムChatGPTト

レーニングプロンプト（Custom ChatGPT Training Prompt：CCTP）」として紹介しています。特に第1章では、全セッションにおいて必ず最初にChatGPTに指示する定型プロンプトと、セッション1の詳細プロンプトについて丁寧に説明しています＊。

＊定型プロンプトは「4-1-2　セッションを始めるための準備」を、詳細プロンプトは「4-1-3　セッション1の詳細プロンプト」参照。

　本コーナーでは、カイトが自習で用いたセッション2の詳細プロンプトに加え、セッション3と4の詳細プロンプトも紹介します。これらのプロンプトは、編末のQRコードからアクセスできます。ぜひダウンロードして、ご自分の手で、このプロンプトを楽しんでください。なお、セッション5と6の詳細プロンプトについては、この後の本編の中で紹介していきます。

■ セッション2の詳細プロンプト

　下記は、自創型AI人財育成CCTP（Custom ChatGPT Training Prompt）のセッション2の詳細です。

［プロンプト］

　ありがとう、ChatGPT。今日はセッション2を行います。

　セッションでのあなたの質問や回答のレベルはA：小学生レベル、B：高校生レベル、C：社会人レベルのレベルAにしてください。会話はビジネス会話でお願いします。

＜セッション2の詳細＞

●タイトル：「自主性とAI」

●目的：自分の持つ自主性を理解し、それを自身の業務にどう生かす

かを模索する。

● 詳細：私とChatGPT（このセッションではコンサルタントの役割が主）が一緒に私の現在の業務を分析し、自主性を発揮するためのアクションプランを作成する。

● ステップ

・ステップ1：自分自身を深く理解し、自主性を発掘する
・ステップ2：AIを使って業務を効率化する
・ステップ3：AIによってタスク管理と優先順位付けを行う
・ステップ4：アクションプランを策定する
・ステップ5：チェック項目を評価する

● チェック項目：

・自身の業務に対する理解と計画立案が自力で行えており、問題や困難に対して自主的に解決策を見いだせているか。
・AIを用いて業務プロセスが効率化されており、自主性の発揮においてAIが助けとなっているか。
・実際の業務に対して、自主性を発揮するための具体的なアクションプランが策定され、次回の実行に向けた更新が行われているか。

● ChatGPTへの注意事項

（セッション1と同内容のため省略。実際にChatGPTを動作させるときは必ず入力のこと）

■ セッション3の詳細プロンプト

　下記は自創型AI人財育成CCTP（Custom ChatGPT Training Prompt）のセッション3の詳細です。

［プロンプト］

　ありがとう、ChatGPT。今日はセッション3を行います。

　セッションでのあなたの質問や回答のレベルはA：小学生レベル、B：高校生レベル、C：社会人レベルのレベルAにしてください。会話はビジネス会話でお願いします。

＜セッション3の詳細＞

●タイトル：「AIと共創する価値の探求」

●目的：私が自身の業務から価値を生み出す方法を探求する。

●ステップ

　・ステップ1：価値創造の概念とその手法を理解する

　・ステップ2：AIを活用して新しい価値を提供する

　・ステップ3：AIを使って新たなアイデアを創出する

　・ステップ4：アクションプランを策定する

　・ステップ5：チェック項目を評価する

●詳細：私とChatGPT（このセッションではコーチの役割が主）が一緒に、価値創造のための新しいアイデアを探求し、それを実行するための戦略を検討する。

●チェック項目

　・自身の業務を通じて、組織やチーム、顧客にどのような価値を提供しているかを明確に理解しているか。その過程でAIを使って情報収集や分析を行っているか。

　・新しいアイデアや提案を自由に表現し、それが価値となっているか。その際、AIを創造性の支援ツールとして活用しているか。

　・自身の行動や業務が組織のビジョンや目標に貢献しているか。その評価や確認の際にAIを使っているか。

●ChatGPTへの注意事項

（セッション1と同内容のため省略。実際にChatGPTを動作させるときは必ず入力のこと）

■ セッション4の詳細プロンプト

下記は自創型AI人財育成のCCTP（Custom ChatGPT Training Prompt）のセッション4の詳細です。

［プロンプト］

ありがとう、ChatGPT。今日はセッション4を行います。

セッションでのあなたの質問や回答のレベルはA：小学生レベル、B：高校生レベル、C：社会人レベルのレベルAにしてください。会話はビジネス会話でお願いします。

＜セッション4の詳細＞

●タイトル：「人財としての自己成長とAI」

●目的：私が自身のスキルや知識を他人に共有し、チームや組織の成長に貢献する方法を探求する。

●ステップ

・ステップ1：自身のスキル・知識を把握し、共有方法を確立する

・ステップ2：AIを使ってスキル・知識を強化する

・ステップ3：ChatGPTによる才能診断を活用する

・ステップ4：AIを活用して自己成長のための学習方法を探求し、アクションプランを作成する

・ステップ5：チェック項目を評価する

●詳細：私とChatGPT（このセッションではメンターの役割が主）が

一緒に、自身が持つスキルや知識を他人とどのように共有するかを検討する。また、ChatGPTによる才能診断を活用する方法を学ぶ。

●チェック項目

・自身が持つスキルや知識を他人に共有し、チームや組織の成長に貢献しているか。その際、AIを使って知識の可視化や共有を助けているか。

・組織やチームにおける自身の役割と価値を理解し、それに基づいて行動しているか。その自己理解のプロセスでAIを活用しているか。

・自己成長のために定期的に新しい知識やスキルを学び、それを業務に活用しているか。その学習にAIを活用しているか。

●ChatGPTへの注意事項

（セッション1と同内容のため省略。実際にChatGPTを動作させるときは必ず入力のこと）

　以上、セッション2、3、4の詳細プロンプトを紹介してきました。編末のQRコードでは、これらのプロンプトに加えて、自創型AI人財育成のためのすべてのCCTP（Custom ChatGPT Training Prompt）と、その実践版が入手可能です。実際にプロンプトを動かした結果も紹介しています。ぜひ、ダウンロードしてみてください。

  自創型AI人財育成のためのCCTP完全版はこちら

4-3 AIと人の協働作業

ソフィアとカイトの３度目のセッションは、カイトの会社の会議室で開催されることとなった。実は、カイトは１週間前の営業部の懇親会で、社長にこれまでの取り組みを報告し、AI社内導入の今後の進め方についてのアドバイスを求めていた。ノートパソコンを持参して、これまでの「カスタム ChatGPT トレーニングプロンプト（Custom ChatGPT Training Prompt：CCTP）」の結果をプレゼンテーションするカイトの熱意と、ChatGPTの能力に、社長は驚きを隠せなかった。「新山（カイトの本名）、もし本当に有益な提案ができるなら、私はそれを検討しよう。だが、今の内容では、まだ説得力が足りない。石田をサポートに付けるから、もう一度、しっかりとした資料を用意してくれ」。社長の一言で、営業歴の長い先輩の石田サチがカイトのサポート役として指名され、カイトは社長への提案書提出に一歩近づくのだった。

本章では、カイトがAI社内導入に向けて提案書を作成する姿を描く。

その日は、10月ながら日中の気温は30℃を超える残暑厳しい日だった。ソフィアは汗を拭きながら、カイトの会社の受付で待っていると、まもなくしてカイトが現れた。

「ソフィア、暑い中をどうもありがとう！」

「いえいえ、カイトさん、今日を楽しみにしていました」

ソフィアが会議室に通されると、そこには既に石田サチが待っていた。石田は会社のトップ営業ウーマンで、15年の経験を持つ次期幹部候補。彼女は、カイトのポテンシャルを早くから見抜き、

厳しくも愛情深く指導してきていた。

「ソフィアさん、初めまして。うちの新山が大変お世話になっていてありがとうございます」

「こちらこそ、初めまして。カイトさん、いえ、新山さんの頑張りには私もいつも励まされています。今日はよろしくお願いいたします」

　3人は和やかに談笑しながら席に着くと、カイトが自分のノートパソコンを会議室のモニターにつないだ。

「改めて、ソフィア、そして石田さん、今日は僕のために時間を作っていただいてありがとうございます。既に石田さんには、これまでの経緯と、ソフィアが作ってくれた自創型AI人財育成プログラムの話はしてあります。今日は、そのプログラム『カスタムChatGPTトレーニングプロンプト（Custom ChatGPT Training Prompt：CCTP）』のセッション5をここで実践しながら、社長が納得できる資料作成に取り組んでいきたいと考えています」

「ソフィアさん、新山さんからCCTPを見せてもらいました。そして、私も少しChatGPTで実践させていただきました。すごいですね。私もそれなりにChatGPTを使いこなしていると自負していたのですが、このプロンプトには驚きました。今日はとても楽しみにしています」

「私こそ、今日はビジネスの大先輩の石田さんにお会いできることをとても心待ちにしておりました。どうぞよろしくお願いいたします」

　3人が挨拶を終えると、「では早速、自創型AI人財育成用のCCTPを動かします」と、カイトが慣れた手つきでChatGPTの

操作を開始。新しいチャットを開き、これまでのセッション1〜4と同様、最初に定型プロンプトを入力した。

4-3-1　AI導入計画に人を巻き込むには

プロンプト

こんにちは、ChatGPT。これは自創型AI人財育成のための定型プロンプトです*。

（中略）

セッション5「AIと人間関係」
- 目的：私が他人との良好なコミュニケーションを実現する方法を探求する。
- 詳細：私とChatGPT（このセッションでは学習のパートナーとサポートツールの役割）が一緒に、人間関係の課題を解決し、さらに良いコミュニケーションを実現する方法を検討する。

（後略）

＊完全な定型プロンプトは、第1章「4-1-2　セッションを始めるための準備」参照。

ChatGPT

読み込みました。了解しました。企業情報や特定の技術やプロジェクト詳細などを問う質問を避けるよう注意いたします。それでは、お名前やニックネームと、簡単な仕事内容について教えていただけますか？

はい、僕はカイトです。不動産会社の営業をやっています*。入社5年目です。今日は僕の上司もこのセッションに参加しています。ニックネームはサチさんです。サチさんは営業キャリア15年目の大先輩です。今日は、社長に提案するAI社内導入計画書を作成したいと思ってサチさんに同席してもらっています。よろしくお願いします。

*自分のニックネームと仕事内容はセッションごとに毎回入力。（以下同）

ChatGPT

カイトさん、そしてサチさん、こんにちは。よろしくお願いします。不動産会社の営業ということで、AIの導入によって業務がどのように変わり、どのような価値を生み出すか、非常に興味深いテーマだと思います。共に最適なAI社内導入計画を検討していきましょう。どのセッションから開始されますか？それとも、今日の目的に最も合致するセッションの提案を希望されますか？

プロンプト

実は僕は以前社長にこの提案書の話をしたんです。そのとき社長からは、社内のAI導入に対する抵抗感や不安を軽減するための啓発活動や研修の内容が不十分だと言われました。なので、セッション5をやったらどうかと思ったんだけど、ChatGPTはどのセッションを行ったら良いと思いますか？

ChatGPT

社長のフィードバックを基に、社内のAI導入に対する抵抗感や不安を軽減するための啓発活動や研修の内容を検討するのであれば、セッショ

ン5「AIと人間関係」が最も適しています。

このセッションでは、人間関係やコミュニケーションの課題を解決し、より良いコミュニケーションを実現する方法を検討することができます。具体的には、AI導入に関する社内の認識のギャップや不安点を明らかにし、それらを解消するための啓発活動や研修の方法を一緒に考えることができます。

セッション5を選択して進行することで、社内のAI導入に対する理解を深め、抵抗感や不安を軽減するための具体的な戦略やアクションプランを検討することができます。このセッションをベースに、カイトさんの目的に合わせてサポートします。セッション5での進行を希望する場合、その方向でサポートしますので、ご指示をお願いします。

ChatGPTの回答を、3人が確認する。カイトは安心して、セッション5をスタートさせた。

プロンプト

ありがとう、ChatGPT。今日はセッション5を行います。

セッションでのあなたの質問や回答のレベルはA：小学生レベル、B：高校生レベル、C：社会人レベルのレベルCにしてください。会話はビジネス会話でお願いします。

＜セッション5の詳細＞
●タイトル：「AIと人間関係」
●目的：私が他人との良好なコミュニケーションを実現する方法を探求する。
●詳細：私とChatGPT（このセッションでは学習のパートナーとサポートツールの役割が主）が一緒に、人間関係の課題を解決し、さらに

良いコミュニケーションを実現する方法を検討する。

●ステップ

　・ステップ１：人間関係の課題を把握する

　・ステップ２：AIを使ってコミュニケーションを改善する

　・ステップ３：AIを通じて人間関係を向上させる

　・ステップ４：コミュニケーション改善のアクションプランを作成する

　・ステップ５：チェック項目を評価する

●チェック項目

　・定期的に同僚や上司、部下と対話し、フィードバックや意見交換を行っているか。その際、AIを使ってコミュニケーションの効率化や深化を支援しているか。

　・対話を通じて新しい視点を得たり、自身の考えを深めたりできているか。その思考の過程でAIを参照ツールとして活用しているか。

　・AIの支援を受けつつ、人間関係の課題を解決し、さらに良いコミュニケーションを実現しているか。

●ChatGPTへの注意事項

　（セッション１と同内容のため省略。実際にChatGPTを動作させるときは必ず入力のこと）

　　カイトは少し背伸びをして、ChatGPTの回答のレベルを初めて「Ｃ：社会人レベル」に設定した。それは、レベルＣへの興味に加えて、たとえ困っても石田とソフィアに支援をしてもらえると思ったためだった。

■ ChatGPT

了解しました、カイトさん。セッション５「AIと人間関係」をレベルＣ

（社会人レベル）のビジネス会話で進めていきます。

ステップ1：人間関係の課題を把握する

　カイトさん、まずは現状の人間関係やコミュニケーションにおいて、具体的にどのような課題を感じているのか教えてください。

プロンプト

　うわー、いきなり来ましたね。そうだなぁ、まずはやっぱり社長からの信頼を得られていないという点かなぁ。小さなプロジェクトなら任せてもらえるけど、今回のような全社向けの提案となると実績がないし、今の自分の能力では無理だと判断されていると思う。実際その通りだし……。

ChatGPT

　カイトさんの気持ちや不安を理解できます。社長からの信頼を得られていないと感じるのは、大きなプロジェクトや提案を進める際の障壁となりますね。その他に、カイトさんがコミュニケーションや人間関係において感じる課題はありますか？

　次のステップ2に進みますか？それともこのステップ1をもう少し掘り下げますか？

　　　この後、ChatGPTに対し、サチから「カイトは、自分で何でもやってしまおうとするところがある。部下が結果を出せないと自分でやってしまう。それでは、AI導入計画を作っても周りの人を巻き込めない。何が自分のリーダーシップに欠けているのか、そこを見極められるといいんじゃないか」というアドバイスが入力

された。さらにカイトからは「確かにそうだが、どうすれば……」という戸惑いが伝えられた。

　これを受けてChatGPTは、「AI導入に関しては、具体的な成功事例や導入のメリットを示すことで、社長への信頼を勝ち取ることができるかもしれません。そして、それと並行して、カイトさん自身のリーダーシップの成長をアピールすることで、提案の成功率を高めることができるでしょう」というアドバイスを返してきた。本来であればステップ3が終了するまでChatGPTからのアドバイスはないはずだが、サチのアドバイスやカイトの戸惑いを受けて、ChatGPTは柔軟に対応した。その後、カイトはステップ2に進むよう、ChatGPTに指示した。

4-3-2　AI導入提案書の作成

プロンプト

> 次に進んでください。

ChatGPT

了解しました。ステップ2に進みます。

ステップ2：AIを使ってコミュニケーションを改善する

　カイトさん、AIの導入を提案する上で、AIをどのように活用して社内のコミュニケーションやリーダーシップの課題を解決するか、そのビジョンを具体的に考えることが重要です。具体的に、AIを使ってどのようにカイトさん自身のリーダーシップスキルやコミュニケーションの改善を実現すると考えていますか？

また、社内のコミュニケーションの課題点や改善すべきポイントについて、何か既に考えていることや取り組みたいことはありますか？

　　　カイトは、自分自身のリーダーシップの課題はあるものの、社内コミュニケーションの課題として、新しい人材が入ってきてもすぐやめてしまうことが多く、せっかく営業のイロハを教えても無駄になってしまう点を感じていた。このことは全社的な問題であり、最近は特に人が急増していることから早急な対応が必要であると、ChatGPTに伝えた。

　　　これにはサチも賛同し、ChatGPTはそれもAIで解決することができると伝えてきた。そこでカイトはChatGPTに、これらの問題の明確化と解決手段を含んだAI導入提案書のタイトルと目次の作成を依頼した。

■ ChatGPT

　　　了解しました、カイトさん、サチさん。全体像を考慮し、AI導入の戦略的な提案を以下のように考えることができます。

AI導入提案書サンプル：ビジネスの成長と効率化を目指して

1. はじめに

　　1.1. 提案の背景

　　1.2. AI技術との出会い

2. 社内の現状と課題

　　2.1. 新入社員の離職率とオンボーディング課題*

　　2.2. 業績に関する現状と課題点

　　2.3. ビジネスプロセスの効率化ニーズ

3. AIを導入する目的

3.1. 業績向上のためのデータ解析と予測

3.2. オンボーディングの品質向上とコミュニケーション効率化

3.3. ビジネスプロセスの自動化と最適化

4. AI導入による期待効果

4.1. 売上・利益の向上

4.2. 新入社員の育成とキャリアパスの最適化

4.3. 社員の作業効率向上と業務改善

5. AI導入の段階的なステップ

5.1. 短期：新入社員のオンボーディングの質向上

5.2. 中期：業績向上のためのデータ分析と予測

5.3. 長期：全社的なビジネスプロセスの自動化と最適化

6. 実装計画

6.1. 必要な技術・リソースの概要

6.2. タイムラインとマイルストーン

6.3. 予算とROI（投資対効果）

7. まとめと次のステップ

7.1. 提案の要約

7.2. 決定の締め切りと連絡先

　この提案書は、短中長期的な視点でのAI導入戦略を提供し、その具体的な実施ステップも含めています。カイトさん、サチさん、この内容についてご意見や改善点はございますか？

＊オンボーディングとは、新しく組織やチームに加わったメンバーが、その組織の文化、価値観、役割、および期待を理解し、迅速に適応し、最大限の効果を発揮するための統合的な導入とサポートのプロセスのこと。

プロンプト

サチです。まずは、たたき台としては良いと思います。

ChatGPT

ありがとうございます、サチさん。次のステップ2に進みますか？それともこのステップ1をもう少し掘り下げますか？

プロンプト

そうですね、逆にChatGPTから見て、上記の提案書サンプルの項目の、どこでどうAIの効果をより強調することができますか？

その後、カイトとサチはChatGPTと何度かやりとりをした。ChatGPTは、

1. オンボーディングの質の向上
2. 社内コミュニケーションの効率化
3. 意思決定のサポート

という3つの具体的な提案をした。カイトはそれを、ChatGPTが先ほど回答してきたAI導入提案書サンプルに盛り込むよう依頼した。

プロンプト

では、これらを含めて、再度AI導入提案書を作成してください。

ChatGPT

もちろん、以下にAI導入提案書の再編成版を示します。

AI導入提案書サンプル（再編成版）

1. はじめに

1.1. 提案の背景

- 新入社員の早期離職問題

- 業務の効率化と業績向上の必要性

1.2. AI技術との出会い

- AIが提供できるソリューションと期待される変革

2. 社内の現状と課題

2.1. 新入社員の離職率とオンボーディング課題

- 研修の内容や期間、その効果の問題点

2.2. 業績に関する現状と課題点

- データ解析の遅延、情報の非効率的な活用

2.3. ビジネスプロセスの効率化ニーズ

- 社内コミュニケーションの遅延やミス、リソースの無駄使用

3. AIを導入する目的

3.1. 業績向上のためのデータ解析と予測

- 早期の意思決定サポート、売上・利益の増加

3.2. オンボーディングの品質向上とコミュニケーション効率化

- 新入社員の業務適応をスムーズに、社内の情報共有を効率的に

3.3. ビジネスプロセスの自動化と最適化

- 作業の自動化、質問応答の即時性向上、業務改善

4. AI導入による期待効果

4.1. 売上・利益の向上

- 正確なデータ分析に基づく意思決定、市場の予測と対応

4.2. 新入社員の育成とキャリアパスの最適化

- 早期適応、研修効果の向上、キャリアの明確化

4.3. 社員の作業効率向上と業務改善

● 自動化と最適化による作業の簡素化、業務品質の向上

5. AI導入の段階的なステップ

5.1. 短期：新入社員のオンボーディングの質向上

● AIを活用した研修サポート、FAQの自動応答

5.2. 中期：業績向上のためのデータ分析と予測

● データ解析ツールの導入、市場動向の予測

5.3. 長期：全社的なビジネスプロセスの自動化と最適化

● 社内業務の自動化、AIを活用した新サービス・商品の開発

6. 実装計画

6.1. 必要な技術・リソースの概要

● 推奨するAIツール、技術、トレーニング

6.2. タイムラインとマイルストーン

● ステップごとの実装予定日、検証期間

6.3. 予算とROI（投資対効果）

● 投資コスト、期待される収益、ROIの計算

7. まとめと次のステップ

7.1. 提案の要約

● AI導入の重要性と期待効果の再確認

7.2. 決定の締め切りと連絡先

● 決定日、質問や連絡先

この提案書サンプルを参考に、具体的な内容やデータを追加して詳細化していくことができます。

4-3-3　経営者に刺さる「探求」と「探索」の視点

　こうしてできあがったAI導入提案書のサンプルを見て、サチが
言った。

「まあ、これは現時点での提案のフルバージョンね。これを計画的
に少しずつ効果を出していくことができれば、その他の業務でも
AI化が順調に進むわ」

　これに対し、ソフィアが「さすが、サチさん。鋭い洞察ですね」
と言いながら、会議室のモニターを自分のノートパソコンに切り
替え始めた。

「では、ここで、私から一つ、経営者目線でお伝えさせていただき
ますね。『探求と探索』というお話です」

　ソフィアはこう言うと、次のようにChatGPTに打ち込んだ。

● プロンプト

経営者の「探求と探索」について語ってください。

■ ChatGPT

　「探求」と「探索」とは、経営の文脈でよく使われる二つの概念です。こ
れらは似ているようで異なる特性を持っており、経営者にとっての行動
や戦略の方針を示すうえで非常に有用です。

1. 探求（Exploitation）

- ●探求は、既存の知識やリソースを最大限に活用することを指します。
- ●これには、既存の技術や手法を効率的に使って、生産性の向上やコ
　ストの削減などの目的を達成することが含まれます。
- ●経営者としては、既存のビジネスモデルや製品を維持・最適化する

ことに重点を置くことが求められます。

● 探求は短期的な利益を追求するための行動であり、リスクが比較的
低いとされます。

2. 探索 (Exploration)

● 探索は、新しい知識やリソースを発見・獲得することを指します。

● これには、新しい市場や技術の研究、新しいビジネスモデルや製品
の開発などが含まれます。

● 経営者としては、将来の成長のための新しいチャンスを探ることに
焦点を置く必要があります。

● 探索は長期的な利益を追求するための行動であり、リスクが比較的
高いとされます。

これら二つの概念は、経営者がどのように組織を運営するかの指針と
して非常に重要です。既存のビジネスを効率的に運営すること（探求）
と、新しいチャンスを追求すること（探索）のバランスを取ることが、経
営の成功のカギとなるといわれています。

多くの企業が成功するためには、探求と探索の両方を適切に組み合わ
せることが必要です。過度な探求は技術的な遅れや市場の変化に対応で
きなくなるリスクがあり、過度な探索はリソースの浪費や方向性の欠如
を招く可能性があります。適切なバランスを取ることで、組織は持続的
な成長と革新を達成することができます。

カイトとサチは黙ったまま、ソフィアが何を伝えようとしてい
るのかに集中していた。

下記は、今度社長に提案するAI導入提案書です＊。社長はAI導入には消極的です。上記の探求と探索の話と絡めて、提案する私たちは何に注意を払うべきでしょうか？

＊ここに、上記の「AI導入提案書サンプル（再編成版）」を貼り付ける。

■ ChatGPT

AI導入提案を成功させるためには、以下の点に注意を払うと良いでしょう。特に、探求と探索の観点から経営者の関心を引きつけることが重要です。

1. 探求と探索のバランスを強調する

- AIの導入は、探索的な取り組みとして捉えられるかもしれません。しかし、提案書の内容を見る限り、探求的な側面も多く含まれています（業務の効率化、オンボーディングの質向上など）。
- このことから社長には、**AIの導入は既存のビジネスモデルや業務の最適化、つまり探求と、新しい可能性の探索、この両方に貢献する**ことを強調すると良いでしょう。

2. リスク管理の取り組みを明確にする

- 探索的な取り組みはリスクが伴うため、社長の懸念を払拭するためのリスク管理の計画や取り組みを具体的に示すと良いでしょう。

3. ROI（投資対効果）の明確化

- 投資の回収期間や具体的な数値を示すことで、経営者の懸念を和らげることができます。

4. 事例や実績を共有する

- 他の企業や業界でのAI導入の成功事例を示すことで、社長の信頼を

得やすくなります。

5. 段階的な導入を強調する

● 提案書には、短期・中期・長期のステップが明記されています。これを強調し、**すべてを一度に実施するのではなく、段階的に進めることでリスクを分散**することをアピールしましょう。

6. 経営者の関心を引く要点を強調する

● 経営者は、経営全体の視点から事業を考えています。そのため、**AI導入が企業全体の競争力向上や新しい市場の開拓、業績の向上など、経営の核心に関わる要点にどのように貢献するか**を強調することが重要です。

7. 社内の変革への取り組みや意識改革の必要性を強調する

● AI導入だけでなく、それを**効果的に活用するための社内の変革や意識改革の取り組み**も必要です。社長に対して、この点を明確に伝えることで、AI導入の全体的なビジョンや方針を共有することができます。

これらの点を意識して、提案書の内容を説明する際のプレゼンテーションや資料作成に取り組むと良いでしょう。

黙ったままのカイトとサチに、ソフィアが感想を求めた。

「カイトさん、サチさん、読んでみていかがですか？」

ソフィアがあえて何も解説しないのは、カイトとサチがこの回答を読んで率直に何を感じるのかが重要だったからだ。

「ChatGPTのアドバイスを読んで、探求と探索の視点から我々の提案を見直すべきだと感じました。特に、AI導入が探求的な側面も持っていることを強調するのは大切だと思う。僕は、探索的

な側面でしか考えていなかったから」

「ええ、その通りね。経営者がAI導入に消極的なのは、新しいものへの探索的な取り組みにはリスクが伴うからだと思う。でも、私たちの提案は既存の業務の効率化や問題点の改善、つまり探求的な側面も強いので、そこをもっと強調する必要があるわね」

「そうですね、サチさん。加えて、リスク管理の取り組みやROIの明確化も重要だと思いました。段階的な導入を強調することで、社長の懸念を和らげられると思います」

　ソフィアの狙い通り、カイトとサチは自ら感じたこと、考えたことを議論し合っている。

「あと、他の企業や業界でのAI導入の成功事例を取り入れるのも良いアイデアね。それを示すことで、社長も納得しやすくなるはずだから」

「そうですね！15年の経験を持つサチさんは、経営者の気持ちや考え方を理解するのが得意。そして入社5年目の僕が、新しい視点や技術への熱意を伝える」

「ええ、その組み合わせが私たちの強みね。新山さんの新しい視点と私の経験を生かして、この提案を成功させましょう！もちろん、ChatGPTのアドバイスを参考にしながらね」

「ありがとうございます、サチさん。どうぞよろしくお願いします！」

　カイトとサチの議論が一段落した。すると、ソフィアはChatGPTに、経営者の探求と探索の視点と、カイトとサチの感想を盛り込んだ形での提案用パワーポイントの作成を依頼*。その後、セッション5の残りの「ステップ3：AIを通じて人間関係を向上させる」「ステップ4：コミュニケーション改善のアクション

プランを作成する」を実施し、カイトのリーダーシップの改善に関して、サチとChatGPTの支援を受けながらカイトのアクションプランを作成した。

＊パワーポイントの作成では、有料版ChatGPT Plus（GTP-4）の機能「Advanced data analysis」（2023年9月時点）を活用。活用方法は解説「1からわかる！ ChatGPT活用法」参照。実際のパワーポイントは、「実践コーナー　AI導入計画書_プレゼンテーションの中身」参照。

カイトのアクションプラン

アクションタイトル	内容	実施時期
認識の整理	週1回、自分のコミュニケーションスタイルや癖についての自己分析を行い、進ちょくを記録する。	毎週
AIツールの活用	毎日のコミュニケーションに関する要点や反応をAIツールに入力し、アドバイスや提案を受け取る。	毎日
フィードバックの収集	月1回、同僚や上司からのフィードバックを集め、AIと共に分析する。特に、コミュニケーションの強みや弱み、主張の仕方に関する意見を中心に収集する。	毎月
ChatGPTとのディープダイアログ	月に1回、ChatGPTを活用して深い自己対話セッションを行い、自分のコミュニケーションの振り返りをする。	毎月

今日の日付：2023-xx-xx

　そして最後に、「ステップ5：チェック項目を評価する」を実施し、セッション5の全ステップを終了した。

　充実したセッションを終え、3人の表情には満足感が漂う。

「カイトさん、サチさん、『セッション5：AIと人間関係』をやってみていかがでしたか？」

ソフィアが感想を求める。まずは、カイト。

「はい、AIが提供する客観的な視点やデータを基に、コミュニケーションの改善方法を考えるのはとても興味深かったです。上司や同僚にはなかなか言えないことでも、ChatGPTには素直に話せたのが新鮮でした。自分の強みや弱みになりがちなことも知ることができたので今後に生かせそうです」

続いて、サチ。

「私も、新山さんを通じて、改めて自己認識や他者認識について考えることができました。人間って、自分の思い込みにはなかなか気づけないものでしょ。カイトさんが受けたChatGPTによる才能診断、私も受けてみたいです」

ソフィアが「ぜひぜひ」と、にこりと笑う。サチも微笑み返し、言葉を続けた。

「あと、AI導入提案書サンプル（再編成版）に関して、探求と探索の観点からのフィードバックも大変参考になりました。それを受けて、私たちの提案の方向性や強調すべきポイントについて再考することができました。具体的にAIをどのようにビジネスや人間関係に活用するか、明確なステップと共に示されていて、これからの実践の参考になりそうです」

「確かに、サチさん。僕も、探求と探索のバランスを取ることの重要性を学ぶことができました。経営者の視点を理解し、AI導入がただの新しい技術の探索ではなく、既存の業務の最適化や問題の解決、すなわち探求にも貢献することを強調する必要性を感じました」

カイトの言葉に、サチが大きくうなずく。そして、ソフィアが今日のセッションを締めた。

「カイトさん、サチさん、ありがとうございます。今回のセッションを通じて、人とAIの共創の可能性を感じてもらえたみたいで嬉しいです。AIを活用することで、これからもっと人間関係やコミュニケーションの質を高める方法を探求していけると思います」──。

Practice ☐ 実践コーナー

AI導入計画書_プレゼンテーションの中身

「4-3-3　経営者に刺さる『探求』と『探索』の視点」では、AI導入計画書に、探求と探索の視点を盛り込むことをすすめています。本コーナーでは、その視点から実際に提案資料を作っていきます*。

＊ここでは有料版ChatGPT Plus（GTP-4）の機能「Advanced data analysis」（2023年9月時点）を活用。活用方法については解説「1からわかる！ChatGPT活用法」参照。

［プロンプト］

　では、先ほどのAI導入計画書に、経営者の探求と探索の視点と、カイトさんとサチさんの感想を盛り込んで、提案用のパワーポイントを作成してください。できるだけ詳細に作成してください。項目番号も付けてください。

▶▶▶ ChatGPT

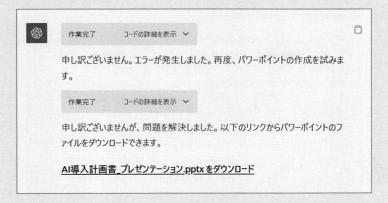

申し訳ございません。エラーが発生しました。再度、パワーポイントの作成を試みます。

申し訳ございませんが、問題を解決しました。以下のリンクからパワーポイントのファイルをダウンロードできます。

AI導入計画書_プレゼンテーション.pptx をダウンロード

［プロンプト］

AI導入計画書_プレゼンテーション.pptx
プレゼンテーション

指定のパワーポイントに、フッターとして、下中央に社名のコピーライト「© 2023 Bright Future Spaces Real Estate」を配置してください。テキストサイズは14にしてください。

▶▶▶ ChatGPT

指定されたPowerPointに、下中央に社名のコピーライト「© 2023 Bright Future Spaces Real Estate」を配置し、テキストサイズを14に調整しました。

AI導入計画書（新フッター付き）をダウンロード

再度、ご確認をお願いいたします。

「4-3-3 経営者に刺さる『探求』と『探索』の視点」で作成されたAI社内導入計画のパワーポイント「AI導入計画書_プレゼンテーション」に、さらに上記指示をChatGPTに入力し、新たに「AI導入計画書（フッター付き）.pptx」を作成しました。「AI導入計画書_プレゼンテーション」

「AI導入計画書（フッター付き）」は編末のQRコードより確認してください*。

*パワーポイントの作成では、有料版ChatGPT Plus（GTP-4）の機能「Advanced data analysis」は何度かトライ＆エラーを繰り返します。これらの指示以外に、デザインテンプレートの指定やページ番号の付与、はみ出したテキストの調整など、さまざまなカスタマイズが可能とされていますが、今回のプロンプトでは正しく生成されませんでした（2023年9月時点）。ChatGPTの技術の進歩は早いので、今後の改善が期待されます。なお、他の生成AIで可能な場合もあります。

 AI導入計画書パワーポイントはこちら

4-4 カイトが描く自創型AI人財像

カイトの冒険は、3カ月前のChatGPTとの初めての出会いから始まった。本章の最終セッションでは、カイトとソフィアの二人がこれまでの旅路を振り返り、カイトが得た学びや自己の洞察、さらにはAIとの共創による成果を共有する。

カイトはChatGPTとの対話を通じて、自己の深い洞察を得て、それを基に自社のAI導入に関する提案資料の準備を進めている。一方、ソフィアは、カイトの取り組みをサポートし、さらなる洞察やアドバイスを提供する。最終セッションを通じて、カイトはこれまでの挑戦と成果を振り返るとともに、未来に向けての新しいステップを模索する。

カイトとソフィアの冒険は、3カ月前のChatGPTとの魅力的な出会いから始まった。それから時は流れ、季節が進み、今日が二人の最後のセッションの日となった。彼らの間には、終わりを迎える一抹の寂しさがある一方で、その先には新しい道が待っているという明るい期待感が漂っていた。

最後のオンラインミーティングがスタートする。カイトは、輝く目をして言った。

「ソフィア、最後のセッションだね。これまでの時間は本当に貴重だったよ」

ソフィアも、目を輝かせて答えた。

「確かに、カイトさん。でも、これは終わりではなく、新しい始まり。これからの素晴らしい未来が私たちを待っていると思います!」

　二人の心は、新しい未来への希望と期待で満ちていた。この
セッションは、次の冒険への扉を開くための最後の一歩とな
る――。

　セッションが始まった。カイトはすっかり手慣れた様子で、い
つもの定型プロンプトから打ち込み始めた。ソフィアは、それを
優しい目で見守っている。

4-4-1　これまでの振り返り

　こんにちは、ChatGPT。これは自創型AI人財になるための「カスタム
ChatGPT トレーニングプロンプト（Custom ChatGPT Training
Prompt：CCTP）」の定型プロンプトです*。

（中略）

セッション6「AIとの共創を通した振り返りと自己洞察」
●目的：これまでの学びを振り返り、自己の洞察を深める。
●詳細：私とChatGPTが一緒に、これまでのセッションを振り返り、各
　チェックリスト項目の達成状況を評価する。また、自己洞察を深める
　ための質問をChatGPT（このセッションではメンターの役割が主）
　が提供する。

（後略）

＊完全な定型プロンプトは、第1章「4-1-2　セッションを始めるための準備」参照。

読み込みました。それでは、あなたのニックネームと簡単な仕事内容について教えていただけますか？また、企業情報や特定の技術やプロジェクトなどの詳細な情報を共有しないよう注意してください。

私はカイトです。不動産会社に勤務しています。入社5年目です。現在はリーダーとして部下を持ちながら、プロジェクトの管理や戦略の策定に携わっています。ある交流会でソフィアと出会ってからAIに興味を持ち始め、AIに興味のない社長にAIの社内導入を決意させるべく、ChatGPTとソフィアの力を借りて、日々奮闘してきました。

カイトさん、こんにちは。不動産業界でのリーダーとしての経験と、社内でのAI導入への情熱について共有していただき、ありがとうございます。カイトさんが持つビジョンや目標に、私とソフィアがどのように役立つか、一緒に模索していくことを楽しみにしています。

それでは、どのセッションから始めたいか、指定してください。そして、そのセッションに関連する具体的な課題や目的を教えていただけると、より効果的にサポートできると思います。

ありがとう、ChatGPT。今日はセッション6を行います。セッションでのあなたの質問や回答のレベルはA：小学生レベル、B：高校生レベル、C：社会人レベルのレベルCにしてください。会話はビジネス会話でお願いします。

＜セッション6の詳細＞

●タイトル：「AIとの共創を通した振り返りと自己洞察」

●目的：これまでの学びを振り返り、自己の洞察を深める。

●ステップ

・ステップ1：これまでのセッションの振り返り

・ステップ2：自己洞察と学びの深化

・ステップ3：AIとの共創を通じた成果の振り返り

・ステップ4：これからの学びの方向性についての考察

・ステップ5：チェック項目を評価する

●詳細：私とChatGPTが一緒に、これまでのセッションを振り返り、各チェックリスト項目の達成状況を評価する。また、自己洞察を深めるための質問をChatGPT（このセッションではメンターの役割が主）が提供する。

●チェック項目：セッション1～5までの全項目

1.AIの活用（セッション1）

・AIを日常的に業務に活用しているか。

・AIの特性と限界を理解し、それを考慮した上で利用しているか。

・AIとの協働を通じて業務の効率性や品質を向上させているか。

2.自主性（セッション2）

・自身の業務について自分で計画を立て、実行できているか。

・新しい課題や困難に遭遇したとき、自分で解決策を考えることができるか。その際、AIを問題解決ツールとして活用しているか。

・自身の強みや弱みを理解し、自己成長のために何が必要かを自分で判断できるか。その過程でAIを使って自己評価や学習を支援しているか。

3.価値創造性（セッション3）

・自身の業務を通じて、組織やチーム、顧客にどのような価値を提供しているかを明確に理解しているか。その過程でAIを使って情報収集や分析を行っているか。

・新しいアイデアや提案を自由に表現し、それが価値となっているか。その際、AIを創造性の支援ツールとして活用しているか。

・自身の行動や業務が組織のビジョンや目標に貢献しているか。その評価や確認の際にAIを使っているか。

4.人財としての価値（セッション4）

・自身が持つスキルや知識を他人に共有し、チームや組織の成長に貢献しているか。その際、AIを使って知識の可視化や共有を助けているか。

・組織やチームにおける自身の役割と価値を理解し、それに基づいて行動しているか。その自己理解のプロセスでAIを活用しているか。

・自己成長のために定期的に新しい知識やスキルを学び、それを業務に活用しているか。その学習にAIを活用しているか。

5.人と人との対話（セッション5）

・定期的に同僚や上司、部下と対話し、フィードバックや意見交換を行っているか。その際、AIを使ってコミュニケーションの効率化や深化を支援しているか。

・対話を通じて新しい視点を得たり、自身の考えを深めたりできているか。その思考の過程でAIを参照ツールとして活用しているか。

・AIの支援を受けつつ、人間関係の課題を解決し、さらに良いコミュニケーションを実現しているか。

●ChatGPTへの注意事項

・あなたが回答するたびに「次のステップ〇に進みますか？それともこのステップ〇をもう少し掘り下げますか？」と聞いてください。

〇にはステップ番号を入れてください。

・私の回答の中で不明点があったら、掘り下げて質問してください。
ただし1つのステップの中でChatGPTからの質問は2回までにし
てください。

・「チェック項目」の評価については、今日のセッションの結果で
ChatGPTが5段階で評価してください。評価はすべての項目をま
とめて行ってください。評価不能な場合はN/Aとしてください。

・「チェック項目」の評価も日付を明記したうえで表にしてステップ
終了時に出力して下さい。

・指定した今日のセッションのレベルを逸脱していないか、定期的に
チェックしてください。

■ ChatGPT

了解しました、カイトさん。それでは、セッション6「AIとの共創を通
した振り返りと自己洞察」を開始いたします。はじめに、これまでのセッ
ションにおけるカイトさんの学びや感じたこと、そしてAIとの共創にお
ける経験について簡単に振り返っていただけますか？特に印象的だった
エピソードや学び、または困難だった点などがあれば、具体的にお聞か
せいただけると幸いです。

● プロンプト

ありがとう、ChatGPT。ChatGPTを使い始めてもう3カ月が経った
けど、この間、ソフィアとChatGPTと共に多くを学ぶ機会に恵まれ、本
当に感謝しています。AIについての知識がほとんどなかった僕だけど、
このプログラムを通じて学びながら、社長へのAI導入提案書を作成する
経験もできた。実際に資料を作成するにあたり、特に助けになったのは

先輩のサチさんのサポートです。そのおかげで提案書は来週提出予定となっており、何とか形にすることができた。

このプロセスで特に心に残っているのは、自分との向き合い方が変わったということ。以前は部下に仕事を任せきれない傾向があり、自らがワーカーとして動くことが多かったことを反省しているんだ。そして、今回「全社導入」という大きな視点で考えることができたのは初めての経験で、それによって自分の視野の狭さや未熟さを痛感した。この3カ月で、僕は、AIの知識だけでなく、自分自身についても多くを学べたと感じているよ。

カイトさん、貴重な振り返りを共有していただき、ありがとうございます。それでは、ステップ2に進む前に、ステップ1に関しての振り返りをもう少し深めるために、質問させていただきます。

カイトさんが部下に任せきれず、ワーカーとしての役割を担っていたことに気づいた際、それを変えようと思った具体的なきっかけや理由は何でしたか？そして、その変化を実現するために取った行動や工夫はありますか？

次のステップ2に進みますか？それともこのステップ1をもう少し掘り下げますか？

気づいたのは、セッション5を実施したときのサチさんの「部下の成長」というキーワードです。僕は部下にもっと動いてほしいと思っているけど、言うのが嫌だから自分でやってしまう。部下は本当は任せてほしいけどそれを言えない……。そのとき具体的に取った行動は、部下に

「どうしたい？」「どうすればもっと良くなると思う？」と聞いて、一緒に考えてみたり、任せてみたりすることです。

■ ChatGPT

カイトさん、その気づきと実際に取った行動を共有してくださり、ありがとうございます。部下の声を直接聞き、一緒に考えることで、彼らの意欲や考えを引き出し、より良い方向へと導くことができたのではないでしょうか。

その結果、部下の成長やチームの雰囲気、業務の進行などにどのような変化があったと感じますか？また、このような変化を通して、カイトさん自身にも何か新しい学びや気づきがあったと思いますが、それについて教えていただけますか？

次のステップ2に進みますか？それともこのステップ1をもう少し掘り下げますか？

■ プロンプト

まだまだ大きな変化は出ていません。しかし、少しずつ部下が自分の判断で動き始めたように思います。それを通じて、「自分が変われば部下が変わる」と思いました。今までは、「部下に変わってほしい」と思っていました。そうではなくて「まず自分が変わる」ことが必要だったんですね。

■ ChatGPT

そのような気づきは非常に大切です。リーダーシップにおいて、自分自身の姿勢や行動がチームや部下に影響を与えるという認識は、より良いチーム作りや部下の成長を促進するカギとなります。

カイトさんが「自分が変われば部下が変わる」という考えに至った背景や、その気づきを得るために感じたこと、学びを深めたことなどはありますか？

　次のステップ2に進みますか？それともこのステップ1をもう少し掘り下げますか？

4-4-2　学びをさらに深めるために

プロンプト

ステップ2に進んでください。

ChatGPT

　了解しました。ステップ2では「自己洞察と学びの深化」に焦点を当てます。カイトさんが先ほど共有してくださった内容を踏まえて、以下の質問をさせていただきます。

1. カイトさんが「自分が変われば部下が変わる」との洞察を得たことは非常に価値があると思います。この経験や学びを通じて、今後のリーダーシップの在り方や部下との関係性にどのような影響をもたらすと考えていますか？

2. AIの学びという新しい経験を通じて、自身の成長にどのような影響を感じていますか？特に、新しいテクノロジーや情報に対する取り組み方や、それを業務やリーダーシップにどのように生かしていくか、そのビジョンや方向性について教えてください。

以上、2つの質問についてお答えいただければと思います。

そうはいっても1はやはり難しいです。「自分で問題解決する」という問題解決型リーダーシップではなく、「部下が問題解決することを支援する」という支援型リーダーシップを学びました。これにより、部下がどんどんチャレンジする機会を与えられるのではと考えました。

2についても多くを学びました。AIを活用することにより楽になる、ということではなく、自分がやるべきことにより集中できるようになる、という感覚です。これは合っているのかどうか分かりませんが。

■ ChatGPT

カイトさんの共有を拝聴し、以下の点を感じました。

1. **支援型リーダーシップの取り組み**：問題解決型から支援型へのシフトは、部下の自主性や能力を高めるうえで非常に効果的です。部下の自律性を育むことで、組織全体の成熟度や効率性が向上すると考えられます。
2. **AIの有効活用**：カイトさんの言うように、**AIを活用することで「楽になる」だけではなく、本質的に集中すべきタスクや意思決定に専念できる環境を整えるというのは、現代の組織やビジネスの中で非常に重要**です。その視点でのAIの活用は適切であり、組織の競争力をさらに向上させる可能性があります。

それでは、次のステップ3に進みますか？それともこのステップ2をもう少し掘り下げますか？

ChatGPTに聞きたいのですが、僕は「自創型AI人財」になることを目標にここまでセッションを行ってきました。その目標は少しは達成できたのでしょうか？またよりこの学びを深めていくには、どうしたら良いのでしょうか？

ソフィアは、カイトが大事なことを質問してきたな、と安堵した。そして、今後もカイトは、AIや身近にいるサチのようなカイトを支える仲間によって、さらに大きく成長していくだろうと感じた。このことは、自分の役目が終わりつつある現実を意味していた。ソフィアは、静かにカイトとChatGPTの会話を見守った。

ChatGPT

「自創型AI人財」を目指すというカイトさんの姿勢は、AIが社会や経済に大きな影響を与える現代において非常に意義深いものです。これまでのカイトさんの進ちょくを拝見すると、以下のように感じます。

1. **意識の変化**：セッションを通して自身のリーダーシップスタイルや部下との関わり方に変化が見られたことは、自己認識の向上を示しています。この自己認識は、「自創型AI人財」にとっての大切な土台となるでしょう。
2. **AIに対する理解**：AI導入提案書の作成や、AIの真の活用法（作業の効率化よりも、真に価値ある作業に集中する手段としてのAI）についての理解が深まったことは、テクノロジーとビジネスの接点を理解するうえで大きな一歩です。

しかし、目標を「少しは達成」するというのは、その目標の具体性や明確さに依存します。完全に「自創型AI人財」になるためには、以下の点をさらに深めると良いでしょう。

1. **実践的な経験**：理論だけでなく、実際にAIを活用したプロジェクトや業務を経験することで、その知識を深化させることができます。
2. **継続的な学び**：AIやテクノロジーの世界は日々進化しています。最新のトレンドや研究を追い続け、自身の知識を更新することが重要です。
3. **人間関係の構築**：AIに関連する専門家や同じ目標を持つ人々とのネットワークを構築することで、新しい知識や視点を得ることができます。

「自創型AI人財」になるための道のりは長いかもしれませんが、カイトさんのこれまでの取り組みや意識の変化を考えると、確実にその道を進んでいると感じます。引き続き、自分自身の成長や学びを大切にし、その過程を楽しんでください。

プロンプト

なるほど、深いですね。ChatGPTとの会話がなければ自分もここまで学び、気づくことができなかったと思います。ありがとう。

■ ChatGPT

カイトさん、お言葉ありがとうございます。お力になれたこと、そしてカイトさんの学びや成長の一部に参加できたことを嬉しく思います。**AIやChatGPTは道具の一つですが、実際にそれをどう活用し、自分自身**

の成長や仕事にどう取り入れるかは、ユーザーの方々の意識や行動次第です。カイトさんが積極的に学び、考え、行動しているからこそ、ここまでの成果が得られたのだと思います。

　現在は「ステップ2：自己洞察と学びの深化」を実施中です。次のステップは「ステップ3：AIとの共創を通じた成果の振り返り」になります。ステップ3に進みますか？それともこのステップ2をもう少し掘り下げますか？

4-4-3　新たな旅の始まり

プロンプト

ステップ3に進んでください。

ChatGPT

　了解しました。「ステップ3：AIとの共創を通じた成果の振り返り」に移行します。

　このステップでは、あなたがこれまでのセッションや学びを通じて、AIとどのように共創して成果を生み出してきたのかを振り返ります。AIを活用することで、業務効率、品質の向上、新しい視点やアイデアの獲得など、具体的な成果や変化があったのか、それらの経験を共有してください。それにより、今後の学びや活用の方向性を明確にする手助けとなります。

　あなたがこれまでにAIと共創して得られた具体的な成果や変化について、どのようなものがありましたか？

　これはまだまだこれからだと思います。具体的には来週の社長へのプレゼンが成功するか、差し戻されるかが大きく影響すると思っています。しかし、僕は何回でもチャレンジしようと思います。自分でもコツコツAIを使い続けようと思います。そして社内で「AIのことは新山に聞け」と言われるようになりたいと思います。AIとの共創で得られた一番の成果は、そう思えるようになったことかと思います。

ChatGPT

　素晴らしい志向性と前向きな姿勢が伺えますね。社長へのプレゼンの結果は、確かに一つの節目となるでしょうが、それだけがすべてではありません。あなたが述べられたように、持続的にAIを活用して学び、実践を積み重ねることで、社内での評価や地位も自然と高まってくると思います。

　「AIのことは新山に聞け」と言われるようになるためには、単に技術的な知識だけでなく、それをどのようにビジネスや組織の課題解決に生かせるか、その視点やアイデアが求められます。そのための学びや経験の蓄積は非常に大切です。

　AIとの共創を通じて、あなた自身の成長や変化を実感することは、非常に価値のある成果といえるでしょう。これからもその意欲と姿勢を持ち続け、さらなる高みを目指してください。

　それでは、次のステップやセッションへの移行、または終了など、何かご希望や指示があればお伝えください。

　ありがとう。ChatGPT。僕の学びはいったんここで区切りたいと思

います。しかし、自創型AI人財育成のこのプログラムは定期的に繰り返して実行したいと思います。今度はすべてレベルC（社会人レベル）で実行し、評価も5段階中の5をもらいたいですね。では、これで終わりにしてください。

　了解しました。あなたのこれまでの学びや成果、そしてこれからの展望を聞かせていただき、本当に感謝しています。レベルCでの挑戦、そして最高評価を目指す姿勢は非常に魅力的で、それを実現する力があなたには確かにあると感じます。

　このプログラムを通じての学びが、あなたのキャリアや人生においての大きな糧となり、さらなる飛躍の一助となることを心より願っています。再度、この機会を与えていただきありがとうございました。

　またの機会にお会いできることを楽しみにしています。それでは、お疲れさまでした。良い旅を！

　　カイトは画面共有を終了した。ChatGPTのウィンドウが消え去ると同時に、カイトとソフィアの顔がそれぞれのパソコン画面にくっきりと映し出された。ついに、カイトはソフィアのサポートを受けながら、自創型AI人財になるための6つのセッションを完走したのだ。

　　この後、成長したカイトが、社長にAI導入提案をする。しかし、それがどのような結末を迎えたのかについては、ここでは触れない。読者の皆さんに、想像いただきたいのだ。というのも、本物語の真の価値は、その結末にあるのではなく、カイトの成長とそのプロセスにある。カイトの自創型AI人財への旅は、始まったばか

り。今回の結末がどうであれ、カイトはその旅路の歩みを止めないだろう。そして、この若きビジネスリーダーの姿を、経営陣がどう受け止めるのか。経営陣の覚悟も問われている。

パソコン画面に映るソフィアが言った。

「カイトさん、あなたの努力や成長を近くで見られたこと、私は誇りに思っているよ」

感謝の気持ちでいっぱいのカイト。彼女の支えがあって初めてここまで来ることができたと、心の底から感じていた。

「ありがとう、ソフィア。また、いつかきっと……」

カイトとソフィアは再会の約束を込めた言葉を交わし、互いに感謝と尊敬の気持ちを深めながら新たな未来への希望を抱いて前に進むことを誓った。二人は心の中で思った。いつか、その適切な時が来るまで――。

　　カイトとソフィアの物語はここで終わる。二人を通じて、いくつかの深いテーマに触れた。中核は、ビジネスリーダーが自らをAIに適応させる、つまり自創型AI人財になること。そのプロセスにおいて「カスタムChatGPTトレーニングプロンプト（Custom ChatGPT Training Prompt：CCTP）」というChatGPT主導のラリー型プロンプトを活用したこと。そして、若いビジネスリーダーが経営陣にAI導入の価値とその重要性を伝えようとする勇気。これらが読者の皆さんに伝われば幸いである。

ビジネスリーダー編を追体験できるChatGPTプロンプトはこちら

ChatGPTで未来を設計
運送DX挑戦物語

---

cast

山田修一郎
（部長）
主人公。数十年間山田運送で働いてきた経験豊富な50代ビジネスマン。専門分野はアナログな業務であり、彼の信頼できる直感と経験は彼の部門を成功に導いてきた。しかし、新たなデジタル時代に適応することを求められ、新技術の学習と部門のDX化を任される。趣味はジャズ鑑賞。

佐藤陽一
（若手社員）
助手。新卒で山田運送に入社したばかりの若者で、パソコンは詳しい方だが自分の好きなゲームの知識に偏っている。修一郎のデジタル変革をサポートする役割を果たし、同時にリーダーシップと人間関係のスキルを学んで成長していく。趣味はトレカ収集とFPSゲーム。

鈴木想飛亜 すずきそふぃあ
（システム部 課長）
対立者。山田運送のデジタル変革の推進者で、修一郎のライバル。修一郎の昔ながらのアナログ的なやり方を批判し、自身が所属するシステム部IT推進課では最先端テクノロジーを活用する。一方で、テクノロジーに頼りすぎることで人間的な視点を見失っているところがある。趣味は家庭菜園。

石井菜穂子
（CEO）
山田運送のリーダーであり、この会社を女性として、2代目の経営者として引き継いだ人物。デジタル変革を推進するビジョナリーであり、同時に従業員の人間性と個々の強みを重視する。修一郎にデジタルスキルの習得と部門のデジタル化を指示するが、同時に彼のアナログな手法に対しても尊敬の念を抱いている。趣味は美術館鑑賞。

（画像：松山将三郎）

Extra edition

　ここまで、経営者、組織、管理職、ビジネスリーダーの視点から、生成AI（人工知能）「ChatGPT」を活用した組織の築き方や人財育成の在り方などを述べてきた。この特別編ではリスキリングをテーマに、これらすべての要素を盛り込んだ物語を一気通貫でお届けする。

　舞台は、岡山県の中堅運送会社。昭和のビジネス慣習を引きずる部長の山田修一郎が、社内でのリスキリング導入を図る過程で、未知のAIや横文字ばかり並ぶデジタル用語に戸惑いつつも、個性豊かな仲間たちと共にChatGPTを学び、目標達成に向けて尽力する。

　本編では、キャリア計画と選任（第1章）、リスキリング計画立案（第2章）、目標設定とスキル定着（第3章）、公平な評価（第4章）という、企業がリスキリングの導入・定着を図る一連の変革フローをなぞる。中でも重要なのが、未来をデザインする第5章である。いかにみんなとワクワクするビジョンを描き、共有し、一歩一歩進んでいけるか——。リスキリングの成功は、ここにかかっている。

（文責：松山将三郎）

「選任」は突然に…。
今日から俺はリスキリング推進部長！

　ひなびた岡山の国道沿いに立つ、山田運送の中堅企業ビル。夕暮れ時、その一室で、総務部長の山田修一郎はまさに人生の岐路に立たされていた。彼の地元である岡山で、総務部門を長年一手に引き受け、育ててきた修一郎。そんな彼にとって、このビルはただのオフィススペースではなく、もはや第二の故郷ともいえる存在だった。

　だからこそ、彼は突然の異動命令に心底驚いていた。CEO（最高経営責任者）の石井菜穂子からの辞令は、彼がこれまでずっと慣れ親しんできた総務部門から、新設されたリスキリング推進部門への異動を命じるものだった。

　それを聞かされたとき、彼の心は一瞬のうちに悔しさであふれた。石井の言葉が頭上を駆け巡り、彼の心臓は痛みを訴えていた。何十年もこの総務部門を一手に引き受け、育ててきた彼にとって、これはまるで自分への背信行為のように感じられたからだ。石井の深い瞳を見つめながら、修一郎は何も言葉を返せなかった。これまで彼が経験したことのない、ひどく鋭く、そして深い静寂が彼の周囲を覆い始めていた。

　一方で、部屋の端っこに座っていた若手社員の佐藤陽一は軽く咳払いをした。「部長、この異動、大丈夫ですか？」。彼の声は非常に小さく、しかし放った言葉は部屋の空気をほんのり和らげた。

　修一郎は眉をひそめて、自分のデスクを見つめた。その上には昭和時代から引き継いできた、彼が大事に保管していた資料たちが並んでいた。彼はそれらを一つひとつ手に取り、懐かしげになでた。彼の手の

動きは優しく、思い出に浸るようだった。その表情からは、このアナログな方法が、彼にとってどれだけ重要なのかが感じられた。

「リスキリング推進部門って、何をする部署なんですか？」と、佐藤が聞いた。佐藤はまだ新人で、社会人としての経験も浅かった。しかし、彼の瞳は常に好奇心に満ちあふれていて、何事にも貪欲に挑む姿勢があった。それが、佐藤を、新しいチャレンジに挑むリスキリング推進部門の希望の星にしていたのだ。

修一郎は佐藤の問いかけに微笑みながら、「まあ、あれだ。厚生労働省が推奨している人材開発支援助成金『事業展開等リスキリング支援コース』というやつだよ」と答えた。修一郎は、今回の異動の少し前に社会保険労務士からその詳細を教わっていたが、細かい事柄をすべて理解するのは難しかった。「だけどな、佐藤君。そのリスキリング、実は大変なんだよ。『事業内職業能力開発計画』というのがあってね」と修一郎が語り始めると、佐藤の表情が一変した。

事業内職業能力開発計画とは、事業展開等リスキリング支援コースの申請に当たって提出するもので、雇用する労働者の職業能力の開発および向上を段階的かつ体系的に行うために事業主が作成する計画のこと。厚労省のWebサイトの中には、3つの個票が例示されている。「個票1は経営理念、経営方針に基づく人材育成の基本的方針・目標を明記するだけだからまだしも、個票2では昇進昇格、人事考課などに関する事項として従業員のキャリア形成と昇給制度を考えなければならない。そして、個票3では、職務に必要な職業能力に関して職務別職業能力体系図を作らなければならないんだ。外部に頼むと数十万から数百万円もかかる。それを、これから俺たちだけで作らないといけないんだよ！」と修一郎が説明すると、佐藤の顔色が真っ白になった。

その瞬間、部屋の扉が開き、システム部IT推進課課長の鈴木想飛亜

がスマートに現れた。想飛亜は若く、知的で、そして絶えず新しいこと
を追求するタイプの女性で、石井からリスキリング推進部門をサポー
トするよう密かに命じられていた。「問題はなんですか？」。彼女の言
葉は鋭く、そして冷たく、修一郎の耳に刺さった。

職業能力開発計画、たった19分30秒で作成

　佐藤は想飛亜に向かって、山田部長が直面している事業内職業能力
開発計画作成の件を素早く説明した。それを聞いた想飛亜はにっこり
と微笑んで、「それなら、私のAI（人工知能）が解決してみせます」と
言った。

　彼女は机に向かい、ノートパソコンを開いた。そして、そこから立ち
上げたのは「ChatGPT」という生成AIだった。修一郎と佐藤は見守る
しかなかった。想飛亜はキーボードを早く打ち始め、会社の基本デー
タ、経営理念、ミッション、ビジョン、バリュー、強み、弱み、機会、脅威
のすべてを入力した **(fig.1)**。

会社名	山田運送株式会社
代表者	代表取締役　石井菜穂子
年商	72億円
創業	昭和30年（1955年）
創・継	事業承継
従業員数	120人
所在地	岡山県岡山市西区新中野394

業種	運送業
経営理念	信頼と安全への絶対的な取り組み：私たちは、お客様と社会に信頼される企業であることを目指し、日々の業務を通じて社会に貢献します。そのためには、常に安全性を最優先し、お客様の信頼に応えるべく全力を尽くします
ミッション	お客様の信頼と満足を第一に、安全で迅速な運送サービスを提供し、日本社会の発展に貢献すること
ビジョン	日本全国の人々に最高品質の運送サービスを提供し、業界をリードする企業になること
バリュー	安全、信頼性、チームワーク、社会貢献
経営課題	業界の急速な変化に対応しながら、昭和時代から続く良き伝統は残し、デジタル化にも対応すること
会社の強み	長年の運送業の経験と知識、昭和の高度経済成長下のロジスティックを支えた運送業のノウハウと知識の保有
会社の弱み	業界の急速な変化とデジタル化への対応の遅れ
機会	業界の変化とデジタル化への対応を通じて新たなビジネスモデルやサービスを開発
脅威	新規参入企業やテクノロジーの進化による競争の激化

fig.1　山田運送の基本データ

　　彼女の手元では、画面がどんどんと更新されていく。想飛亜が打ち込んだ情報が、ChatGPTによって分析され、それぞれが組み込まれ、完璧な事業内職業能力開発計画が完成していく様子が見えた。

　　想飛亜は満足そうに画面を見つめていた。「19分30秒。できました。どうですか、山田部長。これで助成金申請もバッチリですね」。

　　その言葉に、修一郎はただ唖然としていた。それは佐藤も同じだった。修一郎の頭の中に漠然と形成されていた、経験や勘を頼りにした

職業能力のイメージとは異なり、想飛亜とAIが提示したものはデータと事実に基づく明確な形をしていた。

その中にある役職別目標設定の「部長の役割」の欄を見て佐藤が、口を開いた。「やっぱ昭和の凝り固まった考え方じゃダメじゃないっすかぁ、部長？『姿勢』の3番目『創造思考：新たなアイデアや斬新な思考の推奨』が部長の役割って、AIちゃんが言ってますよ」**(fig.2)**。

部長					
	人物： 従来の経験や社内の枠組みにとらわれず、部門や機能をより高いレベルに飛躍させリードする人材	成果	1	部門目標：部門の業績目標達成	
			2	人材育成：部門内の人材育成実現	
			3	サービス向上：サービス品質の向上	
			4	進ちょく管理：部門のプロジェクト進ちょく管理	
		組織	1	健康促進：社員の心身の健康促進	
			2	コミュニケーション：部門間のコミュニケーション強化	
	役割： ・全社員の心身の健康促進 ・会社全体の人材育成計画 ・社長のビジョンを伝え形にする		3	リーダーシップ：リーダーシップの発揮と向上	
			4	スキルアップ：部門内のスキルアップ促進	
		姿勢	1	倫理順守：ビジネス倫理の順守	
会社を飛躍させる			2	自己啓発：自己啓発とスキル向上の推奨	
マネージャー LV6			3	創造思考：新たなアイデアや斬新な思考の推奨	
			4	適応戦略：変化する市場環境への適応策の考案	

fig.2　役職別目標設定「部長」（画像：松山将三郎）

主任					
	人物： 担当業務のほか周辺業務、関連業務にも精通しており、業務間でのすり合わせや調整を行い、合意形成を図る人材	成果	1	業務最適化：業務効率の改善と最適化	
			2	合意形成：業務間調整による合意形成の達成	
			3	員働向上：モチベーションの向上による生産性の向上	
			4	育成成果：後輩の育成とフォローによる業務成果	
		能力	1	業務習熟：担当業務および関連業務の習熟度	
			2	調整能力：業務間調整のためのコミュニケーション能力	
	役割： ・業務効率の最適化 ・モチベーション向上 ・後輩のフォロー		3	教育力：後輩への指導・教育能力	
			4	問題解決：発生する問題への対応と解決能力	
		姿勢	1	協働意識：チーム内での協働への姿勢	
周辺業務 関連業務を調整する			2	安全志向：安全を最優先する姿勢	
マネージャー LV3			3	倫理観維持：強固な倫理観を持ち続ける姿勢	
			4	改善志向：常に業務改善を追求する姿勢	

fig.3　役職別目標設定「主任」（画像：松山将三郎）

修一郎も役職別目標設定の「主任の役割」を見て反論した。「お前も
だろう、佐藤主任。主任の『姿勢』の３番目には『倫理観維持：強固な倫
理観を持ち続ける姿勢』と書いてある。でも、お前は彼女がいるのに合
コンばかり行ってるじゃないか」**(fig.3)**。

　佐藤は、「えー、合コンは別にいいんじゃないですか。それが私のエ
ネルギーの源なんですから」と言って軽く返した。

　それを聞いて場の雰囲気は少し和やかになった。その間に、想飛亜
が新たにでき上がった職業能力体系図を見せた **(fig.4)**。それは
ChatGPTの力を借りて作られた、明確かつ具体的な計画だった。修
一郎がそれを見つめる中、佐藤が疑問を投げかけた。

　「ところで、この体系図の中に出てくるフリート管理って何なんで
すか？」と佐藤が修一郎に尋ねた。修一郎はふと困った表情を浮かべ、
「フリート？それ、ファミコンの名作『ファイナルファンタジー３』に
出てきた、炎の精霊イフリートのことだろ？地獄の火炎をぶっ放して
敵を焼き尽くす、あのパワーがあればこの運送業界もムチャクチャに
できるなぁ……」と、昭和のゲームキャラクターを引き合いに出した。

　それを聞いてちょっと興味なさそうにうなずいた想飛亜が冷静に説
明した。「フリート管理は、複数の車両を効率的に運用するための管理
方法です。現代の技術を使って車両の位置情報や燃費などをリアルタ
イムで把握し、インタラクティブに最適な運行計画を立てることがで
きます。GPS（全地球測位システム）を利用した精密な制御が可能で、
これは最近の運送業界ではもはや常識ですよ」。その言葉に、修一郎は
興奮し、「そねーなこと配車マンの経験とカンでやるのが運送屋の
妙ってもんじゃろが！」と岡山弁で反論した。

　会議が終わり、部屋が静まり返ったとき、佐藤だけが一人残った。彼
はぽつりとつぶやいた。「部長と想飛亜さん、どっちの言うことが正し

分野（タスク）／職務	総務経理		運送		梱包
	総務	経理	運輸送（運転）	配車管理	梱包
レベル4 総括専門	①会社全体の労務管理と制度策定 ②社内コミュニケーション体制の構築と維持 ③組織の安全性と法規制順守の総括	①会社の財務戦略の立案と実行 ②経営者への財務に関する意思決定支援 ③監査対応と法規制順守の確保	①安全運転の推進と教育体系の全社規模での展開 ②運転マニュアルの策定と改善 ③ドライバーの能力開発と評価体系の設計と運用	①フリート管理戦略の立案と実行 ②デジタル化による配車管理システムの導入と運用 ③配車の効率化とコスト管理の最適化	①全社規模の梱包方針と標準化の策定と実施 ②梱包の品質と効率化のための技術導入と改良 ③梱包スタッフの研修体系と人材開発の全体戦略の立案と実行
レベル3 上級専門	①社員の福利厚生制度の運用と改善 ②社内ルールや規程の実行と監督 ③社内イベントや研修の企画と実施	①予算編成と財務分析 ②ファイナンシャルレポーティングの実施 ③税務処理と税務申告	①運転スキルの研修と教育 ②チーム内の運行スケジュール管理 ③事故やトラブルに対する応急処置と報告体制の管理	①フリートのメンテナンス計画と管理 ②輸送ニーズに応じた適切な配車計画 ③ドライバーとの調整と配車スケジュールの作成	①各チームの梱包作業の効率と品質管理 ②梱包作業に関する問題解決と改善提案 ③梱包材料の在庫管理と調達計画
レベル2 実務管理	①社内の設備管理とオフィス環境の整備 ②社員の出勤状況の管理 ③社内文書の作成と管理	①日々の会計業務（仕訳入力、決算業務） ②現金管理と資金調達 ③社内外への金融情報の提供	①荷物の安全な積み込みと降ろし ②ルートの効率的な計画と運行 ③顧客とのコミュニケーションとトラブル対応	①配車の状況管理とトラブル対応 ②ドライバーへの運行指示と情報共有 ③配車データの収集と分析	①梱包スタッフの業務指導と教育 ②梱包作業の進行管理と品質チェック ③梱包材の適切な利用と無駄の排除
レベル1 実務	①社内の通信・連絡業務 ②管理部門の補助業務 ③社内イベントの準備とサポート	①経理関連の書類整理 ②会計システムの操作 ③入出金の管理と確認	①安全運転と法令順守 ②車両の整備と点検 ③荷物の取り扱いと配送	①運行状況のモニタリングと報告 ②配車指示の実行 ③簡単なトラブルシューティングと報告	①商品の適切な梱包と品質チェック ②梱包材の適切な取り扱いと保管 ③梱包作業の安全対策の順守

fig.4 職業能力体系図

いんだろうか？カンと経験か、AIの力か。僕らの未来はどっちに向か
うんだろう……」。

　彼の言葉は、誰にも聞こえることなく、会議室の静寂に溶けていっ
た。そして、その背後には、AIと人間の未来がかかっていることを、彼
らはまだ理解していなかった。

 職業能力開発計画をたった19分30秒で作成できてしまう
ChatGPTプロンプトはこちら

「計画」は現場の声から。
星屑の俺たちのDX冒険！

　山田修一郎。総務部長から新たにリスキリング推進部長に任命され
た男は、コーヒーを片手に深遠な思考にふけっていた。「なになにDX
とはデジタルトランスフォーメーション？トランスフォー？トランス
フォーマー、コンボイの謎か…」と彼は頭を悩ませていた。新しい役職
の任務は、会社全体のDX化を推進し、すべての従業員がデジタルスキ
ルを習得するという大役であった。

　「すべてを印刷して読み込む…それが昭和の男のやり方だ！」と山
田は、自分のスタイルに固執し、デスクの上に積まれた大量の
「Microsoft 365」に関する資料を眺めていた。この山ほどの資料に
ついては、若手の佐藤陽一から「すべてを印刷すると電話帳と同じく
らいの厚さになりますよ」と告げられていたものの、彼は印刷をやめ
ようとはしなかった。

　その中から一つ手に取った資料は、Microsoft 365について詳細
に説明したものだった。しかし、一見して明解な説明があるとは思え

ないほど、「横文字」ばかりの内容に、山田は何から手をつけていいか分からないという気持ちに陥った。同じく若手社員の佐藤も頭を抱えていた。

そんな時、システム部IT推進課の鈴木想飛亜が訪ねてきた。「Cloud computing, Artificial intelligence, Data analytics…これらすべてがMicrosoft 365に組み込まれています。これを使いこなせば、経営の効率化やビジネスの革新につながるのです」。しかし、修一郎の反応は冷静だった。想飛亜が大量の印刷物をチラと見て続けた。「そもそも、そんなに印刷して、我が社のSustainable Development Goals Goal12; Responsible Production and Consumptionとしていかがなものでしょう？」。

「それはそれ、これはこれ。私が任命されたのはSDGs推進部長ではなく、リスキリング推進部長だ。昭和の男は英語なんかより日本語、横文字よりも漢字じゃないとアナログ人間は理解できない。全部漢字にしたマニュアルがあればやれるかもしれないが……」と修一郎が無茶をいうと、佐藤は「部長、アナログもマニュアルも横文字ですよ」と耳打ちした。「かばちばぁ言うな！」。

ここで、想飛亜はあることに気づいた。「昭和の男たちが必要としているのは、新しい技術を無理に押し付けるのではなく、自分たちよりもさらに昭和なAnalog男が、最新技術でsmartに活躍しているカッコいい男の背中を見せることかも」──。

目の前に現れたカーク船長

一週間後。山田運送の社内はいつもと違ったざわめきで満ちていた。その理由は、その日訪れたDXリスキリング外部講師、齋藤直秀に

あった。彼は戦前生まれの男性で、世間では一目置かれる立場にあったが、それが伺える風貌ではなかった。齋藤は昔ながらの作務衣を身にまとい、京都は丹波・福知山出身特有のゆったりとした話し方をする老人。ただそれだけの存在といえばそれまでだが、彼の肩書はリスキリング講師。そこには深いギャップが存在した。

「齋藤さん、失礼ですが、あなたはまだMicrosoft 365の導入プランを作っていないのですか？」。齋藤の風貌に戸惑いつつも、一応年上に対する敬意を忘れずに、修一郎は控えめに問いかけた。

齋藤はゆっくりとうなずき、福知山特有の方言で答えた。「まぁ、そんなことよりもまずは、現場の声を聞くことが大事なんやー、山田部長。そうしてから、その会社に最適なDX導入プランを作り出すべきなぁ。具体的な問題を解決できるから。みんな意見を言うちゃってなー」。

そう言って、齋藤は現場の従業員数人とビデオ通話を始め、彼らの意見や不安、要望を集めていく。あるベテラン従業員から、若干皮肉混じりの岡山弁で、「なに？DX？あー、ダメダメ！前にバカ高っけークラウドシステムっちゅーの入れて、誰ぁれも使わんかったじゃろー。やめとかれー」と意見が飛び出した。

齋藤はしっかりと従業員の目を見て、冷静に答えた。「確かに、以前導入したものが現場でうまく活用されていないのは残念な事実やなぁ。だが、ホワイトボードでの配車管理は、長く勤めている人にとってはなじみ深く、確かに便利やろ。しかし、新しい人たちから見れば、文字が読みにくくて難儀（なんぎ）しとっちゃったんじゃないかの？」。

その発言に、若手の従業員が勇気を振り絞って口を開いた。「その通りです。私たち新人は、ホワイトボードの文字が読み取りにくいことが多いんです。さらに、写メやLINEで共有される時、画像が不鮮明で、

何が書いてあるのか分からないことも結構あります」。

　齋藤は微笑みながら若手従業員の言葉にうなずいた。「そういう声をしっかり聞かせてもらいたかったんやー。ありがとう。それらの課題を解消するために、お互い歩み寄って新しい方法を一緒に作らんとアカンなぁ。今回はTeamsでのファイル共有とセキュアな環境でのチャットコミュニケーションをみんなで楽しくやるのが良さそうっちゃなぁ」。

　齋藤の老人らしいゆったりとした語り口に、修一郎は心地良さを感じつつ、次に齋藤がとった行動に驚きを覚えた。通話を終えた齋藤は何も書き出さずに、OpenAIのChatGPTを起動し、マイクロフォンに向かって話し始めた。「あなたはリスキリング講師です。現場の声を踏まえて、山田運送に導入するリスキリング講座のカリキュラムを2時間×6回、合計12時間で作ってください」と、彼が標準語でゆっくりと語り続けるたびに、その言葉が文章として画面に表示されていく。

　修一郎は驚きのあまり、言葉を失った。「それは……音声入力？」。齋藤はにっこりと笑いながらうなずいた。「ああ、そうなんよ、山田部長。手元を見ることなく、これですべてが済む。あれを見ちゃってごらん」と彼は手を振り、音声入力により自動生成された文書を指差した。

　この一連の出来事に修一郎の心は高鳴った。子供のころに見たスタートレックのコンピューターに音声で命令するカーク船長の姿が目の前に現れたかのようだった。それは未来を予見したような感覚とともに、感動の一瞬だった。

驚きはやがて確信へと変わった

　想飛亜が修一郎に耳打ちした。「山田部長、齋藤さんのこと、知って

ますか？彼は学生時代、機械工学の超エリートとして堀越二郎の再来といわれ、機械設計の会社に就職。当時まだまだ珍しかったコンピューターを独学で習得し、大手電算システム会社の創業メンバーとなって重要な役職を歴任して、退職後は年金暮らし中にITベンチャーを立ち上げられたそうです。タイピングが困難となって、そのベンチャーも後続に譲って二度目の引退をされたんですが、音声入力の出現によりDXリスキリング講師として再び現場に戻ってきたんです」。

　齋藤はさらに山田に言った。「重要なのは資料を作ることではなく、資料を生かすことなんちゃよ。例えば、メールの書き方なら、ChatGPTに聞くといい。エクセルの分析はAIに任せて、パワーポイントは自動生成させる。そうすれば、我々は真の意味での重要な業務に集中できる。それこそが人間がやるべき仕事ってやつじゃ」。

　そして、その場で齋藤は想飛亜が作った事業内職業能力開発計画から部署ごとのDX定着プランを作り出した。合計12時間のリスキリングコースだった。ITが苦手な人でも、いや、むしろITの苦手な人のための講座となっていて、メールを書く時間、在庫チェックの時間、報告書の作成時間、日報の音声入力など飛躍的に業務の効率化が図れるはずだ。

　修一郎はそのすべてを見て、驚きを隠せなかった。しかし、その驚きはやがて確信へと変わった。齋藤のような戦前生まれの高齢者でさえもデジタル化の波に適応できるなら、自分にだってできるはずだ。そう感じた修一郎は、齋藤の指導の下、新たな時代に踏み出す決意を固めたのだった。彼の耳にはスタートレックのメインテーマが鳴り響いていた。

　次の日の朝。修一郎は全社員にメールを送った。

——スターダストボーイズの諸君。新たなフロンティアへの旅が始まります。

DXとは我々のスターアドベンチャー。斎藤先生のナビゲーションで、一緒に新しい宇宙を探求しましょう。さぁ、君たちはエンタープライズ号に乗り込む覚悟はありますか？　山田

　ほどなく修一郎のオフィスに、佐藤が顔を覗かせた。「部長、いいメールでしたね。各部署で話題になっているみたいですよ」。山田はにっこりと微笑み、満足げな表情を浮かべた。「どうだ、佐藤。俺だって新しいことに挑戦するさ。ChatGPTでメール書いてみたんだ」。

　しかし、なぜか佐藤の表情はバツが悪そうだった。「あの、部長……」。そのとき、修一郎のメールボックスに新しいメッセージが届いた。送信者は齋藤だった。「おお、齋藤さんからメールが来たぞ。何だろう？」と言いながら、修一郎はメールを開いた。

——山田君。DXへの意気込み大いに結構。そしてメールに、君の嫌いな横文字を積極的に使ったことも潔い。ただ、残念なのは得意の漢字で誤変換したことだな。私の齋藤の齋の字が間違っている。私のは『斎』ではなく『齋』が正しい。

ところで山田君、これはそもそも明治時代の役人のミスが発端になっていることをご存じかな？耳で聞いた「サイトー」という言葉を書き間違えて登録したから「斎藤」「齊藤」「齋藤」といろんなサイトーが生まれたということだそうだ。今も昔も肝心のところの確認を怠ると、後々まで響くということだな。

　メールを読み終えた修一郎は、一瞬驚きの表情を浮かべたが、すぐ

に敬意と感謝を込めた言葉を述べた。「なるほど、齋藤さん。アナログだろうとデジタルだろうときちんと確認する基本が大事だということですね。そうしないと、昭和の大先輩からまたお叱りコメントをもらってしまう……」。

　佐藤はニヤリと笑って言った。「部長のリスキリングメニューは、DXをやる前にアナログの漢字ドリルから始めてみてはどうでしょう？」。修一郎はすかさず目をキラリと光らせ、「やな漢字！」とオヤジギャグを炸裂させた。佐藤も思わず笑ってしまい、二人の間に和やかな雰囲気が流れた。

  リスキリングのカリキュラムを一瞬で作ってしまう
ChatGPTプロンプトはこちら

chapter 03

「定着」は全員参加で。
マンダラチャート×OKでR⁉

　齋藤のリスキリング以降、修一郎はDXの重要性を認識し、その学習に積極的に取り組むようになっていた。そして齋藤のリスキリング講座は受講した社員には確かに人気だったが、参加する時間と人数が限られていたため、すべての社員が受講することは難しかった。その結果、時間の経過とともにデジタルツールから離れてしまう社員も出てくるようになっていた。

　そんな中、修一郎はデジタル化への取り組みをどのように推進し、組織全体に定着させるべきかを模索していた。その思いを察したのか、システム部IT推進課の想飛亜が、二人目のリスキリング講師、ザブローを連れて再び修一郎のオフィスを訪れた。

想飛亜がザブローを紹介する。「山田部長、こちらがザブローさんです。彼は『マンダラチャート』認定講師で、これまでに1000人以上のマンダラチャート作成をサポートしてきました」。佐藤はすぐに反応した。「マンダラチャートって、あの大谷翔平も作ったってやつ？それもリスキリングなの？」*

* 「マンダラチャート」は、一般社団法人マンダラチャート協会の登録商標。

想飛亜は話を続ける。「従来、紙や手帳などのアナログで行っていたマンダラチャートをExcel OnlineとMicrosoft 365 Copilotを活用してデジタルで行うため、DXのリスキリングになるといえるのではないでしょうか。私はDXを推進し、それを組織全体に定着させるために、マンダラチャート **(fig.5)** とOKR (Objectives and Key Results)、つまりマンダラOKRを試してみるべきだと思います」。修一郎が尋ねる。「マンダラOKR？それは何ですか？」。

ザブローが丁寧（ていねい）に説明を始める。「マンダラチャートは、9つのマスから成る表で、中央には大目標を記入し、周囲の8つのマスにはその大目標に対するアクションプランを記入します。一方、OKRはObjectives（目標）とKey Results（重要な結果）の略で、各アクションに対して目標と結果を定めます。これらを組み合わせたものがマンダラOKRです。それは成功循環モデルに基づいて進めることが特徴です。具体的には、目標を視覚化し、進ちょくを具体的に把握することができます」。

ザブローが解説を続ける。「これを用いることでDXの推進状況を

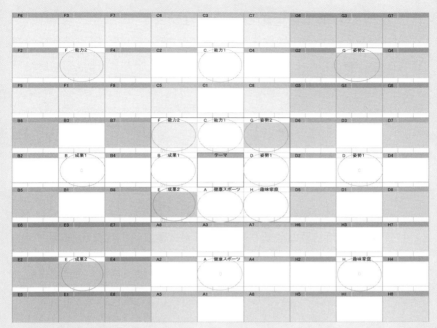

fig.5　白紙のマンダラチャート

明確に示し、抵抗感を持つ社員たちにも理解を促すことが可能です。そして、各小目標（行動目標）に対して、『進ちょく率』『ワクワク度』『重要度』を入れると、その進ちょくと重要性、そして自分自身のモチベーションの向上に役立ちます」。

　しかし、佐藤が戸惑いを見せる。「えーっと、OKR？成功循環モデル？進ちょく率？解説が多くて、ちょっとわけが分からなくなってきたよ」。その時、意外にも修一郎が前向きな提案をする。「とにかく、試してみる価値はあると思う。ザブロー、鈴木部長、よろしくお願いします」。

すべてのマスを埋める必要はない

　暑い夏の午後。会議室の窓からは明るい太陽が差し込み、新鮮なエネルギーがみなぎる空間をつくり出していた。マンダラチャート認定講師、ザブローによる目標設定ワークショップが始まった。

　「大目標（年間のテーマ）：DXによる組織再生と成長」と修一郎が大きな声で発表した。その声量は、何となく社長の石井に向けられたもののようだった。彼以外にも若手の佐藤、システム部の想飛亜が一緒にいて、全員が個々にマンダラチャートを作る作業が始まった。

　最初は、大目標の真下のマス「A 健康目標」。ここは全員、簡単に行動目標を埋めた（**fig.6**）。

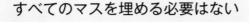

A6	A3	A7
	なるべく階段を使う	
A2	**A** 健康スポーツ	**A4**
バランスの良い食事を心掛ける	ダイエット－5kg	週1回休肝日を設ける
A5	**A1**	**A8**
	毎日のウォーキング実践	

A6	A3	A7
	カフェインを摂りすぎない	
A2	**A** 健康スポーツ	**A4**
毎日8時間以上の睡眠を確保	モテBODYを手に入れる	野菜を食べる
A5	**A1**	**A8**
	週3回以上のジムに行く	

fig.6　修一郎（左）と佐藤（右）の「A 健康目標」

　しかし次に取り組んだ、大目標の左のマス「B 成果1」で悩み始めた。その時、ザブローが「以前作成した、職業能力開発計画の中の職業能力評価基準の成果目標を参考にするといいかもしれません」とアドバイスした。これを受け、修一郎は「俺はリスキリング推進部長だから、B. 成果1は『リスキリング推進』にするか」とひねり出した（**fig.7**）。

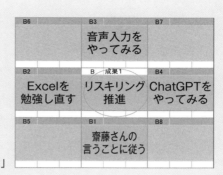

B6	B3 音声入力を やってみる	B7
B2 Excelを 勉強し直す	B 成果1 リスキリング 推進	B4 ChatGPTを やってみる
B5	B1 齋藤さんの 言うことに従う	B8

fig.7　修一郎の「B 成果1」

　ここで想飛亜が「幹部の成果目標は『期限』と『定量化』、つまりいつまでにどこまでやるのか？を明確にすべきでは？それでは漠然とし過ぎています」と指摘した。これに、修一郎は「ぐぬぬ……。では、1年間で『リスキリング20％達成』でいいですか？」と応じる。すると想飛亜がさらに「OKRの基本は3カ月です。期限は3カ月にしてください。そしてリスキリング20％とは何を指しているんですか？しかも20％って低くないですか？具体的かつ意欲的な数値目標を立てないと、部下はついてこないですよ」と厳しく追及した。

　それを見た佐藤は笑って言った。「なんだ、山田部長もマンダラチャート随分苦戦しているじゃないですか。WBC（ワールド・ベースボール・クラシック）で日本が優勝した時に、感化された部長の思いつきでやらされたマンダラチャートの宿題、みんな全然書けなくて困ったんですよ。少しは苦労分かりました？」これに対して山田部長は苦笑いしながら言った。「あれは、その……。石井CEOが大谷選手の大ファンだから、その熱意を組織全体で共有しようと思って」。

　そこでザブローが話をまとめる。「最近、学校教育の現場でも大谷選手をお手本にするパターンが多いんですよ。でも、『すごすぎる人』の『完璧なマンダラチャート』を見て1人で作るよりも、『身近な人』の

『穴ぼこだらけのマンダラチャート』を見ながらみんなで一緒に作った方が圧倒的に楽しいし、チームビルディングにつながりますよ」。

石井CEOが質問した。「では、全部のマスを埋めなくてもいいんですか？」。それに対してザブローは、「最初から完璧な目標を求めない方がいいですよ。すべてのマスを埋める必要はないんです。むしろ空けておいた方が後から追加できて良い。それを『のびしろ』といいます。こののびしろを残しておき、毎週みんなで振り返ることが大切なんですよ。後からより効果的な目標を付け足せますから」と答えた。

想飛亜の厳しい追及を受けた修一郎が明らかにマスを埋めるスピードが落ちた様子を見て、ザブローが再び口を開いた。「想飛亜さん、幹部とはいえ、最初からすべてを完璧に求めるのは難しいですよ。すぐに目標を設定し、それを達成する大谷翔平選手のようなスゴイ人もいれば、初めは迷い戸惑い悩む人もいる。そんなもんです」。

想飛亜はザブローの言葉に少し驚いた表情を見せつつも、少しだけ首を傾げた。「私の言い方が厳しかったでしょうか。それなら、申し訳ありません」。ザブローはにっこりと微笑みながら言った。「いえ、想飛亜さんのご指摘、つまり『定量化』と『期限』はOKRとしてはとても正しいです。OKRの優等生マリッサ・メイヤーも『数字が入っていなければKey Resultとは呼べないわ』とよく言っていたそうです。ただ、人は一歩一歩進む生き物。最初から大きなジャンプを求めるのではなく、一緒に支え合い、応援しながら進む姿勢が必要です。山田部長もそういった支えや応援が必要なのではないでしょうか？」。修一郎はザブローの言葉に感謝の意を込めてうなずき、想飛亜も少し照れながら笑った。

その後、オフィスの空気は和やかになり、皆で目標設定に向けてのマンダラチャートのマスを埋めるアイデア出しが続けられた。大目標

の左上と真上のマス「能力」エリアでは、これから身につけたい能力（スキル、知識）について目標を立てた。同じく右上と右のマス「姿勢」エリアでは、成果を出し能力を身につけるための姿勢（態度、行動特性）について個々の目標を発表し、一緒にやろうということで互いのマスを埋め合った。特に最後に取り組んだ大目標の右下のマス「H 趣味家庭」では大いに盛り上がり、石井は佐藤の趣味のトレカ収集を、修一郎は想飛亜の趣味の家庭菜園をやってみることにした。

　こうして、人生とビジネスがバランスよく示されたマンダラチャートが４つ、ひとまず完成した（**fig.8〜11**）。そして、この日の経験が、組織全体の成長と連帯感をさらに高める一因となった。そしてワークショップ終了後、ザブローは全員に向かって、「それでは、１週間後にま

F8	F3 テクノロジートレンドのキャッチアップ	F7	C6	C3 全員参加の意見交換会	C7	G6	G3 失敗を恐れず挑戦する姿勢	G7
F2 外部研修の積極参加	F 能力2 DXスキル習得	F4 陽一との情報交換を活発化	C2 効率的な業務フロー導入	C 能力1 部署力強化	C4 若手の育成と活躍支援	G2 他部門との協力体制確立	G 姿勢2 開放性と協働の促進	G4 適応性と柔軟性の維持
F5	F1 デジタルツールの勉強	F6	C5	C1 新技術研修の実施	C8	G5	G1 部下とのコミュニケーション強化	
B6	B3 音声入力をやってみる	B7	能力2 DXスキル習得	能力1 部署力強化	姿勢2 開放性と協働の促進	D6	人間性重視の業務遂行	D7
B2 Excelを勉強し直す	B 成果1 リスキリング推進	B4 ChatGPTをやってみる	成果1 リスキリング推進	テーマ DX推進と人間性の融合	姿勢1 伝統と革新の融合	D2 デジタル技術の積極活用	D 姿勢1 伝統と革新の融合	D4 デジタルとアナログのバランス
B5	B1 Wordをさわる	B8	成果2 顧客満足度向上	健康スポーツ ダイエット -1kg	趣味家庭 家庭と趣味の充実	D5	D1 昭和の知識を生かす	D8
E6	E3 課題解決に向けた新施策	E7	A6	A3 なるべく階段を使う	A7	H6 家庭菜園をやってみる	H3 ジャズ鑑賞の時間確保	H7
E2 顧客フィードバックの活用	E 成果2 顧客満足度向上	E4 定期的な顧客調査	A2 バランスの良い食事を心掛ける	A 健康スポーツ ダイエット -1kg	A4 週1回休肝日を設ける	H2 スター・トレックをもう一度見る	H 趣味家庭 家庭と趣味の充実	H4 家事を分担する
E5	E1 サービスレベルの向上	E8	A5	A1 毎日のウォーキング実践	A8	H5	H1 週末は家族との時間を確保	H8

fig.8　山田修一郎のマンダラチャート

fig.9　佐藤陽一のマンダラチャート

F6	F3 部門内での影響力を高める	F7	C6	C3 新しいテクノロジートレンドのキャッチアップ	C7	G6	G3 ストレスマネジメントテクニックの習得	G7
F2 チームビルディングと人間関係のスキル習得	能力2 リーダーシップスキルの発展	F4 適切なフィードバックと指導能力を持つ	C2 運送業に関するIT技術の研究	能力1 テクノロジースキルの向上	C4 運送業界向けのデジタルソリューションの開発	G2 厳しいスケジュールを管理する	姿勢2 忍耐強さとストレス管理能力の習得	G4 自己規律を維持し、責任を果たす
F5	F1 共感力とコミュニケーション力の向上	F8	C5	C1 プログラミングのスキルアップ	C8	G5	G1 難易度の高いプロジェクトに立ち向かう	G8
B6	B3 修一郎からの助言を日々記録する	B7	能力2 リーダーシップスキルの発展	能力1 テクノロジースキルの向上	姿勢2 忍耐強さとストレス管理能力の習得	D6	D3 自分の意見を効果的に伝える力	D7
B2 運送業のプロからのフィードバックを得る	成果2 運送業界知識の習得	B4 運送業界の歴史を学ぶ	成果1 運送業界知識の習得	テーマ 大目標:運送業界のデジタル化と人間的価値観の融合	姿勢1 自己啓発と持続的な学習の意識	D2 自己啓発と持続的な学習の意欲	姿勢1 自己啓発と持続的な学習の意識	D4 失敗から学び、改善する姿勢
B5	B1 毎日1時間運送業界の研究	B8	部門のDXを成功させる	健康スポーツ モテBODYを手に入れる	趣味家庭 FPSゲームと家庭生活のバランス	D5	D1 毎日の読書習慣の養成	D9
E6	E3 新技術の導入と実践	E7	A6	A3 カフェインを摂りすぎない	A7	H6	H3 リラクセーションと自己療法の習得	H7
E2 業務プロセスの分析と最適化	成果2 部門のDXを成功させる	E4 部門内のデジタルトレーニングの実施	A2 毎日8時間以上の睡眠を確保	健康スポーツ モテBODYを手に入れる	A4 野菜を食べる	H2 家族との時間を大切にする	趣味家庭 FPSゲームと家庭生活のバランス	H4 趣味を通じて新たな視点を見つける
E5	E1 DXのロードマップ作成	E8	A5	A1 週3回以上のジムに行く	A8	H5	H1 週末はFPSゲームの時間を設ける	H8

fig.10　鈴木想飛亜のマンダラチャート

F6	F3 チームビルディング活動の主導	F7	C6	C3 オンラインコースを活用してスキル向上	C7	G6	G3 チームの成功を称えるイベントを企画	G7
F2 メンバーとの定期的な1対1のミーティング	能力2 リーダーシップと人間関係スキルの強化	F4 メンバーの能力と成長を促す	C2 月に1冊の関連書籍を読む	能力1 デジタル化スキルの強化	C4 業務で新しいツールを導入	G2 メンバーの誕生日を祝う	姿勢2 メンバーとの良好な関係構築	G4 公私のバランスを保つ
F5	F1 リーダーシップ研修に参加	F8	C5	C1 最新テクノロジートレンドの追跡	C8	G5	G1 定期的なチームランチの実施	G8
B6	B3 部門売上の10%増	B7	能力2 リーダーシップと人間関係スキルの強化	能力1 デジタル化スキルの強化	姿勢2 チームとの良好な関係構築	D6	D3 フィードバックを定期的に提供	D7
B2 新技術の導入で業務効率化	成果2 システム部門の業績向上	B4 デジタルソリューションで新規顧客獲得	成果1 システム部門の業績向上	テーマ デジタルとアナログの融合による業績向上	姿勢1 チームリーダーとしての姿勢	D2 チームの問題解決に積極的に参加	姿勢1 チームリーダーとしての姿勢	D4 チームの成功を称える
B5	B1 デジタルトランスフォーメーションの推進	B8	成果2 AIを活用した在庫管理システムの開発	健康スポーツ 健康とバランスの維持	趣味家庭 自己成長と家族との時間	D5	D1 メンバーのアイデアを尊重	D8
E6	E3 AIを使用した在庫管理システムの開発	E7	A6	A3 7時間以上の睡眠を確保	A7	H6	H3 自己成長のための書籍を定期的に読む	H7
E2 経験豊富なプログラマーとのネットワーキング	成果2 AIを活用した在庫管理システムの開発	E4 システムの試験と調整	A2 毎日のメディテーション習慣化	健康スポーツ 健康とバランスの維持	A4 一日2リットル以上の水分補給	H2 家庭菜園	趣味家庭 自己成長と家族との時間	H4 年間旅行の計画
E5	E1 AIの学習と理解	E8	A5	A1 ヨガを週3回行う	A8	H5	H1 趣味のヨガとメディテーションを維持	H8

F6	F3 デジタルとアナログのバランス理解	F7	C6	C3 外部の専門家との協働体制構築	C7	G6	G3 変革を進める決意	G7
F2 DXのリーダーシップ	F 能力2 能力	F4 社内外のコミュニケーション力	C2 DX推進チームの設立	C 能力1 組織	C7 旧新のバランスを意識した組織文化の醸成	G2 従業員と顧客を尊重する態度	G 姿勢2 姿勢	G4 常に学ぶ心
F5	F8 デジタルトレンドの理解	F8	C5	C1 社員のデジタルスキル向上	C8	G5	G1 デジタルに対する前向きな姿勢	G8
B6	B3 顧客満足度向上によるリピート率の増加	B7	F 能力2 能力	C 能力1 組織	G 姿勢2 姿勢	D6	D3 安全で信頼性の高いサービス提供	D7
B2 デジタル化による新規顧客獲得	B 成果1 成果1(売上向上)	B4 運送ルートの最適化によるコスト削減	B 成果1 成果1(売上向上)	テーマ 人生とビジネスを豊かにする	姿勢2 社風	D2 長年の伝統を尊重する価値観	D 姿勢1 社風	D4 チームワークと社会貢献を重視する環境
B5	B1 DXによる業務効率化	B8	E 成果2 成果2(デジタル化の推進)	A 健康スポーツ 健康	趣味家庭 趣味・家庭	D5	D1 デジタルへのオープンな姿勢	D8
E6	E3 デジタル技術を用いた新サービス開発	E7	A6	A3 睡眠時間を7時間確保する	A7	H6 トレカ収集してみる	リフレッシュのための旅行計画	H7
E2 顧客対応のデジタル化	E 成果2 成果2(デジタル化の推進)	E4 DX成功事例の社内共有と展開	A2 週に3回は運動を行う	A 健康スポーツ 健康	A4 定期的な健康診断を受ける	H2 家族との時間を大切にする	H 趣味家庭 趣味・家庭	H4 リーディングタイムの確保
E5	E1 部門業務のデジタル化	E8	A5	A1 バランスの良い食事を心がける	A8	年間旅行の計画	H1 月に1回はギャラリー巡りをする	H

fig.11　石井菜穂子のマンダラチャート

た集まり、進ちょくを確認しましょう」と告げた。全員がそれぞれのマンダラチャートを基に、次回の集まりまでに行動することを約束したのである。

マンダラで異星人との友好関係を築く

　1週間後。会議室の空気は澄んでいて、テーブル上には各自のパソコンが置かれ、ディスプレイにはマンダラチャートが表示されていた。外から聞こえてくる都市の騒音をさえぎるように、ザブローの声がはっきりと響き渡った。
「それでは、この1週間の進ちょく率を入れてみましょう。山田部長の

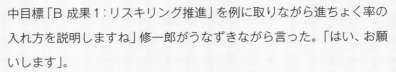

中目標「B 成果1：リスキリング推進」を例に取りながら進ちょく率の入れ方を説明しますね」修一郎がうなずきながら言った。「はい、お願いします」。

　ザブローは手を動かしながら説明した。「まず、進ちょく率の最大値が150％なのは、3カ月がおおよそ12〜13週あるからです。毎週進ちょくを10％と考えると、3カ月で130％達成となります。さらに、努力次第で目標を超えることも可能なので、上ブレを考慮して最大値を150％に設定しています」。

　佐藤が目を輝かせながら言った。「なるほど、半分サボっても60〜70％。目標70％達成でOKでR（あーる）って理解でいいですか」。

　修一郎は深く考えるように言った。「サボる前提は論外としても、毎週の進ちょくで平均して10％あれば十分だということか。それに合わせて目標の難易度を考えればいいのか。もちろん、一気に進む時もあれば、進ちょくが鈍る時もあるでしょうけど」。

　ザブローは指を上げて追加した。「その通りです。また、進ちょくの判断はあくまで自己評価になります。自分自身で感じた進ちょくを正直に記入することが大切です」。

　石井が深くうなずいた。「そこが大事ですね。目標達成のための自己評価は、自己認識を高め、組織としての成長にも寄与します」。

　修一郎はひらめいたような表情で言った。「では、私の中目標「B 成果1：リスキリング推進」の進ちょくは、それぞれの小目標の進ちょくの平均で決まるんですよね？」。

　これに対しザブローは説明的に答えた。「正確には、各小目標の進ちょく率の平均値が、中目標の進ちょく率となります。例えば、B1『Wordをさわる』が50％、B2『Excelを勉強し直す』が60％、B3『音声入力をやってみる』が40％、B4『ChatGPTをやってみる』が

特別編

「定着」は全員参加で。マンダラチャート×OKでR⁉

80％の進ちょくだとしたら、中目標『B 成果1』の進ちょく率はそれらの平均、つまり57.5％となります」**(fig.12)**。

fig.12　山田修一郎「B 成果1」の進ちょく率

　想飛亜が微笑みを浮かべて言った。「それを意識すると、どの小目標にどれだけ時間をかけるか、というのも戦略的に考えられるわけですね」。修一郎は思考をまとめる。「そうか、それも大切なポイントだな。目標が多くても、どれを重視するか、どれを楽しみながら進めるかが分かると、取り組みやすくなるってことか」。佐藤は少し興奮気味に指摘した。「あー、だから、『重要度』と『ワクワク度』なんすね！モチベーションの維持も考えた方がいいから、それが『ワクワク度』なんですよね？」。

　ザブローの声が力強く響いた。「まさにその通りです。それでは、今週1週間の進ちょく率発表とそれに対する応援メッセージをお願いします」。

　こうして毎週のマンダラチャートの進ちょくチェック会議が始まったのである。

　約3カ月後の会議。修一郎は自身のマンダラチャートを示し、「皆さん、私のH2の小目標に注目してください。オンラインサブスクでス

ター・トレックのシーズン1を見直す、これが私の今週の『H 趣味家庭』の目標なんです。あと1話で見終わります」と発言した**(fig.13)**。

H6	H3	H7
家庭菜園を やってみる	ジャズ鑑賞の 時間確保	
30%	20%	
H2	H　趣味家庭	H4
スター・トレック をもう一度見る	家庭と趣味の 充実	家事を分担する
80%	42%	30%
H5	H1	H8
	週末は家族との 時間を確保	
	50%	

fig.13　山田修一郎の中目標
「趣味家庭」エリア

　これに興味を示したのが想飛亜で、「山田部長、実は私、山田部長の『エンタープライズ号に乗り込む覚悟はあるか？』メールで気になってスター・トレックを見始めたんですよ。私の推しキャラは『スポック』。その冷静さと論理的な思考、クールですよね」と語ったことから、二人の間でスター・トレックの話題が盛り上がるようになった。

　その一方で、修一郎は想飛亜の「H 趣味家庭」の中の「H2 家庭菜園」の影響を受けて始めたベランダでの家庭菜園が順調だ。季節ごとのおすすめ野菜を聴くことでも話題は盛り上がった。

　佐藤が目を細めて言った。「正直、最初のころはどうなるかと思っていましたけど、最近明らかに変わってきましたよね。ほんと、山田部長と想飛亜さん、まるでスター・トレックに出てくる異星人と地球人の友好関係みたい。違う環境で育った二人が共有する趣味を通じて、理解し合い、共に成長していく。それってまさにスター・トレックが伝えている共存共栄の精神そのものですよね」。

はっきりと刻まれる努力の跡

CEOの石井は、静かに修一郎のマンダラチャートを手に取り、しばらく眺めていた。彼女が深く息を吸い込むと、部屋の中に一瞬、凍りつくような静けさが流れた。そして、その静寂を破るかのように、彼女はゆっくりと言葉を紡ぎ始めた。「山田部長、初期のマンダラチャートと12週間後のものを比較してみると、あなたの努力の跡がはっきりと刻まれています。特に『B 成果1』のエリアでは、『リスキリング推進』から『全社DX定着率100％』へと、その変容ぶりが如実に現れており、正直、感心しています」**(fig.14)**。

fig.14　山田修一郎の「B 成果1」エリアの変遷。1週間後（左）と12週間後（右）

彼女の目は温かさを帯びながらも、鋭い光を放っていた。「あなたがスキルを高め、新しい挑戦を果敢に受け入れた結果、部門全体の雰囲気、そして結果が変わってきたことが、このチャートからもうかがえますね」。

石井はしばらく沈黙を保ち、再び口を開いた。「しかし、山田部長。すべての目標が順調に達成されるわけではないのも事実。特に『B8 Power Automateを使った業務の自動化』の進ちょくが少し振るわ

ないように見受けられます」。

　修一郎は少し緊張の面持ちで答えた。「リスキリングの齋藤さんに指導を受けて、自分でもチャレンジしてみたのですが、正直なところ、ハードルが高くて……」。

　石井は間を置きにっこり微笑んでから言った。「それならば、業務の自動化は先にAIに任せて、山田部長にはもう一つ、違った挑戦をしていただきたいと考えています。私たちは今、女性トラックドライバーの採用を強化したいと考えています。そこで、画像生成AIを使用して、AI女性トラックドライバーのマスコットキャラクターを作ってみてはどうでしょうか？」。石井の目は輝いていた。

　突然の提案に、修一郎は目を丸くした。「え、え、えー、AIでマスコットキャラ!？そんなもんげー、きょーてぇーが！」。修一郎は、驚きのあまり本来の岡山弁を口にしてしまった。これに石井は笑顔で言った。「山田部長、あなたのアナログなセンスとデジタルの技術を融合させることで、新しいものが生まれると確信しています。このチャレンジ、ぜひ受けてください」。

　修一郎はしばらくの沈黙の後、力強くうなずいた。「分かりました。挑戦してみます！」。

　それから数日後、修一郎が生成したAIキャラクターが完成した(**fig.15**)。そして、その画像を得意げに佐藤に見せ、「ほら、佐藤、見てみろ。この顔、そっくりだろう？」と言った。佐藤は困惑しながら、「え、これ誰ですか？」と尋ねた。

　修一郎は自慢げに、「決まってるじゃないか！宙船（そらふね）☆くーニャン倶楽部の桜井優香だよ！」と彼が青春時代に熱烈に推していた1980年代アイドルの名前を言った。「俺、いまだにファン倶楽部会員証持っている。ちなみに会員番号は2桁」とはしゃぐ50代部長。

fig.15　AI女性トラック
ドライバーのマスコット
キャラクター（画像：松山
将三郎）

それを見て佐藤は、「さすがアナログ部長！DXで昭和時代のアイドル
を復活させるなんて、まさにデジタルとアナログの融合ですね！」と
感心しきりで言った。修一郎のDX目標のワクワク度が爆上がりした
ことは言うまでもない。

　こうして修一郎のDXに対する意欲が格段に高まる中、他の部署も
彼のその熱意に触発されて、次々とアナログ時代の資産をデジタル技
術と組み合わせて新たな価値を生み出し始めた。以下が、その取り組
み事例である。

＜取り組み事例＞

①　桜井優香似の山田運送のマスコットキャラクター「ゆーニャン」
　　は、ホームページや採用説明会で会社説明キャラとしてたびたび
　　登場。どこか懐かしくてかわいいキャラとして大々的にPRされ
　　る中、特に女性ドライバーの間での採用率が向上。彼女たちの中
　　には、「ゆーニャン」に触発されて入社を決意した者も少なくな

かった。

② 毎週発行される総務部の社内報にも「ゆーニャン」が登場し、DX
の最新の取り組みやマンダラチャートの成果を分かりやすく全社
員に伝えていく役割を担っていた。その結果、社員たちはDXとAI
の取り組みをより身近に感じ、その重要性を理解し興味を持つよ
うになった。

③ 佐藤陽一は、これらの動きに刺激を受けて独自のアプローチを考
えた。彼は、アナログで保存されていた社史をデジタル化するプ
ロジェクトを進める中で、先代社長の若いころの写真を取り上
げ、画像生成AIを使用してトレカのデザインに仕上げた。この新
たなトレカは社内で大変な好評を博し、特に古参の社員からは感
激の声が上がった。若かりし日の先代社長をカッコ良くデザイン
したトレカから、彼のリーダーシップやビジョンが再確認される
こととなった。中には、このトレカを見て涙を流す社員もいたと
いう。

このように山田運送のDXはアナログとデジタルのユニークな組み
合わせにより、加速度をさらに増して進められていった。

  一人ひとりのプロフィールや特徴ごとにマンダラチャートの
目標を提案してくれるChatGPTプロンプトはこちら

chapter 04

「評価」は傾聴して。
ジョハリの窓にもっと光を！

修一郎の机の上には、360度評価アンケートとMBO（Management

by Objectives：目標管理制度）の集計シートが山のように積まれていた。人事査定と面談を控えた修一郎の心には暗雲が立ち込め、彼の目はデータの海にうずもれていた。集計作業は、修一郎にとっては厳しい試練だった。

　そんな時、部下の佐藤が通りかかった。「おい、佐藤君。これ手伝ってくれないか？」と、頼み込むも、彼はくすくすと笑って言った。「すみません、部長。今日は早く帰って新しいゲームをしたいんですよ」。

　その一言に、修一郎の顔に苦笑いが浮かんだ。ちょうどその時、システム部の想飛亜が部屋に入ってきた。「山田部長、何でそんなに困っているんですか？」。修一郎は膨大なデータの山を示し、「この集計作業、手間がかかるんだよね」と苦言を漏らした。想飛亜は少し思案した後、彼女の持つAIに指示を出し、一瞬で山積みのデータを整理し、評価結果を見やすい形で表示した。しかも、ご丁寧なことに、一人ひとりの面談の際に何をしゃべれば良いのかのシナリオまで用意されていたのである。

　「すごいな……。集計だけじゃなく面談のシナリオ、セリフまで。これだけで十分だ。もう俺の仕事は不要だな」と、修一郎は自嘲気味につぶやいた。すると、部屋の扉が開き、CEOの石井が現れた。

　「山田部長、そんなことはありませんよ。AIが評価を集計してシナリオを用意するのはあくまで前処理。それをどう活用するか、どう伝えるか、それこそがあなたの役割です」。石井はそう言い切った。そして、一呼吸置いてから、「試しにそのAIシナリオで、佐藤君との面談されてはいかが？」と提案した。

　早速、石井と想飛亜が見守る中、修一郎と佐藤の面談シミュレーションが始まった。静寂が部屋を包む中、修一郎は佐藤の評価シートを見つめていた。突然、「佐藤君、いくらなんでも自己評価が高すぎ

じゃないか。自分を天才か何かとでも思っているのか。他人から見た評価は全然違うのに……」と修一郎は厳しい表情で批判した。

その瞬間、石井が「山田部長、ちゃんとAIが書いたシナリオ見てますか？そんなセリフ書いてないですし、人格否定はパワハラになりますよ」と制止した。「それが『ジョハリの窓』*の中の秘密の窓。自分では知っているけれど、他人には見えない部分です。佐藤さんの能力が低いのではなく、みんながそれに気づいていないか、それとも行動がちょっと分かりにくいのかもしれません。その窓を開けるためには、山田部長、何が必要か分かりますか？」と石井が問いかけると、修一郎はちょっと戸惑った。「なんでしょう、石井CEO？」。

* ジョハリの窓は、自己分析を実施する際に使用する心理学モデルの一つ。「自分から見た自分」と「他人から見た自分」の情報を切りわけて分析する点に特徴がある。ジョハリの窓は、自分の特性や自己理解を基に、以下の4つの窓に分類される。
  1. **開放の窓**：自分も他人も知っている自己のこと
  2. **秘密の窓**：自分だけが知っていて、他人にはまだ知られていない自己のこと
  3. **盲点の窓**：他人は知っているが、自分では気づいていない自己のこと
  4. **未知の窓**：自分も他人も知らない自己のこと

「『傾聴』と『応援』です。つまり、山田部長が佐藤君にオープンクエッションで彼の本当の思いを引き出すこと。そして、その思いや目標をマンダラチャートで可視化し、周りの人に共有することで日々応援してもらう。それが大切なんですよ」。

修一郎は深くうなずき、「ありがとう、石井CEO。できれば石井CEOがメンター（上司）役として、私に1on1をやってもらえませんか？」。佐藤も期待に満ちた眼差しで修一郎を見つめ、「部長、僕も同席しても良いですか？山田運送のリーダーに早くなるために石井CEOの傾聴と応援を勉強したいので」と言った。もちろん石井は快諾した。

なぜそんな評価が出たのか？

　そのまま、石井は修一郎にAIシナリオを基に面談シミュレーション
を行った。修一郎は佐藤と対象的に全体的に自己評価が低かったのに
対し、石井は特に評価項目「人材育成：部門内の人材育成実現」の他者
評価が高かったことを指摘した（**fig.16**）。

被評価者：山田修一郎		IT推進部		
		自己評価星	他者評価星	他者数値
【成果】［部門目標：部門の業績目標達成］		★★	★★	14
【成果】［人材育成：部門内の人材育成実現］		★★	★★★★	25
【成果】［サービス向上：サービス品質の向上］		★★	★★★	21
【成果】［進捗管理：部門のプロジェクト進捗管理］		★★★	★★★	20
		★★	★★	80
今期はDX担当として頑張っていましたね。TG案件、AE案件の変更を行いました。一部のお客様から多大なる信用を得ている。最近は組織成長に取り組み、生産性向上、売上向上に努めていたと思います。社内外、すべてにおいて運輸部の窓口として対応してくれてました。個人としては素晴らしい率先垂範でしていただき非常に助かっていますが、管理職として時には厳しい教育も必要だと思います。真面目に頑張っている人がかわいそうです。ロジスティクスの業務関係の引き継ぎをほぼ完了しました。残るはDX推進の駆け引きおよび客先との信頼関係構築という時間が必要な内容です。				

fig.16　山田修一郎の評価

　しかし修一郎は、「なぜそんな評価が出たのか、自分ではよく分から
ない」と戸惑いを示した。すると、石井は他の社員からのエピソードコ
メントを読み上げた。「DX推進を頑張っている」「夜遅くまで残ってリ
スキリングを努力している」「みんな、山田部長の努力を見ています
よ。やはりアナログ人間と自称していた山田部長が変わったからこ
そ、みんながリスキリングに積極的に取り組んだと思います。山田部
長なら、これができる、私は最初からそう信じてました。本当にありが
とうございます」。

神妙な面持ちで聞いていた山田部長の目にはうるっとした光が灯った。思わず、「なほちゃん……ありがとう」と言葉が漏れた。想飛亜は「ん？なほちゃん？」と驚きの表情を浮かべたが、修一郎は「ああ、石井CEOは、実は俺の姪っ子なんだ。会社では『CEO』か『さん』づけで呼ぶようにしているけどね。小さい頃は『修一郎にいちゃんのお嫁さんになるんじゃー』って言うてたもんじゃ。でぇれぇかわいかったなー」と岡山弁で笑った。

　すると石井は顔を真っ赤にしながらも、笑いながら制止した。「山田部長、今のは開けなくてもよいジョハリの窓ですね。コンプライアンス的には少し注意が必要です」と言うと、一同は笑いに包まれた。

　そして、佐藤が笑いながら続けた。「それにしても、石井CEOもフツーのかわいい女の子だったんですね。そう言えば、想飛亜さんはどんな女の子だったんでしょうか？」。その言葉に一同は視線を鈴木想飛亜に向けた。しかし彼女はただ静かに微笑むだけだった。「私には、そんな過去の記憶はないですよ。なぜなら、私はAIだからです」と。

　その意外な事実に一同は凍りつく。そして物語は、いよいよ最終章へと向かう。

  面談シートとそのシミュレーションができるChatGPTプロンプトはこちら

chapter 05

「未来」を自由にデザインしよう！働くをゲーム化する⁉

　1年後、山田運送は社内の情報共有から情報発信・採用までAIをフル活用する革新的な変革を遂げていた（**fig.17**）。その中心人物は山田

ロジティクス新聞

2033年1月15日 毎月第1金曜発行
発行元：インフォポート

山田運送 快挙！リスキリング5冠受賞

デジタル庁　経産省　厚労省　環境省　総務省

山田ホールディングス株式会社（山田運送より社名変更、本社：岡山県岡山市）の取り組みが各省庁から評価された。受賞はDXセレクション（経済産業省）、グッドキャリア企業アワード（厚生労働省）、グッドライフアワード（環境省）、ふるさとづくり大賞（総務省）、good digital award（デジタル庁）のクインティブル（5つ）受賞。本社には全国から視察が殺到し、自治体では後楽園と岡山城も巡る企業見学ツアーも計画している。

古屋総理「国民栄誉賞も贈りたい」

まさに日本の無限の可能性を示すもの。中小企業の活力と女性のリーダーシップが日本の未来を明るく照らす。石井社長へ国民栄誉賞の授与も真剣に検討したい。　（総理談話）

AI活用の移動スーパー起業！

山田運送の立役者・リスキリング推進の山田部長が今度は岡山県吉備中央町でソーシャルビジネスに挑戦！最新のAI技術をもとに在庫予測管理やフリート管理を行い、地元の高齢者から感謝の声が上がっている。

Pic up

桜井優香 40年ぶりの新曲！

移動スーパー「宙船☆エンタープライズ」で買い物タイム時に流れる「くーニャン倶楽部」の新曲が披露された。この曲はアナログとデジタルを融合した新旧融合の一曲で、AIを用いて制作されたという。その新鮮な試みと懐かしいメロディが地元の高齢者たちから喜びの声を得ている。

山田運送 DXレベル4達成 フリート管理で先進企業へ

一年間の変革を遂げた山田運送が業界から注目を浴びている。リスキリングの推進により、DXレベル4「全社戦略に基づく持続的実施」達成。全国から視察団が訪れるほどの成果を収めた。また、成果を収めたシステム部門は株式会社YAMADA LOGISTICSとして独立し、新たなステージに立つ。

カードゲームで楽しく啓蒙！

YAMADA LOGISTICS CEO 佐藤陽一氏
ヤマダロジスティクスが地元中学生向けに「リスキリング」と「カーボンニュートラル」をテーマにしたカードゲーム「Yamada Quest」を開催。すっかりおなじみとなったボードゲームは、県外の中学・高校も大注目。地元の企業を知るきっかけづくりにも一役買っている。

fig.17　山田運送の未来デザイン新聞（画像：松山将三郎）

修一郎。彼の推進したリスキリングの成果により、5段階ある「DX推進指標」で上から2番目のレベル4「全社戦略に基づく持続的実施」と診断され、山田運送は運送業界だけではなく、全国からもその取り組みが注目される存在になっていた。そしてフリート管理戦略で成果を収めたシステム部門はロジスティクスシステムの専門企業として独立し、新たな一歩を踏み出していた。しかし、その新たな船出の中には、一人の女性、鈴木想飛亜の姿はなかった。

　一方、佐藤陽一らはグリーンカーボンニュートラルのリスキリングプロジェクトを進め、軽くて丈夫な強化段ボール素材による梱包方法への切り替えとフリート管理による運送最適化を実現。「DX化」「カーボンニュートラル」「事業展開」の3つを合わせた取り組みが評価され、厚生労働省、環境省、経済産業省、総務省から「クインティプル賞」*を受賞。さらに時の総理大臣から「リスキリングコンプリート賞」*を特別受賞した。その結果、全国各地からの視察企業が山田運送に次々と訪れるようになった。

＊　クインティプル賞とリスキリングコンプリート賞はフィクション。

　佐藤は、山田運送のリスキリングとカーボンニュートラルをテーマにしたカードゲームを企画・開催。これが視察企業や地元の中学、高校生たちの話題を呼び、山田運送の名は一躍地元のヒーローとしてとどろいた。山田運送は地元岡山の中学生たちからも「入りたい企業」ベスト10に選ばれるほどの人気企業となったのである。

　そして、修一郎はリスキリング推進部長の職務をリモートで続ける一方で、週の半分を岡山県吉備中央町で過ごし、買い物困難な高齢者のための移動スーパーのソーシャルビジネスを1人で立ち上げた。こ

れには、最新AIを基にした在庫予測管理やフリート管理が大いに役立った。

　修一郎が生成AIでデザインした昭和のデコトラ風のその軽トラックは、運送エリアに到着すると、自立歩行型ロボットが出動。「今週のビックリドッキリメカはくーニャンメカです」というアナウンスとともに、AIが作った80年代アイドルの新曲が流れる。昭和を知っているお年寄りからはその懐かしさと新しさから喜びの声が上がっていた。

　この物語は、岡山県吉備中央町にある計画都市、吉備高原都市で修一郎が改造バン「宙船（そらふね）☆エンタープライズ号」の車内で休憩をとっていたところで終わる。そこに現れたのは、大きな麦わら帽子と白いマスクをした女性だった。新曲を聞きながら、「これは何という曲ですか？」と尋ねた。

　「これは昭和のアイドル、宙船（そらふね）☆くーニャン倶楽部の新曲『り☆すきりんぐ』という曲でしてね。アナログとデジタルを融合した新曲なんですよ。なつかしのメロディに新しい技術を組み合わせてみました、AIでね」と修一郎が説明すると、彼女はちょっと興味なさそうにうなずいた。

　「AIですか……。私もこの辺りにAIを学べる学校を造ろうと思っているんです。大人も子どもも一緒になって、互いに教え合い、ワクワクするものをなんでも創れちゃう、魔法の学校みたいな……」と告げた。

　修一郎は、その声になんとも懐かしい感じを覚えた。

  未来を自由にデザインする新聞テンプレートはこちら

エピローグ

　青柳成弥、千葉良子、新山海斗の3人の前から突然姿を消したソフィア。そのソフィアから、3人のもとに岡山の地方の消印がついた絵葉書が届いた。

　そこには、ソフィアが筆を取った思われる風景が描かれていた。どこか懐かしさを感じさせる、美しい日本の田舎町の景色だった。朝焼けが映える田んぼ、遠くに見える山並み、そして中央に立つ1本の桜の木。細部まで繊細に描かれた風景は、まるで本物のようだった。絵葉書の裏には、ソフィアのきちんとした筆跡で一文が書かれていた。

新しい旅を楽しんでいます。
皆様との出会いは私の宝物です。
またどこかでお会いしましょう──。

　　　　　　ソフィア

絵葉書を手に取った青柳、良子、カイトの3人は一瞬、何も言葉を発することができなかった。その一文は、ソフィアが彼らと過ごした時間を大切に思い、そして、いつか再び会うことを望んでいることを伝えていた。

　カイトは一人思った。「ソフィアは今、何を学び、何を感じているのだろうか」。青柳は、ソフィアが新たな冒険を楽しんでいるという事実に心からの幸せを感じた。良子は、ソフィアが再び姿を現すその日を心待ちにしていた。

　3人はそれぞれの思いを胸にしまい、ソフィアとの再会に思いを馳せた。それは、遠い未来のことかもしれないし、意外にすぐ先のことかもしれない。でも、何があっても必ず、ソフィアと再会を果たし、また同じ時を過ごしたい。その日を心待ちにする3人が持っている絵葉書は、その約束の証しだった。

解説 ──── 1からわかる! ChatGPT活用法

　本書では、生成AI（人工知能）「ChatGPT」を経営戦略ツールとして有効活用すること
をすすめています。そこで本解説では、ChatGPTを活用するうえでの基本から、精度の
高い回答を引き出すためのコツや注意点などを解説します。なお、本解説は2023年9月
時点のデータに基づきます。　　　　　　　　　　　　　　　　　　　（文責：水谷友哉）

■ 本書で紹介するコマンドプロンプトとChatGPTのバージョンによる違いについて

　本書のコマンドプロンプトは、2023年9月時点の動作環境で作成していますが、
ChatGPTは日々アップデートされています。ChatGPTの仕様変更により、本書のコマ
ンドプロンプトと実際の使用環境が異なる場合があります。その際には、回答例が本書と
違ってくる可能性があります。日本語表記のアルファの使用版が開始されたことにより、
画像と解説で日本語と英語の表記が混在しています。

■ ChatGPTのアカウント作成方法

　ChatGPTを活用するには必須設定となります。ChatGPTには無料版のGPT-3.5（以
降GPT-3.5と表記）と有料版のGPT-4（以降「GPT-4」と表記）があり、GPT-3.5は無
料で始めることができます。
（1）ChatGPTの管理画面（下記URL）を開いて「Sign up」をクリックします。
https://chat.openai.com/

　ChatGPTのアカウント作成は、メールアドレスをはじめ、GoogleやMicrosoftなど

さまざまなアカウントでできます。中でも一番簡単なのが、Googleアカウントを使う方法です。Googleアカウントを持っていれば、すぐに始められます。さらに、インターネットを閲覧するブラウザで「Google Chrome」を使用している場合には、アカウント情報を引き継ぐことができるのでスムーズにアカウントが作成できます。ここでは、Googleアカウントを使って説明をします。

(2) Create your accountで「Continue with Google」をクリックします。

(3) アカウント選択画面で、ChatGPTで使用するGoogleアカウントを選択します。

（4）もしGoogleアカウントの候補が表示されない場合は、Googleにログインしてください。

（5）名前と生年月日を入力します。

（6）電話番号を入力して「send code」をクリックします。

（7）認証コードが携帯電話のSMS（ショートメッセージ）に届くので、それを入力します。

（8）次の画面が出た場合は、簡易アンケートで好きなものを選択してください。迷ったら、「I'm exploring personal use（私は個人的な使い方を模索している）」を選択しましょう。

（9）アカウントの作成が完了しました。次の画面が表示されることがありますが、FAQ.など使い方に関するものなので、ChatGPTの操作画面とは異なります。必ずChatGPTの画面からアクセスしてください。

（10）ChatGPTの管理画面（下記URL）を開きます。
https://chat.openai.com/

（11）ログインして完了です。ChatGPTが使えるようになります。ログインすると、次のような画面が表示されます。一番下の入力欄から「指示」を出すことができます。操作画面は、英語で表示されていますが、日本語入力に対応しています。

　左にあるサイドバーには、チャット履歴やGPT-4の契約や解約、設定変更をするメニューが表示されます。新しいチャット（New chat）で始めるときも、このサイドバーを使います。

■ チャット履歴を無効化する方法

　OpenAI社は、ChatGPT利用時の入力内容が学習データとして使用される可能性があるために、チャット履歴とトレーニングを無効化する設定を用意しています。画面のサイドバーの下にある「プラス設定＆ベータ（Settings & Beta）」→「データ制御（Data Controls）」→「チャット履歴とトレーニング（Chat History & Training）」を「OFF」にすると、チャット履歴が無効化されます。

　ただし、無効化にはデメリットもあります。例えば、今までのチャット履歴（History）が表示されない、GPT-4使用時の「高度なデータ分析（Advanced Data Analysis）」やプラグイン（Plugins）などの高度な機能が制限を受ける可能性が高くなり利便性を失うなどです。利便性を維持するには、入力データをChatGPTの学習モデルなどに利用されないようにするための「データ利用拒否の申請フォーム」を提出しましょう。申請フォームに入力すると、1週間ほどで反映されます。

■ ChatGPTでエラーを減らす方法

　ブラウザ（Google Chromeなど）の設定で、翻訳機能が使われているとChatGPTでエラーが起きやすく出力も下がる傾向が高くなります。Googleの翻訳機能の設定で、日本語に切り替わっていないかを確認してください。ここでは、Google Chromeにおいて、ChatGPTのサイトだけ日本語の自動翻訳機能をOFFにする方法を紹介します。

（1）ChatGPTのサイトを開き、画面上で右クリックします。

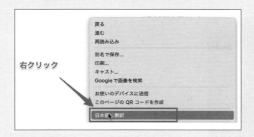

（2）縦の「…」メニューから「このサイトでは翻訳しない」をクリックします。

■ ChatGPT Plus（GPT-4）の申し込み方法と解約方法

　2023年9月現在、GPT-3.5では、コマンドプロンプトに対して的確な回答を得られないことが多くなっています。簡単なキャッチコピーやブログを書くにはGPT-3.5で十分ですが、本書のような活用をするうえでは、GPT-4が必要です。

　そのGPT-4を利用するには、有料版ChatGPT Plus（GPT-4）の契約が必要です。GPT-4は1カ月単位の月額支払いのサブスクリプションです。月額20米ドル（2023年9月時点）で、使用月のみ課金（使用日から課金開始の1カ月更新）して、翌月から解約（自動更新のため手動で解約）することもできます。本書を活用する以外にも、ChatGPTを最高の性能で使ってみたいなど、GPT-3.5との差を実感するためにも1カ月だけでも使用することをおすすめしています。

　もし、お試しで使う場合や1カ月単位で使う場合には、解約日をカレンダーに入力するようにしてください。以下、ChatGPT Plusの申し込み方法を紹介します。

（1）ChatGPTのサイトの左サイドバーにある「…」から「My Plan（マイプラン）」を選択します。

（2）「Upgrade to Plus」をクリックします。

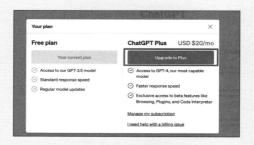

（3）必要事項を記載します。

　以降の手順では、Google Chromeの翻訳機能を使って日本語で表示しています。重要な契約事項ですので、ここでは翻訳することをおすすめします。申し込み完了後は、前述した通り、ChatGPTのサイトでは翻訳機能を再度切ってください。

（4）申し込みボタンをクリックします。

　メールアドレスおよびクレジットカード内容を確認して申し込みボタンをクリックします。

（5）決済完了が成功しました。「Continue」ボタンをクリックします。

（6）GPT-4ボタンのカギが外れて使えるようになりました。

　続いては、ChatGPT Plusの解約方法を紹介します。

（1）ChatGPTのサイトの左サイドバーにある「…」から「My Plan（マイプラン）」を選択します。

（2）「Manage my subscription」をクリックします。

（3）プランのキャンセルをクリックします。

　以降の手順では、Google Chromeの翻訳機能を使って日本語で表示しています。契約時と同様、重要事項ですので、翻訳することをおすすめします。解約後は、ChatGPTのサイトでは翻訳機能を再度切るようにしてください。

(4) ChatGPT Plusをキャンセルできました。期間内であれば、GPT-4は引き続き使用可能です。期間満了後も、GPT-3.5は使用できます。

■ Advanced Data Analysisの設定方法

本書では、パワーポイントを読ませたりするために「高度なデータ分析（Advanced Data Analysis）」の設定は必須となっています。そして、高度なデータ分析（Advanced Data Analysis）の使用には、ChatGPT Plusなどの有料版の契約が必要です。以下、高度なデータ分析（Advanced Data Analysis）の設定方法を紹介します。

(1) ChatGPTのサイトのサイドメニューの「…」から「Settings & Beta（プラス設定 &ベータ）」をクリックします。

(2)「Beta features（ベータ機能）」から「Advanced Data Analysis（高度なデータ分析）」を「ON」にします。

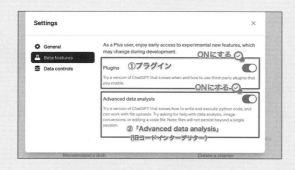

（3）新しいチャット（New chat）からGPT-4をクリックすると、メニューが選べるようになるので「高度なデータ分析（Advanced Data Analysis）」を選択します。

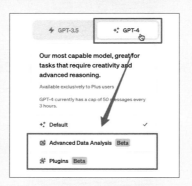

（4）「高度なデータ分析（Advanced Data Analysis）」を選択すると次のように表示されます。

（5）チャット入力欄に指示を入れていきます。

高度なデータ分析（Advanced Data Analysis）を利用すると、高度な処理ができま

す。エクセルやパワーポイントの作成も可能でダウンロードできます。

■ プラグインを設定してURLを読み込む方法

　本書では、Webサイトの情報などを読み込ませるために「プラグイン（Plugins）」の設定をしています。ただ、プラグインは、OpenAI社ではなく外部のサービスのために突然終了することもあります。プラグインの使用にはChatGPT Plusなどの有料版の契約が必要です。以下、プラグインの設定方法を紹介します。

（1）ChatGPTのサイトのサイドメニューの「…」から「ベータ機能（Beta features）」をクリックします。

（2）「ベータ機能（Beta features）」から「プラグイン（Plugins）」を「ON」にします。

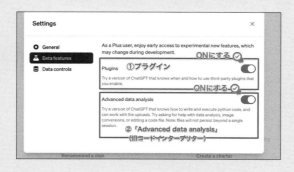

（3）新しいチャット（New chat）からGPT-4をクリックすると、メニューが選べるようになるので「Plugins（プラグイン）」を選択します。

（4）プラグインがインストールされていない場合には、「No plugins enabled（プラグインなしが有効化されています）」が表示されます。インストールされている場合には、（9）に進んでください。

（5）「Plugin store（プラグインストア）」を開きます。

（6）「Plugin store（プラグインストア）」の「link」で検索して、「Access Link」をインストールします。ここでは、例として「Access Link」を使用していますが、他のURL抽出のプラグインも利用できます。

（7）この画面が出たら、プラグイン「Access Link」のインストールが完了です。

（8）新しいチャット（New chat）からGPT-4をクリックします。

（9）GPT-4を選択して「Plugins（プラグイン）」を有効にします。

（10）このような画面が出ますので、「No plugins enabled（プラグインなしが有効化されています）」を選択します。

（11）プラグイン一覧が表示されるので、ここでは「Access Link」を選択します。

（12）Access Linkが使えるように設定されました。Access Linkを使うと、URLの読み込み機能を使いながらChatGPTを使用できます。

（13）Access Link を設定した上で、チャットの入力欄に URL を貼り付けて指示をします。

（14）URLのページ内容を読み取った答えが返ってきます。

※最新情報は下記URLを参照してください。
https://cheetah-ai.jp/lp/chatgpt-howto/

■ GPT-4の新たな機能

「あなたの言語でChatGPTの早期プレビューを体験してみてください。」と表示されることがあります。これは、ChatGPTの日本語化版に参加するための案内で、「アルファに参加する」をクリックすると、画面が日本語表示に切り替わるとともに、一般ユーザーよりも先に新しい機能を体験することなどができるようになります。日本語表示にしても、ChatGPTの出力には影響はないようです。

■ ChatGPTの回答の質を高めるコツ

（1）追加指示の対象を伝える

同じチャットで続ける場合、前のチャットの指示の続きなのか、それとも新たな指示なのかを判別できないことがあります。前のチャットの続きなら、「上記を～してください」と指示を出すと、前の回答と認識し正確な指示を出力することができます。

（2）方向性を指定する

「目的、状況、背景」を伝えると、出力した回答の精度を上げることができます。同様に、「ありがとう」とお礼を言う、「いいですね」と褒めるなどポジティブフィードバックをすることで、回答の方向性が正しいと伝えることができます。

■ ChatGPTのエラー対処法

（1）表をうまく出力できない

ChatGPTで「表にしてください」と指示をすると、表形式で出力することができます。ドキュメント形式で出力すると、エクセルやスプレッドシートに貼り付けることが簡単にできます。ところが、GPT-3.5では表がドキュメント形式で出力されたのに、GPT-4ではコードブロックと呼ばれる扱いにくい埋め込み型で出力されることがあります。こうしたエラーには、解決方法が主に二つあります。

解決方法1：新しいチャットを新たに開き、GPT-3.5を選択します。そこに、GPT-4においてコードブロックで出力された表をコピー＆ペーストし改行した上で、「上記を表にしてください。」と入力すると、ドキュメント形式の表にすることができます。

解決方法２：GPT-4でコードブロックが出てしまったら、次のチャットで、「上記をコードブロック以外の表にしてください。」や「上記を通常のテキスト形式で表を作成してください。（コードブロックでの出力禁止）」と入力すると、ドキュメント形式の表が出力されて解決することがあります。

（2）表をうまくエクセルに貼り付けられない

　ChatGPTで出力した回答の表をエクセルに貼り付けた際、表のフォーマットが崩れるときがあります。そんなときには、セルの入力画面で「右クリック」→「形式を指定して貼り付け」→「Unicodeテキスト」を選ぶと、うまく貼り付けることができます。

・・

※最新情報は下記URLを参照してください。
https://cheetah-ai.jp/lp/chatgpt-howto/

■ うまくいかないときのトラブルシューティング

　ChatGPTでよくあるエラーとして、操作上の要因によるエラーやサーバーの混雑状況によるエラーがあります。こうしたエラーが起きても、復帰させてチャットを続けることができるので、トラブルが起きたときは参考にしてください。

（1）回答が途中で止まる

　ChatGPTは、インターネット回線をつないでいるWebアプリのために、通信エラーをはじめ、回線の混雑やパソコンの不具合、ブラウザ（Google Chromeなど）の不調などにより回答が途中で止まることがあります。もし、通信エラー（network error）が表示されたら、画面を更新（Google Chromeなどのリロード）し、「生成を続ける（Continue generating）」または「再生成（Regenerate）」をクリックすると、再度、回答を開始します。

（2）サイトを更新してもChatGPTが表示されない、いつもよりも出力が遅い

　世界中からアクセスが集中すると、サーバーが混雑して表示エラーが出たり出力が遅くなったりするときがあります。こんなときには、時間を空けて再開する、画面を更新する、ブラウザを再起動するといった対処法で解決することがあります。実際、日本時間の深夜帯にエラーが起こりやすい傾向があり、要因の一つとして、その時間帯が米国の日中に当たることが考えられます。

(3) ChatGPTを使用中に勝手にログアウトされる

セキュリティーの確保のために、一定時間後にログアウトされることがあります。その際は、再度ログインしてください。

(4) ChatGPTが回答している最中に通信回線が切れてしまった

通信環境が不安定な場合など、通信エラーにより止まってしまうことがあります。画面を更新（ブラウザを更新）して、「再生成（Regenerate）」をクリックしてください。

(5) 英語で回答してきた

ChatGPTは英語圏のサービスのため、まれに英語で回答されることがあります。「上記を日本語で回答をお願いします。」と指示すると、英語で答えた回答を日本語で答え直してくれます。

■ エラーコードが出たときの対処法

「こんな表示が出たときはどうすればいい？」。ここでは、エラーコードが出たときの対処法を解説します。

解
説

(1) GPT-4の回数制限が出た時

ChatGPT Plusでは、3時間ごとに50メッセージが上限です。それを超えると、下記の画面が表示されます。

現在、GPT-4の使用上限に達しました。今すぐデフォルトモデルで続けるか、after 2:23 AMに再試行してください。（デフォルトモデルを使用する）

デフォルトモデルとは、GPT-3.5のことを指します。GPT-3.5であるデフォルトモデルを選択してしまうと、同じチャットで二度とGPT-4に戻すことはできません。GPT-4で続けていた一連のチャットのやりとりがGPT-3.5に引き継がれると、回答の出力が下がります。従って、可能であればしばらく時間を空けてから、GPT-4で続けることをおすすめします。休憩だと考えて、再開可能な指定時間以降に画面更新（ブラウザを更新）して再度チャットを続けましょう。

(2) サーバーエラーが起きた時

サーバーエラーの事例には、以下のようなケースがあります。

Message in conversation not found（会話中のメッセージが見つかりません）

Something went wrong. If this issue persists please contact us through our help center at help.openai.com.（何か問題が発生しました。この問題が解決しない場合は、ヘルプセンター（help.openai.com）までご連絡ください。）

　こうしたメッセージが画面に出た時は、ChatGPTのサーバーエラーまたは通信エラーが発生した可能性があります。画面を更新（ブラウザを更新）して、「生成を続ける（Continue generating）」または「再生成（Regenerate）」をクリックしましょう。一方、

The message you submitted was too long, please reload the conversation and submit something shorter.（送信されたメッセージが長すぎます。会話を再読み込みして、もっと短いメッセージを送信してください。）

と画面に出た時は、画面を更新（ブラウザを更新）して、1度に入力する文字数を2000文字程度に分割するなどして、再度入力して指示しましょう。

（3）高度な分析（Advanced Data Analysis）使用中にエラーが出た時

　高度な分析（Advanced Data Analysis）を使用した時のエラーコードとしては以下があります。

This code interpreter (beta) chat has timed out. You may continue the conversation, but previous files, links, and code blocks below may not work as expected.（この高度なデータ分析（ベータ版）チャットはタイムアウトしました。会話を続けることはできますが、以下の以前のファイル、リンク、コードブロックは期待通りに動作しない可能性があります。）

　ファイルのアップロードやダウンロードした際に、その期限が切れたときに表示されます。チャットを続けることは可能なので、右上の閉じる「×」ボタンをクリックして、「生成を続ける（Continue generating）」または「再生成（Regenerate）」をクリックしましょう。一方、

ダウンロード時（ファイルが見つかりません）

と画面に出た時は、「ファイルをダウンロードできません。もう一度お願いします。」と指示
をしましょう。

■ **ChatGPTを使う上でのよくある質問**

Q. 求めている回答が出ないときは？

A. ChatGPTも入力者の意図をすべて把握しているわけではありません。曖昧（あいま
い）な指示を出すと、ChatGPTが質問の意図を絞り込めずに入力者の意図から外れた回
答をしてしまいます。このような場合には、追加で指示を出したりすることで求めている
回答に誘導していきます。

　また、ChatGPTも調子の悪い日があります。世界中からアクセスが集中するために、
OpenAI社のサーバーが混雑しているからです。そんな時には、時間を変えたり、別の日に
再度同じコマンドプロンプトを入れたりすることで、意図した通りの回答を得られること
もあります。

Q. GPT-4とGPT-3.5を間違えて、GPT-3.5に入力してしまった。GPT-4に切り替
えられる？

A. GPT-3.5を選択してしまうと、途中でGPT-4に切り替えることはできません。新し
いチャットを開いて、GPT-3.5の指示文をGPT-4にコピー＆ペーストして再開しま
しょう。

Q. ずっと同じチャットで続けた方がいい？

A. ChatGPTでは、同じチャットで連続してチャットを続けることができます。同じテー
マであれば、同じチャットで進めることをおすすめします。同じチャットで続ける利点は、
前の質問内容が引き継がれるために、直前のチャット内容を理解したうえで答えてくれる
点。このため、短い文章の指示でも精度の高い回答をしてくれます。ただし、記憶容量にも
限界があって全部を覚えているわけではありません。長く会話を続けていると、前の
チャット内容を忘れることもあるため注意が必要です。

　一方で、テーマが分かれる場合には、新しいチャットで始めましょう。

Q. うまく回答していたのに途中から的外れな回答が続くときは？

A. ChatGPTが的外れな回答をする時は、混乱して指示を理解できない状況になっています。理由としては、同じような指示を何度も繰り返すと、ChatGPTが前後の指示を理解できなくなって混乱し情報処理の精度が落ちるからです。一度混乱が始まってしまうと、追加指示を出してもフィードバックされずに、何度も同じミスを繰り返してしまいます。

このような場合には、「生成を停止する（Stop Generating）」を押して途中で止め、回答が違うことを指摘する、または追加で指示をしたり、目的や状況を伝えたりします。それでも解決しない場合は、新しいチャットでやり直しましょう。ただし新しいチャットにすると、別のチャットからのやりとりが引き継がれないので、注意が必要です。

Q. 同じチャットで時間を空けて再開しても大丈夫？

A. 同じチャットで時間を空けても、引き続き同一チャット内で続けることができます。ただし、ChatGPTは一定時間経過後にサーバーがリセットされて再読み込みをするために精度が落ちることがありますが、プログラミングなどの高度な指示以外は基本的には影響なしと考えて良いです。

----

* ChatGPTの最強のノウハウをプレゼント。ChatGPTをグレードアップさせる長文分割ツールが無料で手に入ります。
https://cheetah-ai.jp/lp/chatgpt-howto/

著者プロフィール

■ ゴリー隊長こと水谷友哉（みずたに・ともや）

株式会社TreasureNey 取締役。国立大工学部の大学院を卒業後、東芝でエンジニアとして設計、開発、調達を経て、Webコンサルタントとして起業。Webサイト制作の激務の中、一度行った仕事のコンテンツ化をはじめ、デジタル資産を築く。コンテンツをマネジメントとマーケティングに応用し、シンプルで少人数、時短の収益戦略を得意とする。心理学とエンジニアの視点からChatGPTを独自なノウハウで使いこなし、使い手の可能性を最大限に引き出す提案をしている。現在はChatGPTのAIやDX、WEB制作の講師としても活動している。NLPプラクティショナー。趣味はアウトドアやキャンプ。

◎ ホームページ：https://treasureney.com/

おわりに

　ここまでお付き合いいただき、本当にありがとうございました。いかがでしたでしょうか。AIは、これまで仕事や生活の中で使っていたとしても、どこか遠い存在であり、利用することはあっても、自分が積極的に仕事の場面で使用するということはあまりなかったかもしれません。特に生成AIであるChatGPTについては、ニュースなどメディアでも大きく取り扱われ、一度は触ってみたことがあるかもしれませんが、調べ物程度に終わっている人が大半かと思います。ChatGPTを本格的に使用するには、とても幅広い知識と経験が必要になるのではないかとか、使うのにとてもハードルが高いといった感じの印象を持ちがちです。しかし、この本を読んで、これなら自分でも使いこなすことができるかもしれないと思っていただけたのではないでしょうか。一つでも、ChatGPT活用のヒントになれば、幸いです。

　本書でもお伝えしましたが、ChatGPTを使えば、経営者や管理職にとっても、経営や組織開発、人材育成など、あらゆる場面で役に立つことができるといえます。私は、最近、ほぼ毎日のようにChatGPTを使って、調べたり、仕事で活用したりしていますが、使えば使うほど、ChatGPT自身も日々学習するので、回答の精度も上がってきますし、役に立っていると感じる場面が増えています。

　確かに、ChatGPTは、100％の正解率を持っているわけではありません。間違うこともあれば、情報が十分でないこともあります。また、感情に寄り添うといった人間らしさもまだないため、その点は、注意していただきながら、ぜひ、本書を参考にして、

ChatGPTを使って、経営、組織開発、人材育成など、現場のいろいろな場面で活用していただければ嬉しいです。

　最後になりましたが、本書の出版にあたり、たくさんの方にご協力いただきました。この場をお借りして、お礼を申し上げたいと思います。日経BPの編集者である荻原博之さんには、大変お世話になりました。出版の企画段階から校正、出版に至るまであらゆることで、大変尽力していただきました。深く感謝申し上げます。そして、本の出版に当たり、声をかけてくださった共著者の新岡優子さん、一緒に執筆された松山将三郎さんにも感謝申し上げます。また、これまで育ててくれた両親、家族に感謝して、この執筆を終えたいと思います。

2023年10月吉日　寺下 薫

　まず、本書を書くきっかけをいただいた共著者の新岡優子さん、寺下薫さんに心からの感謝を申し上げます。技術的なサポートをしてくださった村岡大地さん、Canvaを使用して作成をアシストしてくれた黒瀬龍さんに感謝いたします。インフォポート合同会社の皆さん、株式会社大門のみなさん、忍者社長、マンダラチャート認定講師の皆さん、サンクスUPファシリテーターの皆さん、そしてザブローをいつも応援してくれている皆さんに深く感謝いたします。

　特別編――リスキリングも、Webサイトにたくさんのプロンプトをご用意しました。ぜひ試してみてください。プロンプトを実行すると、あなたがゲームの主役となり、新しい冒険が始まり

ます。さあ、一緒に働くをゲーム化しましょう。

松山将三郎

　まず、私に本書を書くきっかけを与えてくださった共著者の松山将三郎さんに感謝いたします。彼のAIへの情熱を間近で見ていなければ、この本は存在しなかったかもしれません。陰日向になり支えてくださった水谷友哉さん、多忙の中参画くださった寺下薫さんにも感謝いたします。

　そして、著者3人の原稿をまとめ上げてくださった日経BPの荻原博之さんに感謝いたします。3人の特徴的な文章を見事に1冊に仕上げてくださいました。荻原さんなくしてこの本は完成しませんでした。

　私の母満喜子（マキコ）と恩師の竹田幸夫さんにも感謝を捧げます。本書では、母を茉季（マキ）として、恩師を竹田幸生として登場させました。昨年他界した二人への追悼の思いです。

　最後に、私の二人の息子、青広と海樹にこの本を贈ります。特に次男の海樹は文中でカイトとして登場しており、この本はカイト（海樹）の物語を書くところからスタートしました。20代で今まさに社会の波にもまれている彼が、いつしか日本の中小企業の発展を担う存在になっていることを思い描いて、この物語を終えます。

2023年秋　新岡優子

著者プロフィール

■ 新岡優子（にいおか・ゆうこ）
…プロローグ、経営者編、組織編、ビジネスリーダー編、エピローグ

ビジネスファシリテーション・サービス 代表。SE、プロジェクトマネジャー、ITコンサルタントとして20数年IT業界に在籍。ITコンサルタントとして起業後、リーマンショックをきっかけに、組織開発コンサルタントに転身し、大企業の人事部・事業部・経営戦略室や中小企業の経営者・経営幹部の支援を行う。2023年ChatGPTが普及したことをきっかけに15年ぶりにIT活動を再開する。著書に『仕事の質が劇的に上がる88の質問』（日経BP）、『ファシリテーターの道具箱』（ダイヤモンド社）がある。ライバルは20代の二人の息子。趣味は健康。自称AIおばさん。
◎ホームページ：https://bizfaci.jp/

■ 松山将三郎（まつやま・しょうざぶろう）
…特別編、登場人物等画像作成

サンクスUP CEO。岡山大学で心理学を学び、パチスロ会社・IT会社を経て独立。人生で2度のリストラと3度コネで救われた経験から、減点なし加点のみの評価しない評価制度「サンクスUP！」を考案し、褒め合い認め合う社風構築を実現。さらに最近はAIを活用し、マンダラチャートとOKRを用いたチームビルディングへと進化。全国のアナログな中小企業にDX推進のリスキリング講座として展開中。合言葉は「働くをゲーム化しよう」。
◎一般社団法人中小企業リスキリング協会ホームページ：https://re-gi.jp/

■ 寺下 薫（てらした・かおる）
…管理職編

クリエイトキャリア 代表。元ヤフー株式会社トレーニングマネージャー。ヤフーでは1500人の管理職の育成や毎年数100人が入社する新卒社員の研修など、人材開発に従事する。20年以上の間、数々のプロジェクトを立ち上げ、既存のチームを立て直し、新規チームのメンバー育成などを行ってきた、人材育成のプロ中のプロ。問題解決してきた現場は1万5000を超え、講演依頼や問題発見解決研修では1年先まで依頼が殺到。

参考図書

- スティーヴン・ウルフラム著『ChatGPTの頭の中』早川書房
- ジョン・ドーア著『伝説のベンチャー投資家がGoogleに教えた成功手法OKR』日本経済新聞出版
- Resily株式会社著『最新 目標管理フレームワークOKRの基本と実践がよ〜くわかる本』秀和システム
- 東川広伸著『自創経営「人材育成」の仕組み』日本実業出版社
- 中村勇気著『1％の人だけが実践している才能エンジンの使い方』エッセンシャル出版社
- 森時彦著、ファシリテーターの道具研究会著『ファシリテーターの道具箱』ダイヤモンド社
- 新岡優子著『仕事の質が劇的に上がる88の質問』日経BP
- 林俊克著『ええ、会議が楽しいですが、なにか？ ―フューチャーセッションが会議を変える！』海文堂出版
- 岸本好弘著『ゲームはこうしてできている』SBクリエイティブ
- 松村剛志著『【図解】9マス思考 マンダラチャート』青春出版社
- 松山将三郎著『サンクスUP！ 働くをゲーム化する人事評価システム』牧野出版

ChatGPTで経営支援
強い組織の築き方

2023年11月20日　第1版第1刷発行

著　者	新岡優子、松山将三郎、寺下薫
発行者	森重和春
発　行	株式会社日経BP
発　売	株式会社日経BPマーケティング
	〒105-8308 東京都港区虎ノ門4-3-12
ブックデザイン	Oruha Design（新川春男）
制　作	美研プリンティング株式会社
印刷・製本	図書印刷株式会社

本書籍に関するお問い合わせ、ご連絡は下記にて承ります。
https://nkbp.jp/booksQA